KOREAN ECONOMY

韓国経済 挫折と再挑戦

漢江の奇跡は二度起こるか

姜英之
Kang Young Ji

社会評論社

はしがき

二〇〇一年二月、韓国の金大中大統領が政権についてから満三年を迎える。金大統領は、「わが国経済の最大の問題点である財閥の構造改革なしに経済改革は完成できない」とし、財閥改革を強力に推し進めてきたが、この三年間を振り返ると、この課題がいかに難しいか、ということを改めてみせつけてくれた。

国内において資産規模第二位（一九九八年）を誇る財閥・大宇グループは解体に追い込まれたが、トップクラスの現代グループの主力企業である現代建設の経営危機に対しては、国民経済への悪影響を恐れ、政府が金融支援することで、「新官治」との批判を浴びている。さらに、金大中政権が最優先の課題としていた政経癒着の断絶も、不正融資事件の続発で、その構造的根深さを示した。

しかし、六〇年代以降の四〇年にわたる近代化・工業化政策による高度成長と所得水準の向上の過程で、韓国において「開発独裁」の弊害は着実に取り除かれ、「権力社会」から「公正社会」に移行してきたのは誰も否定できない事実であり、金大中政権のめざす「民主主義と経済の並行的発展」は決して理想にとどまるものではなく、実現可能であることが分かってきた。「ポスト金大中」になって、財閥改革が再び後退することは十分考えられるが、もはや市場が財閥構造を受け入れないのは時代の流れとなっている。将来、韓国経済は「発展途上国型」の量的成長から「先進国型」の産業・金融構造と所得向上・福祉制度を兼ね備えたパラダイムへの転換で、確実に質的発展を遂げていくだろう。

筆者は、九〇年代における韓国経済を、財閥中心から個別専門企業へ、量的成長から質的発展へ、経済から経営への時代に向かう大過渡期としてとらえている。いまだ発展途上国の経済パラダイムから大きく抜け出ていないものの、かつての植民地から先進国経済の手前までたどりついた韓国経済の発展は、二一世紀アジアの明るい未来を象徴するものであると確信している。大きい貧富の格差、不正腐敗、慢性的な政経癒着と過度な外資依存、過剰消費、社会福祉制度の未整備、環境破壊など解決すべき多くの問題を抱えこんではいるが、政府、企業、国民が三位一体となって自由、公正の豊かな経済社会の実現をめざし、危機克服から、さらには紆余曲折を経ながらも構造改革の完遂で「第二の漢江の奇跡」を起こすことは十分可能であると思う。

本書は、九〇年代の韓国経済について『エコノミスト』『金融財政』『論座』など、いろいろな雑誌に発表してきたものを大幅に加筆・修正・補充・削除し、全体として一つの書き下ろしの体裁をとるように書き改めたものである。各章についての問題意識と簡単な内容説明をしておく。

序章は、東洋経済新報社発行(一九九八年五月)の『アジア経済読本』(渡辺利夫編著)の韓国経済の部分に依拠しながら、金大中政権三年間の経済改革について加筆したものである。一九四五年八月の植民地解放以降、半世紀にわたる韓国経済の展開過程を歴史と構造に分けて要約、一九九七年末以降の「IMF管理体制」の克服に向けた金大中政権の経済改革を分析しながら、今後の課題と展望を探ったものである。全体の要約ともいえるこの章を読むだけでも、筆者の韓国経済分析の視角と評価が理解されうると思う。新刊への転載を承諾して下さった東洋経済新報社にお礼を申し上げる。

第1章では、九〇年代に入って、韓国経済が国際競争力を弱体化させる中、金泳三政権が不正腐敗の追放と民間主導型経済への転換をめざし、改革を断行したプロセス、その成果と問題点が描かれている。それとともに、九〇年代半ばより、円高と技術革新の努力で財閥企業がさらに拡大成長、他方で悪条件の環境におかれた中小・ベンチャー企業の善戦ぶりを追求した。

第2章は、九〇年代における内外の経済環境の変化の中で、経営刷新を通して超一流企業をめざし、グローバル化戦略に打って出た韓国財閥の経営ビヘイビアの変化を追求したものである。

第3章は、一九九六年にアジアでは日本に次いで、二番目に先進国クラブといわれるOECD（経済協力開発機構）に加わわったものの、金泳三政権の稚拙な金融政策で、アジア通貨危機に巻き込まれ、先進国化の一歩手前で無残にも挫折した韓国経済の現状に迫った。とくに、厳しいIMFコンディショナリティの下、政府、企業、労組が「苦痛の分担」にあえぐ過酷な現状を描いた。

第4章では、金大中大統領が強力なイニシアチブを発揮して、財閥改革に取り組んだ、その成果と問題点、課題を追求した。同時に、大宇グループの解体に象徴される財閥中心の経済の終焉と、将来の新しい経済パラダイムを展望している。

第5章では、一九六五年以降の約三〇年にわたる日韓経済協力関係を分析したものである。慢性的な貿易不均衡、技術移転をめぐる両国間の摩擦の背景と原因を探った。そして、たんなるライバルの関係から協調と競合の織りなす複合的な協力関係、とりわけ「戦略的提携」の必然性、共存共栄を図る条件と方向性について提示した。

本書は、完全な書き下ろしではなく、その時ごとに書いたものをまとめたものであるだけに、各章、各節で記述の重複がみられる。できるだけ、重複を削る努力をしたが、一節ごとのテーマを論じる際に、どうしても論理的脈絡上、欠かせない部分はそのまま生かすことにした。読者各位には、読みづらさについて御勘弁を願いたいと思う。その代わり、読者の便をはかり、序章を除いて、すべての各章各節には短いリード文を添え、読みやすさに工夫をこらした。

なお、ＧＤＰ、貿易などの統計数字について、各章で違っているものがあるが、出典の違い、統計基準の変更、暫定数値などによるもので、この点についての御理解をお願いする。また、一般の読者の便宜を図って、注釈は最少限にとどめた。

本書が、読者各位にとって九〇年代における韓国経済のダイナミックな展開過程と、二一世紀における今後の方向性を理解するうえでの一助になれば、筆者にとっては望外の喜びである。

二〇〇一年　二月

研究所執務室にて

姜　英之

韓国経済　挫折と再挑戦●目次

第2章　変身する韓国財閥　95

第3章　早すぎたＯＥＣＤ加盟と「ＩＭＦ危機」　131

序章　先進国経済化をめざし50年

一　高度成長の軌跡

戦後復興とアメリカ援助

韓国経済は、一九四五年の「八・一五解放」（三六年間にわたる日本の植民地支配からの独立）もつかの間、一九四八年の南北分断によって「南農北工」の相互補完的経済構造が断ち切られ、きわめて困難な状況にあった。当時は人口の約九〇％が農業に従事していた。そのうち七〇％が耕作地一町歩未満という貧しい零細農民であった。一九四八年の工業生産は、北朝鮮側からの送電中断などにより、植民地時代の一九四〇年に比べて約二〇％の低水準に落ち込んだ。

一九四八年八月の李承晩政権樹立後も極度のモノ不足、悪性インフレ、赤字財政などで経済混乱が続き、一九五〇年には朝鮮戦争が勃発、韓国経済は壊滅状態となった。国土の三分の二以上が焦土と化し、生産施設の四二％が破壊されるなど、「絶対的貧困の悪循環」がもたらされた。

戦後の経済復興においては、アメリカの経済援助が絶大な役割を果たした。一九五三年から一九六一年の間に供与された援助額は、二三億八〇〇万ドルに上った。これをテコにして、三白工業（紡績、製粉、製糖）など生活必需品中心の軽工業と教育・医療などの社会間接資本の建設が進められ、鉱工業部門は年平均一二・二％という比較的高い成長率を達成した。だが、アメリカ援助の内容は、消費財が八一％、生産財はわずか一九％にすぎなかった。消費財中心の工業は拡大再生産構造を形成しえず、原材料の九〇％以上を海外から輸入するなど経済の対外依存性を強めた。その結果、一九五〇年代末にアメリカ援助が急減するや、工場稼動率が急落、物価の高騰、失業増大など深刻な経済危機に直面するようになった。

一九五〇年六月の朝鮮戦争後に本格的に実施された農地改革は、韓国農業の半封建的構造＝地主・小作関係を解消し、自作農を創出するという点で大きな成果をあげたが、ＰＬ四八〇号（一九五四年に米国で制定された「農産物貿易開発および援助法」の別名）によるアメリカからの大量の余剰農産物の導入によって穀物価格が下落し、農業生産の向上が妨げられた。

外資依存の輸出志向戦略

一九六一年に軍事クーデターにより登場した朴正熙政権は、「祖国近代化」、「脱貧困」のスローガンを掲げ、国家が市場経済を総合的・中長期的な「経済開発計画」の枠組みの中で誘導、組織していくという「官主導型資本主義」を実践した。この時期の韓国は、一人当たりＧＮＰ八〇ドル水準にあり、「春窮」という言葉に象徴されるように「絶望と飢餓線上に喘ぐ民生苦」が常態化した後進農業国であり、最低所得国の一つであった。だが、一九六一年以降の第一次ならびに二次経済開発五カ年計画（一九六二～六六年、一九六七～七一年）期間中、それぞれ年平均七・八%、九・七%（一九七五年不変価格基準）という高い経済成長を遂げ（鉱工業部門は一四・二%、二〇・三%）、産業構造も高度化し、はやくも農業国から工業国への移行局面を示すようになった。GNP（経常価格）に占める農林水産業部門の比重は、一九六二年の三七・〇%から一九七一年には二七・二%に減少した反面、鉱工業部門の比重は同期間中に一六・四%から二二・五%に増大した。

一九六〇年代の経済成長を可能にしたのは、援助でなく借款・直接投資など外国資本導入による輸出志向工業化という新しい経済開発戦略の採用であった。賦存資源が貧困で、資本・技術は不足し、国内市場も狭小という条件の下で、従来の消費財やセメント、肥料など一部の生産財の輸入代替産業だけでは慢性的な国際収支赤字を解消することは難しく、工業発展にも限界があった。政府は海外市場の開拓と外貨獲得のため、単一為替相場制と低レート化をはじめ、輸出補助金政策、輸出入リンク制、輸出金利引き下げなど輸出産業振興政策を積極的に推進、とりわけ「規模の経済」を生かした戦略を担う大企業、輸出企業に対しては、外貨や信用の割り当て、実質マイナス金利の政策金融（輸出貢献企業に対し、一般貸出金利よりもはるかに低い金利で貸し付けるもので、特恵金融とも呼ばれる）供与や内国税・関税の減免など、金融・税制面で特別の優遇措置を施した。これによって、繊維、合板、はきもの類など低賃金を活用した労働集約型軽工業製品の輸出は飛躍的に増大し、輸出品目のうち工業品が占める比率は一九六一年の二七・七%から六六年の六七・五%、七一年には八八・九%と急上昇を示した。

表１　韓国経済の成長・工業化の軌跡

	政策目標と基調	主要経済実績
1962～71年 （第１，２次経済開発５カ年計画）	○絶対的貧困の悪循環の是正 ○輸入代替産業から輸出志向工業化への転換 ○基幹産業および社会間接資本の充実 ○食糧の自給化	○１人当たりGNP 82ドル（1961年） →289ドル（1972年） ○輸出10億ドル達成（1971年） ○製造業の対GNP比重17%（1966年） ○消費者物価7.0%（1968年）
1972～81年 （第３，４次計画）	○重化学工業の輸出産業化 ○産業・工業構造の高度化 ○自力成長の基盤構築 ○国際収支の均衡 ○農漁村開発（セマウル運動）	○１人当たりGNP1000ドル（1977年） ○輸出100億ドル達成（1977年） ○製造業の対GNP比重27.6%（1976年） ○重化学工業化率51.2%（1980年）
1982～91年 （第５，６次計画）	○経済安定化基盤の構築 ○民間の自律性と競争促進 ○国民福祉および公平分配 ○経済の開放，国際化	○１人当たりGNP5000ドル台達成（1990年） ○交易規模1500億ドル（1991年） ○総貯蓄率38.1%（1988年） ○輸入自由化率（工産品）99.9%（1991年）

（出所）　韓国政府発行の各種統計資料により，筆者が作成

重化学工業の輸出化

一九六〇年代末には蔚山石油化学工業団地、浦項総合製鉄所、造船工業の建設が着手され、重化学工業の発展もみられたが、それらはいずれも輸入代替産業の域を出なかった。一九七〇年代に入り、政府は第三次、四次計画を通じて、軽工業に次いで重化学工業の輸出産業化を強力に推進した。軽工業製品ではいつまでも比較優位を維持することができず、また先進国の保護主義に対応するためにも高付加価値の重化学工業製品の生産により国際競争力を向上させる必要があったからである。一九七三年の「重化学工業化宣言」にもとづき、政府の手厚い保護、育成支援を受けた重化学工業は、一九七三～

七四年の第一次オイル・ショックにもかかわらず順調な発展を遂げた。製造業部門の比率は、一九八〇年初めに生産額、付加価値額とも重化学工業が軽工業を上回り、工業品輸出のうち、一九七〇年には一七・一%にすぎなかった重化学製品の比率は、一九八一年には四七・〇%まで急増した。工業・輸出構造の高度化とともに経済成長率も一九七六～七八年の三年間、年平均一〇・九%の高度成長を記録した。一九七七年には輸出一〇〇億ドル、一九七八年には一人当たりGNPが一〇〇〇ドルを突破し、中進国入りを果たした。

だが、高度成長・工業化の進展で国民経済の量的拡大、生活水準の向上、就業機会の増大などの成果があった反面、一九七〇年代末には内外需要を無視した重化学工業部門の過剰・重複投資、それにともなうインフレの高騰、後述する財閥への経済力集中と経済的非効率、不動産投機の蔓延、所得格差の拡大、産業・地域間の不均衡、中小企業や農業部門の相対的立ち後れ、国際収支の悪化と外債累増など「成長の歪み」がいっぺんに顕在化した。そうした中で、一九七九年には第二次オイル・ショックと世界的なスタグフレーション(不況と物価高の同時進行)の影響に加え、国内の過剰生産・輸出の鈍化、緊縮政策にともなう急速な景気沈滞により企業倒産・失業増など社会経済不安が広がり、同年一〇月、釜山・馬山暴動が起き、朴大統領は暗殺され、朴政権は崩壊した。

自力成長構造の確立

流血を招いた一九八〇年五月の「光州事件」(維新憲法の撤廃を叫んで街頭デモを繰り広げた市民・学生が軍部の空挺部隊によって鎮圧され、多くの死傷者を出した)と、一九六〇年代以来初めてのマイナス成長（四・七%）という未曾有の危機的政治・経済状況の中で、同年八月政権をとった全斗煥政府は、九〇年代中の「経済先進化」を目標に、「持続的な安定成長」と「福祉社会の具現」を打ちだした。これは成長と福祉の同時的追求という点で、これまでの「成長第一主義」的開発戦略の修正を図ろうとするものであった。そのことは、一九八二年からの開発計画の名称を「経済社会発展五カ年計画」に変更したことからもうかがえる。また、企業の自律と競争を通じた健全な市場経済を創出するために、過去の指示・統制による国家主導型の経済運用方式を改め、できるだけ政府の経済介入を排した民間主導型方式への転換が模索された。

政府は重化学工業の過剰・重複投資調整のため「不実企業」（負債が多く、採算性のない赤字不良企業のこと）の整理、企業統廃合を断行する一方、物価安定と国際収支の改善に重点をおき、高金利と緊縮財政、為替レートの引き下げと通貨供給の抑制など経済安定化政策に全力を注いだ。一九八一〜一九八五年まで成長率は年平均八・四%というかなり高い安定成長となり、消費者物価は一九八〇年の二八・八%、八一年二一・五%、八二年七・二%、八三〜八七年まで年平均二〜三%水準と急低下した。貿易収支赤字も一九八〇年の四三億八四〇〇万ドルから年々減少し、一九八五年には一九〇〇万ドルに激減、成長・物価・国際収支の「三匹の兎」を同時に捕まえることができ、「ＮＩＥＳの優等生」の名をほしいままにした。

一九八六年以降の三年間は「三低現象」（ドル安、原油安、国際低金利）の追い風に乗り、年平均一二・八%という超高成長率を記録、輸出の好調により国際収支も黒字に転化した。一九八六年は国内貯蓄率（三二・八%）が総投資率（二八・九%）を上回り、投資財源の自立化が達成された画期的な年であり、一九六〇年代以来の開発計画がめざしてきた「自力成長構造」の基盤を確立した。

新たな試練に直面

だが、一九八〇年代末から一九九〇年代に入って、韓国経済は新たな試練に直面した。一九八七年の「民主化宣言」以降、労使紛争の頻発と賃金の高騰、ウォンの対ドルレートの引き上げ圧力、先進国の輸入規制強化と中国、ASEAN諸国など後発発展途上国の追い上げなどにより企業の国際競争力が弱体化し、製造業の不振で成長・輸出ともに大きく減速した。一九八九～九一年の三年間、年平均八％高水準の成長率を維持できたのは、一九八八年に出帆した盧泰愚政権が強引に推し進めた二〇〇万戸都市住宅建設と所得水準の向上にともなう民間消費の急増など内需拡大によるものであった。

しかし、この内需拡大は輸入増加による貿易収支の赤字再転化（一九九〇年、二〇億ドル）と物価上昇再燃（同年八・六％）という副作用をともなった。景気過熱の中で、不動産投機や株式ブームが起き、バブル経済化とともに「過剰消費」や「三K忌避」（韓国では三Kではなく、Difficult, Dirty, Dangerous の頭文字をとって三Dと呼ぶ）現象が社会的問題となった。二ケタに迫るインフレ懸念に対し、政府は一九九一年から総需要管理政策を施行、建設投資と民間消費が抑えられ景気が後退した。

一九九二年の企業設備投資は、一九八〇年以来一二年ぶりのマイナス一・一％へと激減、同年の成長率も五・〇％に落ち込んだ。バブル崩壊による一九九二、九三年の二年間の低成長のあと、欧米先進国など世界経済の景気回復と超円高に支えられ、輸出と設備投資が復調した。とくに半導体を中心とする電子・電気、自動車、産業機械、造船など重化学工業製品の輸出が急伸し、一九九五年の全体輸出は一九八八年代以来、最高の伸び（三〇・三％）を記録した。だが、輸出よりも輸入が大幅に上回ることで貿易収支赤字が急拡大、一九九五年の四七億四七〇〇万ドルから一九九六年には一五二億七八〇〇万ドルと史上最高となり、念願の黒字債権国化の道は遠のいた。

二　構造的問題と課題

国際競争力の低下

一九八九年以降、経済成長がかつてのように製造業ではなく、建設投資やサービス産業によって主導されるようになり、企業の設備投資も輸出向けより内需向けの比重が増大するなど、従来の成長・投資パターンに変化が生じた。需要面における内需拡大は、高度成長にともなう所得水準の急速な向上と旺盛な民間消費を反映している。

人口四五〇〇万（一九九五年）、一人当たりGNP一万ドル（同年）の水準は、他の発展途上国と比べて群を抜く内需の懐の深さを形成している。だが、先進国経済化をめざす韓国にとって、内需のみでは持続的な成長のエンジン役としては十分でなく、なおも輸出需要の果たす役割が大きいということは、一九九四、九五年の高度成長が輸出によって大きく牽引され、その後、輸出力の低下とともに成長が急減したことで実証されている。

だが、問題なのは先進国の牽制と発展途上国の追撃にあって、輸出を主導してきた製造業の国際競

表２　韓国経済の高費用構造

部　　門		単　位	韓　国	アメリカ	日　本	台　湾
①賃　金	製造業賃上上昇率（1987～94年平均）	%	16.2[1]	2.7	7.0	10.3
②単位労働費用指数[3]	（1982年＝100基準）		158.8	112.5	98.6	138.4
③金　利	実質金利（1995年末）	%	8.1	3.0	1.2	5.4
④地　価	工団分譲価（1995年平均）	ドル／m²	226.8	5～10	195.6	48.4[2]
⑤物流費	物流費／売上高（1994年平均）	%	14.3	7.72	8.84	—

（注）1）1987～95年基準
　　　2）マレーシア・ポンティアン工団
　　　3）単位労働費用＝労働費用／産出量
（出所）『韓国の国家競争力』1996年12月，全国経済人連合会

争力が一九八〇年代後半から低下していることである。それは、技術開発の不振、資本財産業の立ち後れ、中小・ベンチャー企業の未発達、インフラ不足、産業人材不足などにともなう高賃金、高金利、高地価、高物流費用という高費用構造に起因している。表2から分かるように、一九八七～九五年のあいだ、主要先進国の場合、大部分が五％以内の名目賃金上昇率を示したのに対し、韓国の場合は一六・二％、生産性増加率を考慮に入れた単位労働費用も米日先進国や競争国の台湾に比べても相当高い。生産コストの上昇は、繊維など労働集約型製品ばかりではなく、電子・電気、自動車など技術・資本集約型製品の価格競争力をも弱体化させている。

九〇年代に入り、情報・通信革命の到来にともなって製品のライフサイクルが短くなり、消費ニーズが高品質、新しい機能とデザイン、ＡＳ（アフターサービス）を求める方向に大きく変化しているにもかかわらず、企業が円高や世界経済好況など対外要因に甘んじて、非価格競争力向上のための一段と高い水準の技術開発による製品の高付加価

値化への努力が不十分であったことが国際競争力の低下につながっている。

低い生産技術水準

六〇年代初めからの三〇年間、年平均約八%という驚異的な「圧縮型成長」により、韓国の産業・工業化構造はほとんど先進国型となり、いまや世界に冠たる生産・輸出大国となった。重化学工業の内容も、一九七〇年代の鉄鋼、石油化学、造船などの巨大装置産業から、一九八〇年代以降は機械、自動車、VTR、半導体、コンピュータなど相対的により高度な知識・技術集約型産業に生産の重点がおかれるようになっている。

しかし、それら技術集約型産業も依然として最終製品の単純加工・組立産業の性格から抜けでていない。韓国企業は、工業化の過程で外国資本との合弁企業運営や技術導入を通じてかなり高い技術を吸収する能力を身につけるようになった。それでもやはり、生産・工程管理技術を修得するレベルにとどまっている。基礎科学・応用技術はもちろんのこと、精密加工・製品設計・エンジニアリング技術、そして中核部品の製造技術、熱処理・表面処理、鋳物、鎔接、金型技術といった生産基盤技術の面では先進国に比べると、まだまだ低い水準にある。

産業連関表による最終財の中間財輸入誘発効果をみると、一九八〇年の二六・四%から一九九〇年には二〇・一%、一九九三年には一八・三%としだいに低下している。このことは、その間の技術開発によって輸入中間財の国産化が進み、貿易収支赤字をもたらす「輸入誘発構造」が是正されつつあることを意味している。しかし、同じ加工貿易国の日本と比べると、一九九〇年最終財の中間財輸入誘発効果は七・〇％で、韓国はその二・六倍という高い水準である。そのため、機械設備など資本財と資本集約的部品・素材などの中間財の多くをいまだ外国に頼らざるをえず、それが輸出入インバランスの基本的要因になっている。

そこで政府・企業ともに資本財・中間財の国産化のため技術開発の必要性を重視、R＆D（研究開発投資）の対GDP比率は、一九八一年の〇・七八％から一九九一年には一・九二％、一九九四年には二・四四％、一九九七年には二・六九に高まり、先進国の水準に接近している。しかし、研究開発投資規模（一九九四年）は、アメリカの一八分の一、日本の一二分の一と、絶対的に低い。また、韓国の研究開発関係予算（同年）は一八億三七〇〇万ドルで、総予算の一・九六％にすぎない。これはアメリカの三六分の一、日本の一三分の一の規模にすぎず、総予算に対する比率は先進国の三～六％の水準に比べて、非常に低い水準である。

半導体の生産・輸出（一九九四年）は世界第三位、自動車の生産（同年）は同六位を占めているが、資本財・中間財産業の競争力劣勢により、それらの設備国産比率（一九九五年）はそれぞれ一五％、五〇％の水準にとどまっている。高い生産コストを吸収し、競争力ある高付加価値製品を生産するためには、依然として資本財・中間財の国産化が強く求められている。とくに産業の裾野といわれる中間財産業を担う中小企業の育成・支援が需要の課題となっている。

財閥への経済力集中

重化学工業化を求めて大単位加工組立中心の産業政策が進められる過程で、国民経済に占める中小企業の地位は低下する一方、政府の優先的支援を受けた輸出・大企業に資源が重点的に投入されることによって、三星、現代、LG、大宇、鮮京、双龍など大規模企業集団（財閥）への「経済力集中」現象が必然的に促された。

一九八四年に二五八社であった三〇大財閥の系列社数は、一九九六年一二月現在、八一九社と一二年間で三倍も増加している。相互に無関連の業種に無制限に進出する、いわゆる「百貨店式」「たこ足的」多角営業の結果である。三〇大財閥は、一九九三年基準で全国鉱工業の出荷額の三九・七％、付加価値の三三・九％、有形固定資産の四二・六％を占め、生産と資産の高い集中度を示している。また、所有の集中をみると、一九九六年四月現在、三〇大財閥のオーナーとその家族、親・姻戚および系列会社の株式内部所有比率は平均四四・一％に達している。系列会社のうち上場企業は一七二社（一九九四年末現在）にすぎず、企業公開されているものは全体の二七・六％だけである。これらは、財閥系列会社の「所有と経営の分離」が進んでおらず、非近代的な同族経営の体質とともに、所有の絶対的支配権が確固たるものであることを示している。

韓国の財閥は、「ハミョン・テンダ（やればできる）」という強力な開拓者精神を発揮し、高度成長と工業化を実現する上で歴史的に大きな役割を果たしてきた。しかし、財閥への過度な経済力集中により、商品・生産要素市場が独寡占化され、競争制限的な行動による資源配分の非効率化によって市場経済の健全な発展が妨げられた。また、財閥系列社間の不公正な内部取引や相互出資、相互支払い保証の慣行は、不良企業をいつまでもグループ内に抱えこむことになり、産業構造調整を遅らせる要因ともなった。経済の効率化・活性化のため、所有と経営の分離、系列企業の独立経営体制、「専門経営者」の育成、非合理的なタコ足式企業拡張の抑制、中小企業との協調・補完体制など、財閥の「企業経営革新」が重要な課題として提起された。

財閥オーナーによる産業支配や富の集中に対する世論の批判に応え、九四年末から財閥みずから「自己変身」に乗り出したことは注目される。三星を筆頭に、現代、大宇などは電子、機械、金融など各主力分野ごとに小グループ経営体制をしき、系列会社の経営権を専門経営者に委譲、LGはオーナー一族の株式所有比率を五％以下に、系列会社トップを合わせた持ち株比率を二〇％未満に引き下げることで所有と経営の分離による「国民企業化」を図ると宣言した。三星の李健熙会長や双龍の金錫元会長のように、八〇年代に二世会長が登場したが、九〇年代になって現代の鄭夢九会長（二世）、LGの具本茂会長（三世）など財閥経営者の若返りが相次ぎ、これを契機に財閥の経営近代化、専門経営者体制が強化されつつある。

所得分配の不平等感

財閥への経済力集中は、公正な自由競争秩序の形成を妨げる一方、所得分配問題を大きくクローズアップさせた。高度成長とともに国民総可処分所得は一九八〇年代後半に急増、そのうち被雇用者報酬の割合を示す労働所得分配率は一九八七年の五二・八％から一九九五年には六〇・七％に上昇、日本の六八・四％（一九八九年）、台湾の六四・五％（一九九〇年）には及ばないが、所得分配構造は大きく改善された。また、ジニ係数（所得や資産の分布の不平等を表わす指標で、一に近いほど不平等の度合いが大きい）は一九八〇年代に入って低下傾向がつづいていることから、所得格差は縮小して

表3　キャピタルゲインと諸経済指数との比較

（単位　10億ウォン，％）

		1985年	1986年	1987年	1988年
(1)	土地からのキャピタルゲイン（注）	10,923.0	12,341.6	34,806.6	67,902.1
(2)	GNP	78,088.4	90,543.9	105,629.8	123,579.2
(3)	国民可処分所得	71,122.5	82,696.4	96,378.9	112,404.5
(4)	被雇用者報酬	31,968.9	36,259.0	42,911.5	50,139.8
(5)	製造業国内総生産	24,530.4	29,566.4	34,783.2	39,654.9
(6)	中央政府総歳出	13,585.0	15,310.3	17,488.3	22,402.4
(7)	総固定資産形成	22,836.6	25,763.8	30,737.6	36,086.9
(8)	比率（％）　(1)／(2)	14.0	13.6	33.0	54.9
	(1)／(3)	15.4	14.9	36.1	60.4
	(1)／(4)	34.2	34.0	81.1	135.4
	(1)／(5)	44.5	41.7	100.1	171.2
	(1)／(6)	80.4	80.6	199.0	303.1
	(1)／(7)	47.8	47.9	113.2	188.2

（注）　当該年度の地価上昇分

（出所）　土地公概念研究委員会『研究報告書』1989年

いると評価される。また、所得十分位分配構造をみても、中所得層が高度成長とともに増大し、社会的に厚い層を形成している。

それにもかかわらず、韓国民の間で所得分配の不平等感が強いのはなぜだろうか。実は労働所得ではなく、財産所得の格差が拡大しているからである。

財産所得は土地・建物などの実物資産と貯金・株式などの金融資産からなる。韓国開発研究院（ＫＤＩ）の調査によれば、一九八八年のジニ係数は労働所得の場合〇・四〇四であるのに対し、実物資産は〇・五九六、金融資産は〇・七七〇、両者を合わせた財産所得は〇・五七九とはるかに高くなっている。不動産価値や株価は、賃金とは比較にならないほど急上昇し、それによって得られるキャピタルゲインは莫大であり、なおかつ財産税や譲渡差益に対する課税標準現実化が不十分なため、富の不平等は確実に大きくなった。土地公概念研究委員会の調査（表3）をみると、地価上昇によるキャピタルゲインは一九八五年から一九八八年の三年間に約七倍の規模に膨れ上がり、持てる者と持たざる者の資産格差が大幅に拡大された。こうして、一九八〇年代後半の高成長過程で不動産や株式の売買によって得られる不労所得により潤う高所得層と住宅価格・家賃の高騰で生活苦に悩む低所得層との間に新しい貧富格差が生じるようになった。

一九八〇年代に入って、公平分配と社会福祉が政府によって強調されたが、結局は「先成長・後分配」の構造が大きく改善されることはなかった。むしろ、政経癒着による財閥や一部特権層の不正蓄財と富裕層の奢侈生活、物質万能主義の社会的風潮の中で、持たざる者の相対的貧困感・被剝奪感が強まった。そして一般労働者の勤労意欲の喪失、一九九六年初頭にみられた空前の規模の労働者ゼネストなど、労使の極限的対立で社会的あつれきが激化した。近代的な労使関係の確立など、産業民主主義を通じて成長と分配の均衡発展を遂げることが、将来の韓国経済にとって重要な課題であることを示すものである。

国際化・世界化の進展

韓国は一九八〇年代半ばまで、他の発展途上国と同様、国内産業の保護と国際収支の均衡維持のため輸入規制など、対外開放をできるだけ遅らせながら輸出を急速に伸ばしてきた。しかし、世界経済のボーダレス化が進む今日、世界貿易一〇大圏に到達するほど国際的地位が向上した韓国にとって、もはやそうした対応は許されなくなった。

すでに一九八〇年代半ばから対米貿易黒字の拡大により、米韓貿易摩擦が深刻化した。欧米諸国からの「韓国叩き」が強まり、国際的な保護主義の台頭と強い市場開放圧力への対応を模索し、一九八六年の貿易収支の黒字転換を契機に、みずから積極的な開放政策に踏みきった。

一九八八年にIMF八条国に移行し、為替自由化の義務を順守、一九九〇年にはガット十一条国となり、先進国並みの関税引き下げと輸入自由化義務を受け入れることになった。工産品に対する平均関税は一九八五年の二〇・三%から一九九一年には八・四%に引き下げられ、輸入自由化率は同期間中、八七・七%から九九・九%に上昇した。

一九九二年から資本市場が段階的に開放され、さらにはガット・ウルグアイ・ラウンドの妥結に向けて、製造業に比べ、はるかに比較劣位の金融・サービス業、農産物市場の開放をも進めた。一九九三年末には従来の反対方針を転換して、コメ市場の部分的開放に踏みきった。一九九四年末には「世界化」政策を打ち出し、一九九五年発足のWTO（世界貿易機関）体制に積極対応を示し、一九九六年にはアジアで日本に次いで二番目にOECD（経済協力開発機構）加盟を果たし、「先進国クラブ」入りを果たした。これからは、OECD国家として先進国の各種基準と規範に合わせ国内の法律・制度を改善し、資本・為替自由化を完全に実現し、途上国への援助額も大幅に増やすなど重い課題を担うようになった。

他方で、韓国企業は貿易対象を従来の米日偏重から脱却させ、他のNIES諸国、ASEAN諸国、中国、そしてロシア、東欧など北方交易国へと拡大、貿易の全方位的多角化を推進した。また企業の対外進出も初期の建設特需や資源開発・市場確保型のものから、最近は低賃金を狙って生産拠点をA

SEAN諸国、中国に移転する大・中小企業の製造業投資や、欧米先進国との通商摩擦に対応した先端技術獲得のための現地合弁投資やM&A(企業の合併・買収)が急増するなど多様化、レベルアップが進んでいる。

このように韓国経済が国際化・世界化していけばいくほど、変化しつつある国際分業体制の中で、「グローバル経営」に向け、政府は企業への規制を緩和し、国内産業の競争力を強化し、生産性と効率を向上させるべく産業構造調整と金融制度改革を推進していかねばならなくなった。

三「IMF管理体制」の下に

失敗した文民政府の経済改革

一九九三年二月に、三二年ぶりの文民政府として登場した金泳三政権は、「改革政治」を標榜、「新韓国」を創造すべく同年七月に「新経済五カ年計画」(一九九三~九七年)を明らかにした。政治民主化の土台の上で、「すべての国民の参加と創意」を経済発展の新しい原動力とする「新経済」を建設することによって、計画期間中に先進国経済に仲間入りすることを目標にすえた。そのため、国民生活と企業活動に対する規制を緩和し、生産への国民・企業の寄与に対する正当な分配、いわば「汗を流した分だけ報われる」という経済正義を確立するとともに、効率と公正がともに保障されるように財政、金融部門など全般的分野にわたって経済制度改革を推進するとし、経済政策の重点課題として、

表4　21世紀韓国経済の展望

区　　分		1995年	2000年	2010年	2020年
人　　口	（万人）	4,485	4,679	4,968	5,058
人口増加率	（%）	0.90	0.80	0.42	0.04
経済活動参加率	（%）	62.4	63.8	66.9	68.0
〈女　　性〉		〈48.6〉	〈49.8〉	〈52.9〉	〈54.9〉
GDP	（経常，10億ドル）	546	851	2,051	4,081
〈世界順位〉		〈11位〉	〈9位〉	〈8位〉	〈7位〉
1人当たりGNP	（経常，ドル）	10,163	18,200	41,300	80,600
〈1995年不変価格〉		〈10,163〉	〈13,700〉	〈22,000〉	〈32,000〉
GDPデフレーター	（%）	5.4	3.6	3.6	3.0
租税負担率	（%）	20.7	24.3	25.0	25.0
交易規模	（10億ドル）	251.2	416.4	1,105.2	2,441.0
〈世界順位〉		〈13位〉(94)	〈9位〉	〈7位〉	〈6位〉
産業構造	（%）				
農林水産業		6.6	3.9	3.0	1.6
製　造　業		26.9	27.4	26.9	26.8
サービス業		66.2	68.6	70.2	71.9
住宅普及率	（%）	81.7(94)	—	100(2005)	—
上水道普及率	（%）	82.1(94)	90	95(2005)	—
下水処理率	（%）	43(94)	65	90	—
エンゲル係数	（%）	28.0	25.5	20.6	18.6
大都市（ソウル）の亜硫酸ガス汚染度	（ppm）	0.017	0.010	0.008	0.008
GNP対比R&D投資比重	（%）	2.7	3.6	4.0	4.0
製造業対比先端産業比重	（%）	14.8	19.0	31.6	44.5
技術進歩の成長寄与率	（%）	13	17	22	30

（出所）　韓国開発研究院（KDI）1996年8月

①成長潜在力の強化②国際市場基盤の拡充③国民生活の質的向上、をあげた。

金泳三政権は「不正腐敗の追放」を掲げ、政経癒着による「不正資金」の温床となっている「地下経済」の除去をめざし「金融実名制」（すべての金融資産の取引を本人の名義で行うことを義務づけ、他人名義や架空名義による利

図１　韓国経済の長期発展方向

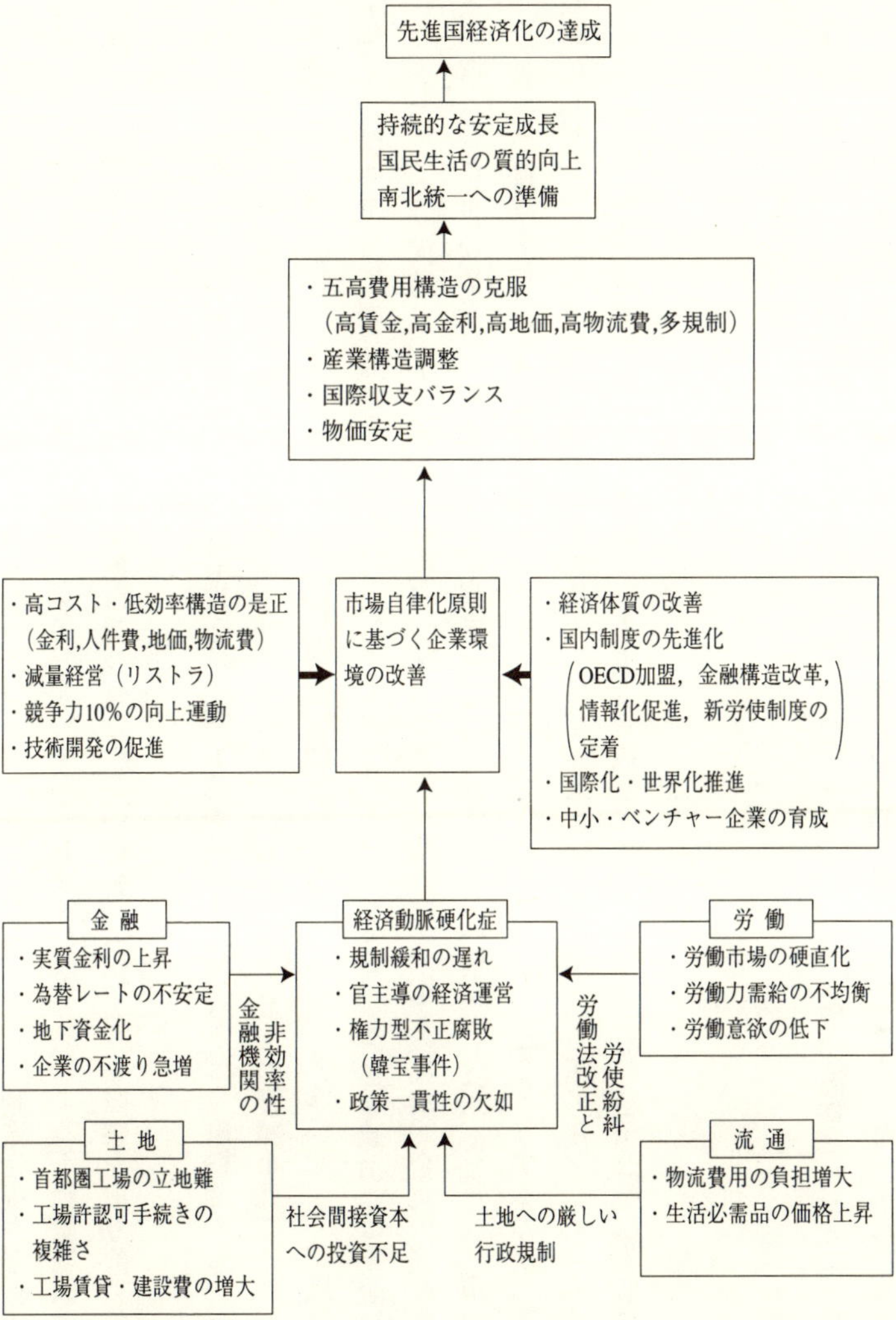
先進国経済化の達成
持続的な安定成長
国民生活の質的向上
南北統一への準備
・五高費用構造の克服
（高賃金,高金利,高地価,高物流費,多規制）
・産業構造調整
・国際収支バランス
・物価安定
・高コスト・低効率構造の是正
（金利,人件費,地価,物流費）
・減量経営（リストラ）
・競争力10%の向上運動
・技術開発の促進
市場自律化原則に基づく企業環境の改善
・経済体質の改善
・国内制度の先進化
（OECD加盟，金融構造改革，情報化促進，新労使制度の定着）
・国際化・世界化推進
・中小・ベンチャー企業の育成
金融
・実質金利の上昇
・為替レートの不安定
・地下資金化
・企業の不渡り急増
金融機関の非効率性
経済動脈硬化症
・規制緩和の遅れ
・官主導の経済運営
・権力型不正腐敗
（韓宝事件）
・政策一貫性の欠如
労働法改正と労使紛糾
労働
・労働市場の硬直化
・労働力需給の不均衡
・労働意欲の低下
土地
・首都圏工場の立地難
・工場許認可手続きの複雑さ
・工場賃貸・建設費の増大
社会間接資本への投資不足
土地への厳しい行政規制
流通
・物流費用の負担増大
・生活必需品の価格上昇

（出所）　筆者作成

子・配当所得に高率の税金を課す制度。韓国版グリーンカード）を断行、また不動産投機や不労所得を抑えるため「不動産実名制」（脱税の温床となっている他人名義・架空名義による不動産取引の禁止措置）を実施するなど、正常な経済・金融政策運営と生産的活動のため大きな障害を取り除く努力を払った。

だが、一九九七年の初めに発覚した「韓宝事件」（韓宝鉄鋼に対する銀行など金融機関から約五兆ウォン＝約七〇〇〇億円にのぼる不正融資が与野党がらみで行われた史上最大の疑獄事件）には、金泳三大統領の次男金賢哲氏をはじめ、政権中枢の人物が多数介入していた。それによって、以前の「権力型不正腐敗」の構造はまったく変わっていないことが明らかにされ、「清潔な政治」は完全に地に墜ちてしまった。同時に一九九六年から成長・輸出の減速、国際収支赤字の累増、企業の倒産続出、失業率増大など景気後退による経済不安が高まった。先進国の入口にたどりついた韓国経済だが、「新しい覚悟で跳躍を続け先進経済化をなしとげるのか、それとも後進国に逆もどりするのか、重大な岐路に立っている」（『経済白書』財政経済院、一九九六年版）という厳しい見方が広まった。「改革の核心」と言われた金融実名制も政権末期には事実上骨抜きにされ、文民政府の経済改革は失敗に終わった。

朝鮮戦争以来、最大の試練

一九九七年に入って韓宝鉄鋼の倒産を引き金に、起亜、真露、ヘテ、双龍、漢拏（ハンラ）、ニューコアなど三〇大財閥に属する中堅企業グループが相次いで経営破綻に追いこまれた。それにともない、市中銀行や総合金融会社（ノンバンク）などの第二金融機関の抱える不良債権が増大、九七年九月末現在で二八兆ウォン（一ウォン＝約〇・一三円）を超えた。また対外債務も約一〇〇〇ドルに膨み、そのうち六七五億ドルが短期債務であった。

金融機関の不良債権未処理と対外短期債務の支払いが困難となる中で、運悪く同年七月以降のタイ、インドネシアなどアジア通貨金融危機の伝染的襲来を受け、国際金融資本の外貨引き揚げ、対外信用低下でウォン安が急ピッチで進んだ。九六年平均で一ドル＝八四四ウォンだったのが、九七年一一月には一〇〇〇ウォンを突破、金融システムへの不安と、景気が一段と停滞するとの見方から、総合株価指数も四〇〇台に急降下、一〇年ぶりの安値をつけ、国際信用は急速に低下した。

深刻な外貨不足のため、デフォルト（債務不履行）の危機が高まるや、韓国政府は九七年一一月末に国際通貨基金（ＩＭＦ）や日米欧各国などに対し、「救済金融」を要請した。融資総額は五七〇億ドルと、メキシコ通貨危機時の支援額（約五〇〇億ドル）を上回り、史上最大規模となった。これによって、韓国経済はＯＥＣＤ加盟の誇りにひたる間もなく、ＩＭＦ（国際通貨基金）の「管理体制」下におかれ、「朝鮮戦争以来、最大の試練」に直面するようになった。

韓国の通貨金融危機の根源は、これまでの「外形拡大式成長路線」にあり、多額の借金に頼りすぎた財閥企業の「タコ足的」経営がついに限界にきたことを示すものであった。一九九八年二月に登場した金大中新政権は、ＩＭＦとの合意（緊縮財政、低成長率、物価上昇抑制、経常収支赤字の圧縮、外国人直接投資の大幅拡大などの救済融資条件）を順守して国際信用を回復し、経済再建に全力をあげる姿勢をとった。そのために、行政改革、金融改革、財閥改革、雇用構造改革の四大改革を推し進めた。とくに財閥について、経済成長の牽引役を果たした一方で、政経癒着、「官治金融」などで経済構造のひずみを生み、経済危機をもたらしたとし、現代、三星、大宇、LG、SKなど五大財閥に対し、①連結財務諸表作成をはじめ会計慣行の国際化など経営の透明性の確保、②グループ内企業の相互支払い保証の解消、③負債比率を低めるなど財務構造の改善、④不要な業種や資産の整理による中核業種への資源集中、⑤経営者の責任性強化（五大原則）など、かつてない強度の財閥改革に乗り出した。

韓国は早期に、IMF管理体制を克服し、二一世紀に向けて高度先進産業国家に発展するために、高費用・低効率構造を正し、「官治金融」の弊害をなくし、国際競争力のある企業、金融機関を育成しなければならなかった。そのために、官民共同で一段と高い水準の技術開発努力を推し進める一方、民間企業は「経営刷新」を果敢に進め、政府はその自発的参入と能動的創意を抑える不必要な規制を大幅になくすなど、企業環境を改善していくことが迫られた。

IMFの「外圧」をテコに、産業構造調整の進展と経常収支の着実な改善、財閥企業のリストラ、労使協調を進めることで、「市場経済原理」に基づく競争力をもった民間主導型の経済体制に転換し、韓国経済先進国化を達成するという長年の課題が新たに突きつけられたのである。

四　経済構造改革の行方

「船団グループ経営」の解体

金大中大統領が強力なイニシアチブをもって進めた財閥改革は、過去に韓国の高度成長を支えた「船団グループ経営」の解体をめざすものであった。グローバル化した「大競争の時代」において、トップダウン式のオーナー経営、あらゆる業種に手を出す「たこ足式」経営、過剰負債・過剰投資による放漫経営、所有と経営の未分離などは、かえって成長の足かせとなったからであり、それこそIMF危機の根源的要因であった。政府は先の五大原則に続いて、九九年八月、①産業資本と金融資本の分離②グループ内系列社間の相互出資・不当取引の規制③変則的な相続・贈与の禁止——などの追加措置を実施、企業構造改革は熾烈さを極めた。改革のプロセスで資産規模第二位の大宇グループはリストラに立ち遅れ、逆に負債が増大するなかで流動性危機に陥り、結局、九九年一一月に債権銀行団の管理下におかれ、事実上経営破綻した。財閥中心の経営システムの終焉を意味する象徴的な出来事であった。

企業構造改革の成果は、めざましいものがあった。例えば九九年六月末現在、五大財閥グループの平均負債比率は三〇二%と、九八年末より八六%も低下した。三星の場合、政府との合意である二〇〇%より低い一九二%となった。グループ内の不採算企業、非主力会社の売却・整理の進展は遅いが、中核事業への資源集中を促すビッグディール（大規模事業の交換）では、半導体、鉄道車両、船舶用エンジン、発電設備、精油、航空、石油化学の七業種が合併、分社、売却などによる構造調整が強力に推進された。

さらに系列社間の支払い保証の廃止、少額株主の権限強化、連結財務諸表の義務化、監査委員会の導入や社外理事選任比率の拡大などによる経営体質の強化、透明性と支配構造の改善など、コーポレートガバナンスの面で顕著な前進がみられた。船団式経営の司令塔とみなされてきた社長団会議、運営委員会などが廃止され、系列会社の独立経営が保障されるようになった。オーナー中心の支配体制から専門経営者体制へと、既存の経営パラダイムの転換によって生産効率と企業の競争力向上が図られるようになった。

しかし、政府主導の下で金融制裁のムチをちらつかせながらの半強制的構造調整に対し、財界からの反発は強かった。負債比率二〇〇%の義務的措置は、優良企業の安価な売却、無理な増資を強いられ、逆に企業の競争力弱体化をもたらす副作用も生じたからだ。またビッグディールにしても、政府の過度な介入による政治論理優先の政策に、「新官治」との批判も出た。

経済回復を宣言

政府の果敢な危機打開策が功を奏し、韓国経済は予想以上に早い回復をみせた。九八年にマイナス六・七%と落ち込んだGDP成長率は九九年にはプラス一〇・七%、二〇〇〇年には同九%という高いパフォーマンスを示した。超リストラ旋風の中、失業率も以前の二、三%台から九九年初めに八・〇%の急上昇を記録したが、九九年末には四%台へと急低下した。

輸出もウォン安、米国経済の堅調に加え、世界的半導体景気の好調とIT革命の波に乗り、電子・電機部門をはじめ、情報関連分野を中心に大きく伸長、経常収支は二四九億ドルの黒字を出した。その結果、IMF危機表面化時に三九億ドルであった外貨準備高は九九年末には七四〇億ドル、二〇〇〇年六月には九〇〇億ドルを超え、外貨危機は遠のいた。金大中大統領は、九九年一二月にソウルで開かれた国際経済フォーラムで演説、韓国経済はＩＭＦ危機の二年前と比べて「驚くほどの成果を上げた」とし、「通貨危機は今や完全に克服された」と述べて、経済回復を宣言した。

ＩＭＦ優等生に第二の危機？

だが、二〇〇〇年に入り、大宇グループの解体に続く現代グループの主力企業である現代建設の不渡り危機など、下請け・関連企業の倒産増加や、それにともなうリストラによる失業者の不満と労使紛争の頻発、政府の強力な支援を受け急成長を遂げたＩＴベンチャー関連企業中心の株式市場コスダック（ＫＯＳＤＡＱ）の急激な委縮、原油価格の高騰による経常収支のひっ迫など「ＩＭＦ優等生」と評価されたのもつかの間のこと、一転して韓国経済はめざましいＶ字形の回復もむなしく、同年後半には明確に景気減速状態に陥った。通信機器分野などの設備投資と民間消費の冷え込みが激しく「総体的危機」と言われたほどだ。二〇〇〇年前半まで三割を超える伸びを示した設備投資は、半導体、パソコンなどの伸び悩みで、同年一二月末には前年同月比二・一減と二カ月連続で減少。消費も一段と低迷、小売り・御売りの売上高は前年同月比二・二％の伸びにとどまった。韓国銀行（中央銀行）の全哲煥総裁は、二〇〇一年二月、「消費や投資心理が急速に萎縮している」と指摘、「今年のＧＤＰは四％台まで下がる可能性が大きい」と極めて悲観的な見通しを明らかにした。韓国経済の減速は株価や為替レートにも反映、株価はＩＭＦ危機後の最高値である一九九九年末の九八四ポイントから二〇〇〇年末には五二六ポイントと約五割の大幅下落、為替レートも二〇〇〇年八月の対ドルレート一一〇八ウォンから同年一二月には一二六四ウォンにまで一四％も下落した。

デイビッド・コーIMFソウル事務所長は「第二の危機の可能性は少ない」（二〇〇〇年一二月）と述べたが、総合株価指数の急落とウォン相場の不安定は、国際信用の低下を招いており、先行きは不透明さを増している。確かに、九七年のIMF危機時は内外金融機関による資金回収を引き金とする流動性危機が外貨不足を招き、デフォルト直前まで行ったのに比べ、現在は九〇〇億ドルを超える外貨準備高（二〇〇〇年六月）があり、よほどのことがない限り、再び外貨危機に陥ることはないだろう。だが、依然として対外債務は一四二二億ドル（二〇〇〇年七月）と大きく、短期債務（同）も四七八億ドルで、外貨準備高対比五二・九％と決して安心できる状態ではない。それに政府の外資誘致政策で導入された外国人保有株式総額は六六五億ドル（二〇〇〇年八月）にのぼっている。輸出鈍化で経常収支赤字再転化となり、金融システム不安が続けば、対外信用が低下し、短期資本流出による国内経済かく乱の恐れは決してないとは言えない。

真価問われる金大中政権

韓国経済が再び失速し、経済不安がもたされ、国民生活が苦しくなっているのは、金大中大統領自身が認めているように、輸出増大と外資導入によって外貨準備高が急増したことをもって、外貨危機を克服したと過信し、政府が企業・金融構造改革を徹底的に貫徹しなかったからである。二〇〇〇年一一月には、二一行の債権銀行によって整理対象とされていた五二の企業について清算ないしは法定管理、売却・合併などの措置が決められたが、ここには深刻な経営難に陥っている現代建設が除外されていた。その倒産は、あまりにも国民経済への悪影響が大きいことから、政府が尻込みしてしまったのである。

金大中政権の経済構造改革が後退していることは、二〇〇一年一月に年内に満期が集中的に到来する社債の償還支援に、はっきり表れた。IMF管理体制の下で銀行の貸し渋りに対し、財閥系企業は大量の社債を発行して当座の危機をしのいだ。その多くは三年物で、年内に約六五兆ウォン（約五兆八五〇〇億円）が満期を迎える。しかし、大手半導体メーカーの現代電子産業をはじめ、多額の負債を抱え信用が低下している企業は償還資金の手当てができない。そこで政府が満期集中による金融市場の混乱を防ぐ狙いから支援に乗り出したのである。これに対して、WTO（国際貿易機関）の規定違反との批判が国際社会から出ている。

他方、相次ぐ主要財閥系企業の経営難は金融機関にも悪影響を及ぼし、金融システムが再び不安定となり、二〇〇〇年一〇月には不良債権を抱える金融機関の救済のため、二〇兆ウォン（約二兆円）の公的資金でも足りず、さら四〇兆ウォン（約四兆円）を追加投入しなければならなかった。それほど銀行やノンバンクなどの金融機関の経営改善が遅れていることを示すものであった。IMF危機以降、相対的な貧富格差が拡大し、庶民層の生活水準が切りつめられている状況から、結局は税金負担となることに、国民の不満は大きく募った。世論調査で、政権初期に七〇％を超えた金大中大統領への支持率が、二〇〇〇年末に三〇％に急落した理由は、主に経済問題での失政によるものである。

二〇〇一年二月、金大中大統領は就任三周年を迎えた。政権三年間における経済構造改革は「半分の出来」と評価されるかもしれない。しかし、韓国経済の先進国化への課題はあまりにも多くて重いものがある。当面する景気浮揚策への誘惑を退け、残り任期二年のうちに構造改革を最優先政策として完遂することができるかどうか、金大中政権の真価が問われている。

五　日韓経済協力と南北経済交流

新展開の日韓経済関係

一九六五年の日韓条約締結によって日本から供与された八億ドルの有償・無償の経済協力資金は、韓国工業化にとって有効に活用され、その後、貿易、借款・直接投資、技術導入など経済関係が拡大した。韓国の貿易発展は、日本から輸入した機械・部品・素材を国内の低廉かつ良質の労働力を利用して組立加工し、最終完成品を欧米やアジアに輸出するという構造を特徴としている。しかし、その過程で、韓国経済の対日依存が深まり、対日輸入誘発構造がビルトインされてしまった。その結果、対日貿易収支赤字が年々拡大、その後三〇数年のあいだ、貿易不均衡改善問題がつねに両国間の懸案として論じられてきた。

対日貿易赤字は一九八七年の五二億ドルから、円高の影響で一九八八年三九億ドル、一九八九年四〇億ドルと減少傾向をみせたが、その後再び拡大、一九九二年には七九億ドルに膨れ上がった。一九九三年からの円高再到来で輸出拡大の好環境が作られたにもかかわらず、対日貿易収支はさして改善されてはいない。円高のため、対日依存度が高い機械・部品などの輸入によって金額的負担がさらに増えたからである。一九九六年には、対日貿易赤字は一五五億ドルと史上最高を記録した。

これまで韓国政府は、対日貿易赤字の原因が日本市場の閉鎖性と技術移転の忌避にあるとして、日本側の姿勢変更を求めるとともに、輸入先多角化政策により対日輸入抑制に努めてきた。しかし、金泳三政権は、対日貿易逆調の原因は、韓国経済の構造的な問題にあるとの認識をもち、機械・部品・素材国産化のための第二次五カ年計画（一九九二〜九六年）を引きつづき推進しながらも、対日輸入抑制政策から輸出促進政策への方針転換を打ちだした。経済理論と相互信頼に基づくパートナーシップの確立をめざし、短期的には輸入増大で対日赤字は増大するにしても、日本企業の投資や技術を積極導入することにより国内経済を活性化し、長期的に対日貿易逆調を拡大均衡させていくという戦略であった。

これに対し、日本側、とくに民間企業レベルでは中小企業の交流促進や韓国製部品の輸入促進、生産技術、環境保護やエネルギー関連技術移転の推進などで前向きな協力姿勢をみせるようになった。一九九三年一一月の細川首相（当時）の訪韓時、日韓首脳会談では両国間の経済摩擦を解消するため「日韓新経済協力機構」を発足させることで合意、その後日本側は非関税障壁の解消に努め、韓国建設会社の日本での公共工事への参入を許可、また韓国側は、在韓日本商社の輸入業務を許可するなど、日韓経済関係は新たな発展をみせ始めた。

他方、日本企業の対韓投資は人件費や不動産価格上昇など投資環境の悪化により、一九八八年以降、金額、件数とともに減少、一九八八年に六億九六〇〇万ドルであったものが、一九九二年には一億五四〇〇万ドルへと急減した。しかし、同年に設立された韓日、日韓産業技術協力財団の活動や、韓国側の対日企業誘致のための投資環境改善により、対韓投資は再び増大し始めた。それとともに、韓国財閥グループによる対日投資、M&Aが活発化し、グローバル化時代に対応した日韓企業間の「戦略的提携」関係の動きがみられ、両国間で本格的な水平分業が推進されるようになった。

新たなパートナーシップ構築

日韓経済協力にとって、「過去の問題」が無視できない阻害要因となっていたが、一九九八年一〇月の金大中大統領の訪日、小渕首相（当時）との首脳会談を通じて、画期的な前進の契機が作られた。共同宣言「二一世紀に向けた新たなパートナーシップ」と、これを具体化する「行動計画」が発表された。共同宣言では、小渕首相が朝鮮植民地支配について多大な損害と苦痛を与えたとし、「痛切な反省と心からのお詫び」を述べた。金大統領は、日本側の歴史認識を評価し、日韓の過去問題に決着をつけ、結局、両者は「未来志向の関係構築」を誓い合った。

韓国政府は、その後、日本の大衆文化の輸入を段階的に全面開放する措置をとった。二〇〇二年のサッカーのワールドカップ共催の成功に向け、相互理解と相互交流に大きな弾みがつけられた。

経済関係においても、IMF危機体制が克服され始めた九九年には、対日輸入を禁止していた輸入先多角化品目制度が完全に撤廃され、貿易再拡大がもたらされるとともに、韓国政府の外国人投資環境の積極的改善（①整理解雇の要件と手続きの簡素化②外国人による敵対的M&A〈企業の合併・買収〉の許可③外国人の土地取得解禁など）によって日本からの対韓直接投資が急増、九八年の五億ドルから九九年には一七億ドルへと急激な投資ラッシュぶりをみせるようになった。同年には両国間において投資協定締結の交渉が始まるとともに、関税・非関税障壁をなくすための日韓自由貿易協定に関する共同研究も開始された。両国は、確実に二一世紀に新たな高い次元での経済協力関係に入ろうとしている。

着実に進展する南北経済協力

九〇年代のポスト冷戦時代になって、朝鮮半島の情勢変化から、いつ南北統一が現実化するかもしれない可能性が出てきた。「統一韓国」の順調な経済発展のためには、今からそれに備えた中・長期の経済・産業政策を打ち立てる必要がある。

すでに東西ドイツ統一の例からも分かるように、南北経済統合には莫大な費用が必要である。韓国経済の産業・財政・金融基盤は旧西ドイツに比べて、相対的に脆弱である。しかも、北朝鮮の経済不振によって、南北朝鮮の経済力格差は統一当時の東西ドイツ間のそれよりも大きい。こうした状況下で、東西ドイツのように急激な吸収統合がなされる場合、韓国は西ドイツが被った以上の大きな経済的負担と社会的混乱を強いられることになる。

そうした点を踏まえて、韓国政府は統一以前に南北間の全般的な対話・交流を進め、漸進的かつ段階的に経済協力を拡大・強化していくという戦略をとってきた。南北経済統合においてイニシアチブを発揮するために、みずからの内部的経済基盤を固めながら、統一コストを最少化しようというものである。

経済交流協力の第一段階は、モデル事業の実施および制度化であり、南北直接・間接交易の活性化と合作投資のモデル事業推進、投資保証、二重課税防止などの制度的装置構築、第二段階は交流協力の活性化であり、委託加工、信用状取引など多様な交易と北朝鮮の「経済特区」への投資、南北間の交通・通信網連結、鉱山・観光共同開発など多角的な協力、第三段階は経済協力の本格化であり、合作投資の全面展開、第三国への共同進出、UNDP（国連開発計画）が推進する豆満江開発など国際事業への共同参加、そして南北間の産業内・産業間分業を通じて南北経済の均衡かつ相互補完的発展をめざし、南北民族経済共同体＝単一経済圏の形成基盤を確立する、と展望している。

一九八八年から始められた南北経済交流は、直接・間接交易を中心に急拡大、一九九三年以降は北朝鮮の「核疑惑問題」「武装潜水艦侵入事件」などで停滞を余儀なくされたが、それでも年間二億～三億ドル規模の交易が維持されてきた。そうした南北経済交流・協力を積み重ねる中で、究極的に実現される「統一韓国」経済は、優秀な人的資源と豊富な鉱物資源、国内市場の拡大と技術力向上によって、北東アジア経済圏の中で有力な地位を築き上げることができるだろう。

北朝鮮「特需」への期待

一九九七年末のアジア通貨金融危機後、南北経済交流は一時冷え込んだが、二〇〇〇年六月の金大中大統領と金正日総書記の南北首脳会談後、北朝鮮政府への大規模な経済援助の約束に対し、韓国では財閥、中小企業を問わず「特需」への期待が大きく膨らんだ。南北和解ムードに乗り、南北経済交流は二〇〇〇年に拡大傾向をみせ、年間四億ドル水準に到達した。しかし、民間の投資事業では、大宇の南浦工場と現代の金剛山観光事業が目立つ程度で、前者はすでに中断、後者も本体の資金繰り悪化で不安を抱えている。

幸い、二〇〇〇年末の南北閣僚会議で、投資保証、二重課税防止、清算決済、商事紛争解決手続の四項目、さらに電力供給をはじめ、京義線などの鉄道・道路連結、ソウルに近接する開城工業団地建設への協力で合意し、これまで民間投資のネックとなっていた制度的安全網の欠如、極度のインフラ不足は解消される展望が出てきた。

しかし、電力などは北朝鮮へのこれまでの人道的食糧・肥料支援とは次元の違う「戦略的資源」であることから、国内に批判も多く、韓国政府の財政負担も毎年一兆ウォン（約一〇〇〇億円）規模と大きい。差し迫った金融改革と企業構造調整とからんで、政府財源がひっ迫している中、北朝鮮への一方通行の経済援助は難しいのが現状である。北朝鮮への援助より、失業で脅かされる国内の庶民生活を救済するのが先決だとの声が強い。

とは言っても、北朝鮮との約束履行ができない場合、南北対話・交流が挫折し、五年任期の折り返し点を過ぎた金大中政権の足元を掘り崩しかねない。南北経済協力と、国内経済改革完遂・経済再生の両立を迫られるという苦しい立場をどう乗り切るか、政治手腕の見せどころである。

第1章　安定成長模索と金泳三政権の経済改革

一　豊かになればいいのか――市民のジレンマ――

一九九一年に入って、韓国の学生運動は、焼身自殺が相次いだ。彼らをそこまで駆り立てたものは何か。その政治的・経済的背景から、八〇年代に高度成長を遂げた韓国の社会底辺に渦巻く矛盾が浮かび上がってくる。

最大の政治危機

一九九一年五月の韓国は騒然とした空気に包まれた。ソウルや光州などでは、学生と機動隊のあいだで投石、火炎瓶と催涙弾が激しく飛び交い、市街戦さながらの攻防が展開された。毎年この時期になると学生を中心に活発化する反政府運動も、この年は様相が違った。

同年四月二六日、学費値上げ反対のデモ中、明知大生・姜慶大君が「白骨団」と呼ばれる私服機動隊に鉄パイプで殴打され死亡するという事件が起きた。これが引き金となり、波状的な反政府デモが繰り返される中で、女子学生、高校生を含む学生ら九人が抗議の連鎖的焼身、飛び降り自殺（うちの八人が死亡）するという凄惨、かつ衝撃的な事態にまで発展した。学生、労働者、在野団体、野党は与党・民自党結党一周年（五月九日）、姜慶大君の「民主国民葬」（同一四日）、光州事件一一周年（同一八日）に合わせ、公安統治の終息、与党・民自党の解体、盧在鳳内閣の退陣などを求め、全国で糾弾の集会・デモを敢行、その規模は延べ一〇〇万人を超えた。

こうした政局混乱で、盧泰愚政権は一九八八年の発足以来「最大の政治危機」を迎え、すでに指摘されて久しいレイムダック（弱体）化現象に拍車がかけられた。盧泰愚大統領は腹心の盧在鳳首相の更迭に続く小幅な内閣改造で、危機を何とか乗り切ろうとしたが、新任の鄭元植首相が「文教相時代に教員組合を弾圧した張本人」ということで、学生・在野・野党の反発が大きく、政局安定の見通しが立たなかった。

学生運動は変わった

他方、盧政権を窮地に陥れたこの学生たちのデモは、一九八七年の「六月抗争」（大統領直接選挙制への憲法改正を求め、市民・学生が大規模デモを敢行、全斗煥政権に退陣を迫った）の時に自然発生的で多数の市民が合流したのとは違って、労働者との連帯、在野団体との組織的行動が目立ったが、「中産層」の人々は参加しなかった。勤め帰りのサラリーマンや子供連れの主婦もデモの中に見られたが、概して多くの国民が冷たい反応を示した。正常な抗議手段ではなく、自殺という極限的方法では問題解決につながらないというのが大方の見方であった。大手マスコミも一様に、政府・与党の強硬姿勢を批判しながらも、闘争目標のため手段と方法を選ばない運動側にも問題があるという論調を掲げた。

注目すべきことは、かつてリベラルな知識人、抵抗詩人として知られた金東吉・延世大教授や金芝河氏らが、「一個人の生命は政権より重い」「焼身自殺者を〝烈士〟とまつりあげるのをやめよ」と、学生の過激な行動に痛烈な批判を加えたことだ。これは、韓国内で定着していた学生運動への国民的信頼と肯定的評価に社会的ぶれが生じ始めたことを示唆するものであった。彼らの言動が、「権力を利するもの」として学生や進歩派作家から非難され、教壇をおりる羽目になったり、所属団体から除名されたことは、「西欧的な民主主義」の価値尺度からすれば、違和感をぬぐえないものである。

確かに、韓国学生運動は昔に比べて変わった。六〇〜七〇年代のように、「反独裁」というスローガンの下に一致団結していた時と異なり、八〇年代、とりわけ後半に入ってから「反米」「統一」など戦略目標の多様さと絡んで、闘争方法や組織路線をめぐる対立と分裂を繰り返すようになった。そして運動の急進化とともに大衆動員力も低下した。この現象を日本的発想から、高度成長とともに「成熟した市民社会」の中で大衆から遊離・独立し、衰退していった日本の学生運動とダブらせて見る向きもあった。しかし、それは韓国学生の伝統的抵抗精神と民主化過程における彼らの役割を過小評価するものであるだけでなく、九〇年代に入って顕在化した韓国社会の危機的状況について問題の所在を看過させかねないものであった。

姜慶大君殺害に抗議して、すぐさま全南大生・朴勝熙さん、安東大生・金映均君、暻園大生・千世容君が連日のように焼身自殺するや、全国大学生代表者協議会（全代協）は、早くも五月四日、全国各大学に緊急アピールを送り、「学生がみずからの生命を絶ち、祖国の民主化のため献身しようとする情熱は十分に理解できるが、たとえ一人でも生きて闘うことが何よりも重要である」とし、焼身自殺をやめるように訴えるとともに「一人の焼身自殺が闘争の熱気を拡大させる契機になるとは考えない」「過去四〇年間も民主化のために闘ってきた一〇〇万学徒と四〇〇〇万の国民の力を信じ、ともに生きて闘おう」（『東亜日報』一九九一年五月四日付）と呼びかけていた。このことから、政府や一部の人々が主張しているように、学生たちが自殺を誘導したり、あるいは死を政治的に利用しようとする背後勢力によってあやつられているといった見方は、かなり信ぴょう性に欠けるものであった。焼身自殺した全国民族民主運動連合（全民連）の幹部・金基卨氏の遺書が代筆であったという検察発表も、学生・在野の運動に対する国民の懐疑に輪をかける作用をしたようだが、後になって鑑定の結果、金氏の手帳の筆跡は、遺書とほとんど同一であったことが明らかにされている。

民主化に依然として壁

デモと弾圧の繰り返しによる「暴力の悪循環」に対し、ややもすると「喧嘩両成敗」的な判断に立ちやすいが、このときの韓国政局の混迷は、決してデモや焼身自殺によってもたらされたものではないということである。その契機となった姜慶大君殺害事件の意味は、安秉永・延世大教授が指摘するように「公安統治の必然的な産物であり、より根源的にはかつての軍事統治時代につながる根の深い構造的問題」（『韓国日報』一九九一年五月二日付、傍点は筆者）であったのである。

盧政権は八八年に軍政の終息、権威主義の清算など民主化の大義を掲げて出帆した。過去の軍事政権と違って、国民の手による直接選挙で選ばれただけに、「政権の正統性」に自信をもっていた。そして、従来の安保最優先の統治イデオロギーを一〇〇％逆転させて、民主主義がなければ、これ以上の経済成長も安保も保障されないと断言した。それゆえ、国民世論も「普通の人」による民主化公約に期待をかけた。

しかし、実際には光州事件にまつわる「生まれついての限界」を克服できず、歴代政権と同様の強権体質をさらけ出すには時間がかからなかった。対外面では、ソウル・オリンピックの成功、韓ソ国交樹立など北方外交の進展、南北首相会談など対話・交流の進展、朝鮮民主主義人民共和国（北朝鮮）に南北国連同時加盟を受け入れさせるなど、多くの得点を挙げてきた。しかし、内政面では五年の任期の折り返し点を迎えた一九九〇年の春の時点で、みずから「総体的難局」と認めざるをえないほどの政治危機に陥っていたのである。

もちろん、八七年六月の「民主化宣言」以降、政治犯の釈放、言論・出版の自由、労働三権の確保など、韓国社会の民主化は以前に比べて目に見えるほど進んだ。だが、それは盧政権の成果というより、学生、労働者、在野の運動の結果もたらされた「譲歩」にすぎなかった。「与小野大」の国会で政局運営の主導権が握れない下で、国家保安法の改正など旧来の人権抑圧装置の撤廃には手をつけないなど、抜本的な民主改革がなされず、国民の支持度は急降下した。こうした中で、八九年には、労働争議の頻発、農民運動の急台頭、南北学生会議提唱以降の統一運動の盛り上がりに対し、露骨な「力による統治」を復活させ、「公安政局」が作り出された。盧政権は、もはや与党（民正党）単独の力では統治不可能とみるや、内閣責任制改憲への思惑とも絡んで、九〇年二月に野党の民主党（金泳三総裁）、共和党（金鍾泌総裁）との与党三党合同を強行、全国会議席中、七〇％の議席を占めるという、韓国政治史上、例のない巨大与党・民自党を出現させた。

それは、韓国政局をますます悪化させる要因となった。三党合同は、明らかに選挙で表された民意を踏みにじるものであり、残された野党・平民党（金大中総裁）からは「政治的クーデター」と非難された。合同直後の世論調査では民自党の支持率は一〇％そこそこでしかなく、議席率七〇％とは完全な「ねじれ現象」をみせた。韓国民の高い政治意識と社会変化を無視することでは、到底政権の基盤を強化できるわけがなかった。それどころか、一九九〇年一〇月には、国軍保安司令部が与・野党の政治家を含む軍人以外の民間人に大規模な調査活動をしていた事件が明るみに出された。これは盧政権の脆弱性と旧態依然の軍政体質を露呈するものであった。

このように、九〇年代に入ってからの韓国の政治危機は、明らかに民主化公約が守れず、その要求に対する「公権力の過剰な介入」によってもたらされたものだ。しかも、それが「構造的抑圧システム」として社会的に固定化されていることが、いっそう問題であった。それは、南北分断という冷戦体制に起因している、長く続いた北朝鮮との対決状況の下で、権力者には冷戦思考がこびりつき、「国家安保」が「政権安保」にとって代わられるようになったことと深い関係がある。そして、「自分の利益に反するものは、すべて敵である」という「軍事文化」が社会の隅々にまで浸透し、その悪影響は少なからず民主化を呼ぶ勢力にも及んだ。

暴力団による組織犯罪、殺人・強盗・人身売買など凶悪犯罪の急増など、盧政権になって、韓国社会の治安が急速に悪化したのは、韓国社会がいかに深く病んでいたかということを物語るものであった。一九九一年の学生連鎖自殺は、決して唐突な現象ではなく、一見華やかで開放的ではあるが、根底では閉塞した社会状況からの解放、自由を求める悲痛な良心の叫びであったのだ。

広がる所得格差

学生たちの巨大な抵抗を叫び起こしたもう一つの背景としては、六〇年代から本格化した近代化、工業化政策の展開によってもたらされた経済的不平等の深化をあげることができる。

韓国は六〇年代以来の三〇年間のあいだ、だれもが認める驚異的な高度経済成長を遂げてきた。この期間中にGNP成長率は、年平均八％の成長を実現し、一人当たりのGNPは一〇〇ドル未満から五〇〇〇ドル台に、貿易額も一〇〇〇億ドルを超え、八〇年代には、NIES（新興工業経済群）の優等生として確固たる国際的地位を築くようになった。日本や欧米先進国が一〇〇年以上もかかって築いた近代的な産業国家を三〇年という短期間で実現したということで、「輸出主導型工業化路線」はすべての後発発展途上国にとって魅力ある経済発展モデルとして映るようになっていた。

しかし、逆にその副作用や矛盾も大きかった。とくに多くの国民が不満をもったのは、成長の果実が財閥の企業に偏り、「経済力集中」がひどいことと、貧富格差が拡大したことである。「輸出至上主義」のため、価格競争の強力な武器としてとらえた低賃金・低穀価政策の後遺症で、労働者・農民の生活の向上は妨げられた。もちろん、高度成長によって国民経済が底上げされ、「中産層」が増えたのも事実である。だが、高度成長にとり残された低所得層は、氾濫する外国ブランド製品など、「過剰消費」現象の陰で疎外感を一層強めたのである。

住宅問題も日本に劣らず深刻化する一方であった。年々上昇する物価のあおりで、都市において、住宅を持てない者は六〇％に達し、全国で一〇〇万人を超す人々がバラック住まいであった（国土開発研究院）。一九九〇年春、急上昇する家賃が払えず、一家心中、自殺に追いこまれた人々が続出したのは、偶然ではなかった。

それなのに財閥企業は、製造業投資よりも手っとり早い利潤獲得の方法として、不動産投機、株式投機など、先進国病といえる「財テク」に熱中、一九九一年に入って有力大企業（斗山グループ）が有毒の工場廃棄物を川にたれ流すかと思えば、中堅財閥の韓宝グループが政府官吏と組んで宅地造成（江南水西地区）汚職事件を引き起こした。権力と結びついた財閥の不正、横暴な行為に国民の怒りはかつてなく高まった。

経済的不平等を是正するためには「経済民主化」が必要だが、高度成長過程で富を手にした既得権益層は頑強に反対する。大幅な経済改革を行わなければ、底辺層の人々の不満がいつ爆発するかしれないため、政府としても無策ではいられない。しかし、他方で、財閥規制は、既得権益層の政権離れを引き起こしかねないために非業務用の不動産を売却するよう財閥企業に命じても徹底化できないとか、国民の人気取りのため中産層向けの高級アパートの大量造成に腐心するなどの目先きの政策しかとらない。政府は「持つ者」と「持たざる者」のあいだで、どうしようもないジレンマに陥ってしまった。

九〇年代に入るや、政府はかなり危機的な社会状況が生じていたにもかかわらず「中産層がデモに参加していない」（金学俊・大統領補佐官）ことで安堵した。しかし、世論調査では先の汚職事件に野党も絡んでいたこともあり、支持政党なしが三〇%を超え、全体的に「政治不信」の傾向が強まった。これらの多くの人々が中産層であるが、高度成長の一部恩恵を受けた彼らも、株価暴落など、日本同様、「バブル経済」の破裂によってある意味では最も大きな被害を受けた。政局混迷と社会不安が続けば、いつまでも彼らが「沈黙」を守り続ける保証はなかった。それは、一九九二年三月の総選挙で与党・民自党が大敗し、過半数を割る敗北を喫したことに余すところなく表れた。

二　80年代バブル破裂の後遺症

韓国経済は一九八五年のプラザ合意以降、「三低効果」(ウォン安、原油安、金利安)に支えられ、八六、八七、八八年の三年間、連続一二%という目覚ましい二ケタ高度成長を遂げた。八九年には六・八%と前年に比べ大幅なダウンとなったが、翌九〇、九一年はそれぞれ九・三%、八・四%と、比較的高水準の成長を維持した。しかし、その後は成長率が急低下、八〇年代バブル経済は崩壊、その後遺症に苦しむことになった。

「三高」で輸出競争力が低下

八六年から八八年までの三年間、韓国は製造業設備投資と輸出の増大が成長を引っ張り、八九年からは建設投資と内需が成長の牽引車となった。この間、総合株価指数はぐんぐん上がり、八六年一月の一六〇ポイントから八九年三月には一〇〇〇ポイント台を突破、空前の株式ブームが起きた。また八八年のソウル・オリンピックを前後して、二〇〇万戸住宅建設を中心に建設ブームが起き、それとともに地価は年間二〇~三〇%も上昇、異常ともいえる不動産投機をあおった。バブル経済の進行とともに、「過剰消費」が社会に蔓延し、「拝金主義」が横行した。

八九年以降は製造業設備投資が鈍化、その代わり第三次産業部門、とくに建設・サービス業の伸びが著しく、これによって成長が支えられた。が、製造業部門の若年労働者が大量に建設・サービス部門に流れ、労働力需給のミスマッチ現象が起きた。製造業部門の深刻な労働力不足と「三K忌避」現象が起きた。消費者物価も一〇%台に迫った。明らかに韓国経済の前途に赤信号がともった。

八〇年代後半からの高度成長で、韓国は一九九〇年に一人当たりGNPは五〇〇〇ドルを超えた。しかし欧米や日本などの先進国に比べれば、まだ四~五分の一の水準にすぎない。にもかかわらず、製造業部門の相対的比重の縮小、三K忌避などが現れているのは、先進国に到達する前に既に「先進国病」にかかっているということで、国民経済の不健全な発展に国内世論がいっせいに警鐘を鳴らした。

バブル経済の波に乗って起きた自動車、家電製品などの消費ブームによる内需拡大は、従来の輸出主導型成長パターンの韓国経済の新たな発展戦略の可能性を示した。だが、なお一人当たりGNP五〇〇〇ドル水準では継続成長の原動力としては限界があった。

ところが、肝心の輸出パワーは往年の推進力を完全に喪失してしまった。「高賃金、高物価、ウォン高」という新たな三高現象の登場によって輸出競争力は著しく低下した。その結果、価格競争力を武器とする軽工業製品、とくに家電製品の輸出では、中国やタイ、マレーシアなどに米国、日本市場を奪われ、「NIESの模範生・韓国」の名声にかげりがさした。

株価・地価が急落

こうした中で、一九九二年の第二・四半期のGNP成長率は第一・四半期の七・五%から六・〇%へと大きく低下、八九年の第三・四半期以降、最低水準の記録を示した。これは前年同期の九・八%に比べて、三・八%の低下であり、相対的に不況感の大きさをもたらした。

このGNP成長率の低下は、建設投資の落ち込みと消費の伸び率鈍化のためである。第二・四半期GNP成長率を部門別にみると、建設と設備投資を合わせた投資部門は前四半期の同六・二%増から同〇・一%に落ち込んだ。なかでも九〇年に二三・七%増という大幅な伸びを示し、九一年も二ケタ台を維持した建設投資が前四半期に比べ、二・九%減とマイナスに反転したことが成長の足を引っ張った。

それればかりでなく、設備投資の伸び悩み傾向が鮮明となり、景気の先行き見通しは暗いものとなった。政府系の韓国産業銀行が主要一五〇社の九二年の設備投資を調査したところ、製造業の投資規模は前年実績に比べ七・二%減少した。産業銀行の調査で、製造業の設備投資が前年を下回ったのは、八一年以来一一年ぶりのことであった。

また、建設ブームが一段落したことから、耐久消費財の売れ行きが急速に悪くなった。民間消費は一九九二年第一・四半期の八・六%増から第二・四半期には七・〇%と落ち込んでいる。とくに家電の場合、販売実績は同年一〜三月、前年同月比一〇％減の七八〇〇億ウォン（一ウォン＝約〇・一六円）にとどまった。冷蔵庫、洗濯機など白物家電の販売額が大きく減少、ＶＴＲ、テレビなど音響・映像機器の売れ行きも前年割れとなった。また、これまで年間二〇％を超す急速な伸びをみせてきた乗用車の国内販売も伸びが鈍化。同年一月から五月までの販売台数は前年同月比一五・五％の伸びとなった。

ＧＮＰ成長率のダウンとともに注目されたのは、株価の急落と地価の下落である。同年の八月に総合株価指数は危機ラインの五〇〇ポイントを下回り、証券パニックを引き起こした。かつての最高値から二分の一水準への落ち込みは、いまだ底の浅い韓国株式市場育成・強化に大きな後遺症を残した。また、同年第二・四半期の全国平均地価は、第一・四半期に比べ〇・七％下落した。これは、政府が地価変動調査を開始した七五年以来初めてのことである。年間の上昇率は八九年の三〇％台から、九一年は一〇％水準に下落すると見通された。

こうして、韓国でも九〇年代に入り、日本と同様、株・土地神話が崩れ、バブル経済が破裂することで、国民経済の方向感覚が見失われるようになった。

製造業中心の経済へ逆もどり？

ＧＮＰ成長率の低下にともない、中小企業ばかりでなく中堅企業まで倒産が相次ぐ中、財界では九〇年代に入ってからの景気後退を、「不況の初期段階」ととらえ、今後「本格的な不況へ突入する恐れがある」という声すら上がった。そのために政府が積極的な景気浮揚策をとるよう求めたが、政府は動こうとしなかった。

韓国政府は九〇年以来、不動産投機を抑えるため土地公概念法制、そして物価の安定と貿易収支の改善を目指した総需要管理政策を実施してきた。それゆえ、内需鈍化傾向を「安定成長への調整局面」として肯定的に評価した。つまり、「成長率を低めに抑えて、安定成長へ転換しなければならない」（崔珏圭副首相兼経済企画院長官）という経済戦略を変える意思はなく、引き続き緊縮財政をとっていくとした。

八六年以降、「三低景気」とともにバブル成長がもたらされたが、八九年以降、そのつけとして物価上昇と貿易収支赤字への反転となって跳ね返った。韓国銀行の分析によれば、八九～九一年の場合、建設投資と内需増大でGNP成長は一〇％水準を保ったが、適正成長率（最適の資本設備利用で成長できる水準のGNP増大）は七・八％であったとしている。

韓国政府は、そうした分析に基づき、九〇年代初め韓国経済の与件からすれば、適正成長率は七％水準と判断、安定成長政策をとったのである。実際のところ、九一年上半期の消費者物価は前年同期に比べて二・一％下落した七・〇％にとどまり、その後も安定した水準を保った。九〇年末から八月までの消費者物価は四・五％であり、前年同期の七・八％を大きく下回った。また貿易収支をみると、九一年一～八月の輸出は四九二億四九〇〇万ドル（前年同期比九％増加）、輸入五五一億三三〇〇万ドル（同二・四％増加）で、貿易収支は五八億八四〇〇万ドルの赤字であるが、これは前年同期に比べ二七億六九〇〇万ドルの減少であった。

このように、GNP成長率はダウンしたが、過熱気味の内需を抑制することで物価が安定し、さらに輸入抑制効果による貿易収支の改善がもたらされたことは、政府の総需要管理政策が奏功したものだ。

それ以上に見過ごすことができないのは、八〇年代後半に、建設業、サービス業の伸びを下回っていた製造業の伸びが九一年第二・四半期になって両者を逆に上回るようになったことである。九一年上半期の八・四％に比べて、九一年の上半期は八・二％と若干低い水準にあるが、堅調な成長をみせた。製造業の稼働率は同期間中に七九・二％から八一・八％に上昇しており、GNP成長率に対する製造業部門の寄与率は三一・八％から四七・一％へと大きく伸びた。GNP成長率は下がっても、内実は製造業中心のパターンへの回帰という点で、質的パフォーマンスは向上したといってよい。

「新三低」効果への期待

だが、内需の伸びが鈍化し、当分のあいだ、この傾向が続いたとしても、七％台の安定した成長基盤を築くためには輸出需要の増大が課題となってくる。九一年上半期、輸入は前年同期の二三・五％増から三・七％増へと急減、また輸出は同期間中、一三・八％増から八・四％増に減少した。結局、この間の貿易収支改善は輸入の急減によるものであった。今後、さらに貿易赤字を減らし、貿易収支をバランスさせるためには、結局輸出力を強化しなければならない。

その課題に立ち向かう上で、九〇年代初めの世界経済の動向はプラス与件を現していた。ヨーロッパの通貨危機にともなう円高現象（ドル安→ウォン安）は為替レートの引き下げにつながった。また、国際金利も下落の兆候を示した。九二年に入り、石油価格も一バレル＝二一～二二ドルと八六年当時の一七〜一八ドルよりも高かったが、九〇年の平均水準と比べると二ドル程度低い水準だ。こうした「新三低」現象は、賃金上昇の沈静化、物価安定という好条件とともに、韓国の輸出競争力を高め、韓国経済の安定成長にとって確実に追い風の役割を果たした。

だが、七〇年代の主力輸出商品であった繊維、はきものなど労働集約型の軽工業製品、および八〇年代の主力輸出商品であったカラーテレビ、VTRなどの家電製品の場合、価格競争力の低下は著しく、円高などのメリットは中国や東南アジア諸国の方が大きく活用でき、また金利安、原油安も必ずしも確実とはいえない不安要素をもっていた。既に、韓国の輸出商品の構成では軽工業製品の比重が四〇%水準を下回り、一般機械、自動車、化学工業製品など資本集約型の重化学工業製品が六〇%を超えるようになった。こうした条件の下では、「新三低」に安易な期待をもつのでなく、軽工業製品ですら高品質・高性能の高付加価値製品を作り出し、世界のあらゆる市場で非価格競争力を発揮し得る生産・輸出体制を確立することが必要であった。

八六年以降の「三低景気」の中で、「低賃金・低付加価値」製品の生産・輸出に安住し、技術開発努力を怠ったことの反省を生かさなければならなかった。韓国の労働生産性は八〇年代に入って急上昇したが、それでも九〇年の段階でまだ日本の五〇%水準にとどまっていた。韓国企業は生産設備の拡張を中心に投資を続けたため合理化が後回しとなり、効率性が低い水準にあった。高度成長からの軟着陸をめざし、安定成長の基盤を築くためには、自動化、合理化、研究開発などの投資で製造業の着実な発展を期し、内需と輸出のバランスがとれた経済政策を推し進めていくことが望まれた。

三　成長派と安定派の不協和音

一九九二年二月末に発足した韓国の金泳三政権は、経済の再生を大きく掲げ、「新韓国創造」のスタートを切った。だが、実際は選挙公約の経済改革にすぐ着手するどころか、当面の経済沈滞を打開すべく景気回復策（金利引き下げ措置）に追われるなど、前途多難を極めた。

小さな政府で「韓国病」の克服目指す

金泳三大統領は、選挙で韓国が当時おかれている状況を「韓国病」（過剰消費や勤労意欲の喪失などの現象）と診断し、その克服を通じて「新韓国を創造する」とのビジョンを打ち出し、国民の支持を得、期待を集めた。

大統領就任の辞では、当面の国内最優先の課題として①不正腐敗の追放②経済の再生③法秩序の確立――の三点を強調。とくに経済再生については、世界は「経済戦争」の時代に突入しているとの厳しい認識を示し、「NIESの優等生」をもたらしたかつての開発独裁型の政府主導の経済から脱皮、企業の自律と競争に任せた経済運営に転換することを約束し、技術革新による生き残りを訴えた。

先進国入りの手前まで来ていながら、成長・輸出の鈍化、インフレ、国際収支の赤字などに苦しむ韓国経済を再跳躍させるため、金泳三大統領は既に大統領選挙前に、自著の『二〇〇〇年の韓国』の中で、新たな処方せんを明らかにしていた。

それによれば、過去三〇年のあいだ、韓国経済の成長を引っ張ってきた方法は、これ以上は効果を発揮し得ない。つまり、これまでは政府主導の下、企業が政府の支援と保護を受けながら、外国からの導入技術と国内の安い賃金で大量生産した商品を出血輸出（損失は国内で補填）することで利潤を獲得してきたし、その過程で韓国経済は猛スピードで成長し、国民経済規模も急拡大した。しかし、今や量的成長方法ではダメである。その条件は既になくなった。これから新しく採用すべきは質的成長方法である。これまで韓国経済が量的成長を遂げてきたとするならば、今後は質的跳躍を遂げなければならない、というものであった。

そのためには、何よりも政府の役割と機能を調整、縮小すべきで、小さな政府への転換をめざすとした。政府が担ってきた多くの部門を民間に移行、自由市場経済が正常化されるよう、金融自律化、経済力集中の緩和、大企業の業種専門化など、経済の構造改革の必要性を説いた。そして、科学技術の革新、経済正義の実現、グリーン産業の振興、地域の均衡発展などを強調した。

一九八八年のソウル・オリンピックと前後し、韓国型バブル経済が破裂し、日本に劣らぬ深刻な景気沈滞に見舞われる中、国民のあいだで勤労・倹約精神が急速に減退したことは、韓国経済のさらなる発展にとって致命的な要因となり得るものであり、為政者にとっても相当の危機意識を持たされたことは事実のようだ。

金泳三大統領の経済哲学は、自由市場経済への単なる回帰ではなく、開発途上国が先進国経済化をめざすうえで、国民経済の量的拡大ではなく質的改善に重点をおき、新たな飛躍のための経済改革を志向している点で注目すべきものであった。

新経済五カ年計画と百日計画

だが、同年三月一九日、金泳三大統領が「新経済で新しい跳躍を」という題目の特別談話を通じて明らかにした短期的、中長期的経済政策の内容は、当面の景気浮揚策に重点がおかれ、金利自由化、金融実名制（韓国版グリーンカード）など「経済の再生」や「不正腐敗の追放」を実現するうえで必須とされた経済改革は先送りされることになった。

その反面で、金泳三大統領は「物価安定は政府が責任をもつ」「庶民の生活必需品については、政府がその価格を特別管理する」「企業と個人サービス業は今後一年間、製品価格とサービス料金を据えおくように」「今年の公務員の給与、定員の凍結」を打ち出すなど、将来の民間主導型経済運営への転換を見据えながらも、当面は政府の強力なリーダーシップ発揮の意志を強く印象づけた。

金泳三大統領は、「新経済」を建設するために、「新経済五カ年計画」と「新経済百日計画」を立て、実行に移すとし、新五カ年計画の初年度である九二年は、国際競争力の回復と景気の活性化に力を注ぐと述べた。新五カ年計画は、前の盧泰愚政権下で既に実行され始めていた第七次経済社会発展五カ年計画（九二〜九六年）が内外の経済与件と大きなズレを生じたことと、金泳三大統領の新経済哲学に合わせて再編成され、九三年からスタートした。

初年度の九三年は、景気活性化とともに経済改革に着手、九四年には国内経済活動と関連する制度改革の完了、九五年には本格的な国際化推進に力点をおき、九六年には住宅、環境、交通、老人・福祉政策など、国民生活の質を高めるのに全力投球し、九七年には「新経済」の目標をすべて達成する――などの目標を掲げた。

そして、五カ年計画の推進に先立って、九三年の六月末まで「新経済百日計画」に基づき景気活性化などのため、短期目標として七項目を実行に移すことにした。それは①同年一月に続く公定歩合の再引き下げと通貨の伸縮的管理②中小企業の競争力強化③行政規制の早期解除④科学技術投資の拡大⑤農漁村構造改善事業の改編⑥生活必需品価格の安定⑦公職者に対する意識改革運動――である。

金泳三大統領は、勤労者に対し、「賃金が安定するようにして欲しい」と、賃上げ抑制への理解を求めるとともに、「景気浮揚効果の大きい公共投資事業を早め」「製造業を中心に輸出と投資活動が活気を取り戻すよう支援を強化する」と約束した。

他方、論議の的となってきた金融実名制については、「必ず実施する」とだけ言及、その時期も明らかにされず、経済改革後退を示唆した。

結局、新経済政策の基本は、金利の引き下げと賃金の抑制で企業の負担を軽減し、製造業の輸出競争力を高めることにあった。それは、中長期の経済改革に本腰を入れるにはあまりにも当面の経済状況が悪すぎ、経済改革どころではないという新政府の窮状を物語るものであった。

依然厳しい景気の回復

金泳三大統領は、特別談話で、「わが国経済の困難を乗り切るため、すべての国民が苦痛を分かち合おう」と呼びかけた。このことは、当時の韓国経済がいかに苦しい状況にあったかを裏づけている。

韓国経済の深刻な沈滞は、単なる景気循環的なものだけでなく、構造的要因も重なっており、政府の小手先の景気浮揚策がどれほどの効果を発揮するかについては疑問視する向きが多かった。

九二年の韓国経済は、九一年下半期から始まった内需景気の鈍化にともない、GNP成長率がダウン、同年の八・四%から九二年第一・四半期は七・四%、第二・四半期五・九%、第三・四半期三・一%、第四・四半期は二%台と急降下した。九二年は八〇年以来、最も低い水準(五%)を記録した。

この景気低迷は民間消費、建設および設備投資など内需全般にわたっていたという点で、輸出鈍化にともなって景気後退をみせた八九年とは全く違った現象を表していた。

八〇年代末の年間一五~二〇%というハイレベルの賃金上昇率は、九〇年代に入って鈍化傾向をみせ、また株式・不動産などの資産価格がバブル破裂で低下することによって民間消費が大幅に減少し始めた。また九一年まで成長を主導してきた住宅投資が建設規制措置の影響で減り始めた。

こうした中で、景気活性化措置の金利引き下げで企業の設備投資がとくに期待されたが、展望は明るいものではなかった。

九一年の下半期以降、設備投資は内需景気鈍化にともなう建設設備、および一般機械の不振に加えて、大型設備増資が完了したことによって、大幅な伸長率低下をみせた。そこで、政府は金利引き下げなどで設備投資拡大のための努力を払ったものの、企業の投資マインドが極度に冷え込み、過去五年間の大幅な設備拡張完了にともない、自動車、半導体など一部の業種を除いては施設能力拡大のための投資が全般的に低迷することは食いとめられなかった。ただ、工場自動化投資など、合理化投資は人件費上昇、環境問題などに対応するための企業の努力とあいまって着実な増加をみせた。

景気低迷の深刻さは、工業生産指数と建設受注額によく表れていた。九二年中の工業生産指数の伸び率（前年比）をみると、上半期の八・八％増から、第三・四半期に二・九％増、さらに第四・四半期に〇・五％減へと急速な低下をみせた。また建設受注額は、九二年上半期の前年比一八・一％増から下半期には一・八％減に落ち込んだ。

韓国銀行によれば、九二年に不渡りのため銀行取引停止処分を受けた企業数は一万七六九社で、前年比七四・八％増となった。九三年に入っても、不渡り発生件数の増加傾向は続いた。

根強いインフレ圧力

こうした経済不振を打開するために、短期的な景気浮揚策が必要との声が経済界から強く要請されたが、それは盧泰愚政権下の後半期から推進されてきた「安定成長」路線から逸脱するものという批判の声も強かった。

九二年の物価上昇率は前年の九・三％から六・二％へと低下し、過去の二、三年の高インフレが沈静化した。これは景気沈滞を反映したものだが、政府の総需要抑制政策が奏功したことも見逃せない。ところが、九二年末からバス、地下鉄など交通料金や新聞購読料などの値上げが続き、生活実感では物価が「二〇％を超えている」といわれ、インフレ圧力の存在はなお無視し得なかった。安定基調がまだ、確固たるものになっていない中での金利引き下げは、財閥の借金漬けの体質を助長するだけで、再び物価上昇と不動産投機を引き起こすことになりかねないものであった。

先の金利引き下げで、企業は年間約三兆ウォン（一ウォン＝約〇・一五円）の金融費用負担が軽減された。韓国の三〇大財閥の借入金は、総額三二兆六〇〇〇億ウォン（九二年五月現在）にのぼり、銀行の貸し出し残高の二割を超えていた。利下げによる財閥の金融費用負担軽減は、設備投資拡大に向けたカンフル剤の役割を果たすのは間違いない。だが、利下げは「安定」より「成長」を選択したことを意味しており、再利下げなどで安定基調が大きく損なわれる可能性が強かった。

「安定」か、「成長」かをめぐる論議は政府当局者間でも熾烈化した。安定論者として知られる韓国銀行の趙淳総裁（前副首相兼経済企画院長官）が、三年間の任期を残したまま、九三年三月になって突然更迭されたことで、「安定」「成長」論争にいったん終止符が打たれた。

趙淳前総裁は、同三月一五日の離任式で「わが国経済にとって、最も重要な目標は物価安定である」「物価安定なくして、どのような政策目標もついには達成されない」と述べながら、「韓国経済の根本問題は低い成長率水準そのものより、成長率低下をもたらした高費用、低効率の脆弱な経営体質にある」と、新政権の成長優先政策への転換を辛辣に批判した。

金泳三大統領は、韓国経済の再跳躍のためには量より質が大事であるとの経済哲学を披れきしたが、成長優先政策のなし崩し的展開によって自家撞着に陥りかねない瀬戸際に立たされることになった。景気浮揚政策が中心の「百日計画」推進の過程で、いかに経済改革実践の意志を貫徹していくのか、金泳三新政権にとっては実に重い課題であった。

四　金融実名制とアングラマネーの健在

金泳三政権は不正腐敗の一掃、きれいな政治をめざす「改革」の一環として、九二年八月、電撃的に「金融実名制」を実施した。景気浮揚にマイナス作用を及ぼすとの大方の批判にもかかわらず、アングラマネーの陽性化で、政経癒着のルートを断ち切るとともに、健全な経済発展をめざすとして強行されたものだ。

GNPの三〇~四〇%にも

九四年一月二二四日に、韓国のソウル地検は李哲熙・張玲子夫妻の巨額手形不渡り事件を明らかにした。両氏は企業から一〇七億ウォン（一四億円）をだまし取り、五億ウォンの当座小切手を発行して不渡りを出した。特定経済犯罪加重処罰法（詐欺）と不正小切手取締法違反の疑いで逮捕された。

李哲熙は元KCIA次長、張玲子は全斗煥元大統領の夫人・李順子氏の友人で、共に権力の中枢部分と常に接触できる立場を利用し、既に一九八二年に巨額（二七〇〇億ウォン）の手形詐欺事件を起こしていた。二人は、融資した大企業から五倍以上の約束手形を担保として振り出させ、勝手に割り引く手口で、懲役一五年の実刑判決を受け服役していたが、九一~九二年にかけ仮釈放されていた。

両氏は、韓国のアングラマネーを扱う闇金融＝私債市場で大物金主（韓国では、クンソン＝大きな手と呼ばれる）の役割を担っていた。政治資金、わいろ、企業のマル秘資金、不動産投機による不労所得、脱税資金など、いわゆる黒いカネの流れの総元締めであった。

金融不祥事のたびに問題となるこの私債市場の実態は、決して各種統計に表れることなく、その規模も推測の域を出ない。筆者が、韓国の金融制度についての取材過程で直接、私債業者（匿名を条件に話をしてくれた）から聞いたところによれば、私債の規模は、マスコミなどでは三〇兆ウォン（韓国の一般会計予算に匹敵）といわれているが、実際は一〇〇兆ウォンに上るかもしれないという驚くべき数字を挙げた。

それは、GNPの三〇～四〇％にも匹敵する天文学的数字といってよい。先進国にもアングラマネーは存在していることが明らかであるが、GNP対比一〇％未満だといわれていることから、韓国の場合、その比重はとてつもなく大きいことが分かる。

私債市場で一日に動くカネは六百億～七百億ウォンといわれ、数百万から数千億ウォンを動かす大物金主は、ソウルだけでも数百人いるといわれている。カネの借り手は、中小企業が圧倒的に多く、運転資金・設備資金の手当てのため、また一般の人々も家の新築や購入、引越しなどの際に利用するという。現代、三星、大宇など韓国有数の財閥系大企業ですら不渡りを防ぐため、急を要する資金として、一〇〇億、二〇〇億ウォンをしばしば借りるという。

「必要悪」だった私債市場

この膨大なアングラマネーこそ、韓国経済を影で支えながらも、不正腐敗や脱税の温床となってきたがゆえに、歴代政権は私債市場の封鎖を図ってきたが、ほとんど見るべき成果がなかった。

なぜなら、まず市場経済が韓国経済構造にビルトインされてしまっているからである。それは、家計や企業が必要とする資金の供給源として、またすべての人々にとって有利な金融貯蓄手段・利殖方法として、韓国経済・金融市場において、大きな位置を占め、制度金融圏（銀行や証券など公的金融機関）との競争、または補完関係をなしている。公的金融機関よりも二倍以上高い利子は、一つの金融商品として魅力があり、私債は利子収入を目的とする「第三の金融圏」となっているのである。

資金需要者の側からみると、「官治金融」（韓国の銀行は半官半民の所有であり、経営・人事の面で圧倒的に政府・官の影響力が強い）の性格から、政府の介入が制度圏金融市場の機能を低下させている点が問題である。銀行は担保能力のない中小企業や家計に対しては官僚的事務対応で臨み、貸し出しを渋る。そのため、中小企業や家計は必要資金のかなりの部分を高利を甘受してまでも私債市場から借りざるを得ない。いわば彼らにとって、私債は「必要悪」なのである。

私債がブラックマネーとして地下で流通し、陽性化されないもう一つの理由は、私債を通じた資金がワイロ、不動産投機など、決して表面に出せない源泉から調達されるからであり、しかもその資金出所の秘密が法律で守られているからだ。

六一年から本格化された経済開発五カ年計画の実施過程で、急速に増大する産業資金の需要を充足するため、国内貯蓄の基盤を作る必要に迫られた。そこで、政府は民間資金を吸収するため同年「預金、積金などの秘密保証に関する法律」を制定した。だが、それは他方で私債が活発化する余地も与え、それと結びついた架空名義や借名の預金を膨らませることになった。

意識改革の面では成果

六〇～七〇年代の高度成長の過程で、企業の財務構造を悪化させ成長制約要因となった私債を凍結するため、朴政権は七二年に「八・三緊急措置」を断行した。それによって、私債市場は一時的な縮小をみせたが、再びその規模は拡大した。

しかし、八二年の巨額手形詐欺事件は制度圏金融を大きく揺るがし、韓国経済・企業の体質的脆弱性を露呈しただけでなく、不正な経済取引や地下経済の驚くべき実態を白日の下にさらけ出した。そして、不正腐敗による社会の病弊がどれほど深いものかを国民に認識させた。

世論の批判を背景に、全斗煥政権は私債の陽性化（金主などを公的金融機関に組み入れる）など、金融実名制の導入を八三年から実施する方針を打ち出したが、実行できなかった。その後、八七年に与党・民正党の盧泰愚大統領候補が選挙公約として掲げたが、結局、任期中に実現できなかった。大企業や富裕層、政経癒着と関連する国会議員、高級公務員の反発が多かった。それに当時の株価暴落や不動産投機促進などの憂慮の声が一般的に大きく、無期延期されてしまった。

一〇年間にわたって論議されながら実現されなかった金融実名制は、改革を標榜する金泳三新政権によってついに断行された。実名制が招くさまざまな経済的衝撃と副作用に対する多くの人々の懸念にもかかわらず、「大統領緊急命令」という一種の「革命的措置」をとってまでも、しかも一般の予想よりかなり早期に実行したのは、「金融取引の正常化を通じて国民経済の健全な発展と経済正義の実現、および政治・社会の先進化の土台を築く」という固い政治的決意の表れであった。

架空名義や借名の実名転換期間（九三年八月一二日～一〇月一二日）の最終段階で大量の現金引き出

しによる金融大混乱が起きると予想されたが、実際は平穏無事に終わった。投資マインドを冷やし、景気活性化に逆効果との心配も、年末に入って企業の設備投資拡大の動きが現れ、杞憂であった。不動産投機再燃の憂慮も政府の徹底した規制で、ほとんどその兆しがなかった。株価への影響も実名化初期段階で少し下落したものの、それ以降は着実に右肩上がりの曲線を描き、ちょっとした株ブームを再燃させるほどであった。

ただ、実名化過程で主に中流・上流階層によって引き出された現金が高級、輸入製品の購入に使われるなど、部分的過剰消費を生み、物価上昇の刺激要因となった点は問題視された。

しかし、全体としては金融実名制は大した衝撃も、副作用もなくスムーズに成功裏に進められたといってよい。何よりも、国民のあいだに実名化＝経済正義、不正経済取引の罪悪視、汗を流した分だけの所得を得るべしという、経済論理の尊さを浸透させる意識改革の面で大きな意義があった。

徹底した税制改革が必要

だが、金融実名制によってアングラマネーが完全に除去されたかというと、そうではない。

実名化期間が終わった九三年一〇月十二日現在、政府の発表では架空名義の口座は七六・一%、金額基準にして九七・四%（二兆七六〇〇億ウォン）が実名化された。だが、借名口座の場合、口座数は明らかにされず、金額としては三兆四七七五億ウォンが実名化されたという。借名口座の場合、形式上は兄弟、親戚、友人などの実名形態をとっているので、実名化すべき対象がどのぐらいの規模かは把握することができない。

ここに最大の盲点がある。架空名義口座の場合、金額基準ではほとんど実名化され、黒いカネが陽性化されたことが確認できるが、借名口座のカネは逆にほとんど金融機関にそのまま眠ったままの状態であり、皆目その実態が明らかでなかった。架空名義と借名の実名化された金額は、合わせても約六兆ウォンにすぎなかった。アングラマネーの規模を通俗的にいわれる三〇兆ウォンと少なく見積もっても、その五分の一にしかならず、ほとんど表面にあぶりだされなかったといえる。

言い換えると、実名制の実施によっても、不正腐敗や黒い政治資金の温床は残存しているということである。この借名の形で存在している黒いカネをどう陽性化し、制度圏金融や生産的投資部門に吸収していくかということが今後の大きな課題として残された。政府は、九六年から総合所得課税を実施するとし、その過程で名義を貸した人と借りる人とのあいだで利害関係が生じるため、時間をかければ借名のカネも陽性化されると言明したが、そのためには法の抜け穴を補完するより、徹底した公平な税制改革が必要であった。

また、中小零細企業が私債に頼らなくてもよいような金融支援策、とくに相互信用組合など中小企業向けの制度圏金融の拡大・強化が必要であり、受信も含めた金利自由化、そして根本的には官治金融の悪弊を取り除き、健全な民間自律型金融制度を確立していくことが求められていたのである。

五　高度成長再来の熱気、「昇龍」復活？

九〇年代に入って低迷していた韓国経済に、一九九四年から再び高度成長のような熱気が戻ってきた。しかし、部品産業の育成と、円満な労使関係づくりという課題は依然として残っており、先進国経済化へのハードルは、いまだ高いものとして立ちはだかっている。

自動車が買えない

一九九四年五月、官営で出発した韓国きっての鉄鋼メーカー・浦項総合製鉄は、活気に満ちていた。

「自動車、造船、電気・電子、機械など、鉄を使う産業の景気がとてもいいんですよ。鉄鋼は輸出と内需の割合が三対七ぐらいですが、今年は輸出を減らし、国内向けを増やさないといけないでしょうね」

九四年に入って、二月末までの鉄鋼の国内消費が五〇三万トンになり、前年同期に比べ四三％も増えた。それにともない、生産量も五九四万トンと、一四％伸びた。それでも、輸出分を考えると、国内の需要をまかないきれず、不足分を輸入に頼っているほどの活況であった。

お客にあたる自動車産業の復活も、内需主導型だった。同年の第一・四半期は、国内販売が三五万台で、前年同期より七％増えた。高所得層の買い替え需要が多く、中・大型車の人気が高い。現代自動車のソナタⅡ、グレンザー、大宇自動車のアカディア、起亜自動車のポテンシャルなどは、注文してから三カ月待たないと手に入らない状態であった。輸出も一八％増えて一六万台になり、好調だ。北米向けは相変わらず不振だが、中国や中東、中南米など、輸出先の多角化と車種の多様化に努めてきたことが功を奏した。

半導体の輸出が七割増

一方、爆発的な勢いで売り上げが伸びている電気・電子製品は、とくに輸出の伸びがすごい。

半導体は、米国や日本のパソコン向け市場が拡大して、記憶素子の四メガＤＲＡＭを中心に絶好調が続いていた。九四年第一・四半期には、輸出が前年同期に比べ六九％増の一五億ドル弱を記録した。ソウルから車で一時間半の器興にある三星電子の半導体工場を見て回ったが、四組三交代制の二四時間フル稼働態勢をとっていた。このときは四メガが主力だが、年末からは一六メガに主力が移ると強気の見通しをたて、一六メガＤＲＡＭの二つ目の量産ライン増設を予定していた。パソコン画面用に需要の多い液晶でも、ＴＦＴ（薄膜トランジスタ）方式の液晶工場を建設するなど、半導体関連で九四年中に九六〇〇億ウォン（約一二五〇億円）の設備投資をする計画。これは前年より二〇％多いものであった。

家電でも、輸出の伸びは同年四月末現在、三星電子のファクシミリが五八％、金星社の電子レンジ四一％、大宇電子の洗濯機二一八％増といった具合である。内需も好調で、電子レンジ、洗濯機、ＶＴＲの同年第一・四半期の販売は五〇％増えた。五月二八日、中央銀行の韓国銀行の発表によれば、同年第一・四半期の実質国民総生産（ＧＮＰ）は、前年同期より八・八％増加した。四半期ベースでは、九一年第二・四半期以来の高い伸びだ。成長の中身も、輸出と製造業、設備投資が主導していた。八〇年代後半の過熱をもたらした建設業と消費は経済成長率以下にとどまっており、健全だ。金明浩韓国銀行総裁は、「将来にわたって景気拡大が続き、九四年の成長率は当初の予想を上回り七％を超える」との見通しを述べた。

量から品質・顧客重視へ

韓国経済は、九三年初めの底から脱し、回復から上昇の局面に入った。同年後半からのうなぎ上りの成長に「過熱」を懸念する声さえ出始めた。

ただし、こうした活況が、競争力の強化による本物の経済発展なのか、「新三低」（ウォン安、国際金利安、原油安）といわれる外部要因による一時的な現象にすぎないのか、という点になると、意見が分かれた。日本の経団連にあたる全国経済人連合会（全経連）の李龍煥理事（当時）は、「この一、二年の設備投資がマイナスであったことを考えれば、第一・四半期の高成長はたいした意味をもたない」と言った。「重化学製品の輸出が景気を引っぱっている。技術が向上して価格以外の面で競争力がついたかが重要であり、その要因は三〇％ぐらい。あとは円高ウォン安で価格競争が有利になったからだ」と手厳しかった。

たしかに、主な輸出先である米国の景気回復や、円高の追い風に乗ったことは間違いない。だが、九〇年代初めの沈滞の中で、財閥系大企業を中心にリストラに取り組む一方、従来の量的拡大を追う成長方式から脱皮して、技術開発による品質向上や顧客重視の質的経営刷新を果敢に進めてきたこと

見た。

その一つ、三星、現代の財閥トップグループを猛追する大宇グループの「世界経営戦略」の一端を見た。

仁川工業地帯にあるグループの中核、重機械メーカーの大宇重工業を訪ねた。毎年二〇～三〇％の高成長を遂げてきたが、九〇年代に入り、マイナス成長を余儀なくされた。そのため、九三年から「ＧＧＩＰ21」という二一世紀に向けた経営革新運動を展開し始めた。ＧＧＩＰとは、Growth Globalization Integration Professional の頭文字をとったもの。国際化と経営資源の集中、各分野の専門化を進めることによって、三年以内に売り上げを二倍に増やし、コストを五〇％減らすという、実に野心的な目標をすえた。

魏英仁常務（当時）は、「内需中心ではもうだめで、輸出拡大に力を入れている。世界に通用する品質や価格を実現するためには、改革どころか革命的な決意で経営革新を推進しています」と、意欲満々だった。

大宇重工業は、九四年四月末に日本の新日本工機と日本での販売契約を結び、大型ＮＣ（数値制御）旋盤とマシニングセンターなどの工作機械を大量に輸出することになった。工作機械は、韓国で最も脆弱な部門である。日本への大量輸出は初めてのことだ。工作機械の本場である日本への輸出は、円高要因も大きいが、韓国工作機械メーカーの技術水準がやっと日本でも通用するまでに向上してきたことの表れであった。

労使紛争が最大の伏兵

このように完全に息を吹き返した韓国経済だが、「第二の跳躍」を果たすためにクリアすべき課題は一つや二つではなかった。

設備投資拡大に伴う資本財や、耐久消費財の輸出が急増したため輸入が輸出より伸び、九三年にせっかく四年ぶりに黒字になった貿易収支が、九四年に入り、また赤字に反転してしまった。

とくに、輸出用の自動車、電気・電子などの部品を日本から輸入したことで、対日赤字が急増した。九四年一月から四月末までの対日貿易赤字は、前年より三八％も増えて三六億ドルを超えた。円高による輸出拡大効果よりも、日本への資本財・部品の依存体質が是正されていないマイナスの方がはるかに大きかった。すそ野の広い部品産業を担う中小企業が未発達であることが、経済発展のボトルネックとなっている点が改めて明らかになったわけだ。

輸出に強い大企業と重化学工業が好調な反面、内需向けの中小企業と軽工業が不振、という二重構造が現れ、「景気の両極化現象」（全経連・李龍煥理事）が大きな問題とされた。かつて輸出産業の花形だった衣類・はきもの類は、高賃金・低生産性のため国際競争力を失って久しく、中国やＡＳＥＡＮ（東南アジア諸国連合）に海外市場をすっかり奪われてしまった。

景気回復にともなうインフレ懸念も国際競争力を脅かすものであった。

金泳三政権の呼びかける「国家競争力の向上」「労使無紛糾の元年」という目標に従う韓国労働組合総連盟（労総）の穏健路線が、スムーズに定着する気配はなかった。

自動車、造船など好調な重化学工業の労組は、二ケタ賃上げと、韓国労総よりラジカルな運動方針をめざす第二労総を設立する動きをみせていた。労使協調を望む世論が強く、労使紛争が年々減ってはいるが、底辺労働者の生活苦が解消されない限り、いつ再発するかもしれず、景気にブレーキをかける最大の伏兵といってもよかった。

現代グループの系列十数社が林立する蔚山工業地帯。ここに、毎年大規模な労使紛争を引き起こしている現代重工業の巨大造船ドックがある。ドックを案内してくれた文化部の全昌熙課長(当時)は、九三年、韓国が日本を抜いて世界一の造船受注国になったことについて、「大いばりはできませんよ。生産能力も技術水準も日本に比べたら、まだ低い。日本を気にせず、マイペースでやるだけです」と言った。九〇年代になって、韓国の造船設備拡張をめぐって日本との協議が険悪化していることもあってか、言葉遣いが非常に慎重だった。「賃金交渉がうまくいかず、人件費が上がるとコスト面から圧迫を受け、価格競争力を弱める。労使紛争さえなければ、順調な発展が期待できるのですが……」と語ったのが、印象的であった。

六　急成長する韓国の半導体産業

一九七〇年代初めにおける一〇〇〇万トンの生産能力をもった浦項製鉄所の完成が、韓国を一躍世界の中で新興工業国・地域(NIES)の先頭走者としての地位をクローズアップさせたとするならば、九〇年代初めからの半導体産業の急成長は、戦後、発展途上国の中から初めて先進経済国に仲間入りしようとしている韓国のパワーを見せつける格好の象徴となっている。

技術力、生産性、そして円高

九四年、円高の追い風と、その間のリストラ、R&D（技術開発投資）による技術力と生産性の向上で、韓国の電気・電子製品の輸出が急増した。年間の輸出高は前年より約三〇%増え、約三〇〇億ドルに上った。

品目別では電子部品の伸びが著しく、同年一〇月末まで前年同期に比べ五五・四%増え、一四三億ドルに達した。そのうち最大の伸びを示したのが、四メガDRAM（記憶保持動作が必要な随時書き込み読み出しメモリー）を中心とする半導体の輸出で、一〇一億七〇〇〇万ドルと、前年同期比では七五・一%増という驚異的な伸びを示し、単一品目の輸出としては初めて一〇〇億ドルの大台を突破した。これは韓国全体輸出のほぼ一〇%を占めるものであった。

半導体市場は世界的に拡大の一途にあり、九四年の市場規模は約一〇〇〇億ドルに膨れ上がった。

こうした黄金市場に深く食い込んだ韓国の三星電子、現代電子、金星エレクトロンなど半導体メーカーは、かつてない好況を享受し、各社とも二四時間のフル稼働体制をとったが、注文量の七〇～八〇%しか応じられないほどであった。

米国最大の情報関連の調査機関であるデータクェストの九三年度統計によれば、三星電子が三〇億五〇〇〇万ドルの売り上げを記録し、日本の富士通、三菱電機、松下電器を抜き、世界七位を占めた。

メモリー（ＤＲＡＭを中心とする記憶素子）分野だけでは、東芝を抜いて世界一位で、現代電子、金星エレクトロンも一〇位圏に入った。こうして、世界のメモリー生産においては、韓国がその半分を担うほど、最大の供給基地となったのである。

独自開発の契機は〝日本の非協力〟

半導体はテレビ・ラジオなど家電製品ばかりでなく、コンピュータ、通信、航空宇宙産業など先端産業に至るまで幅広い需要をもっており、「現代産業のコメ」といわれている。それゆえ、半導体産業の覇者こそ二一世紀の勝利者といわれるくらいである。韓国半導体産業の飛躍的な成長は、「技術立国」をめざす韓国の「第二の跳躍」にとって強力な推進的役割を果たしている。

しかし、国内半導体メーカーが日米の名だたる有力メーカーを押しのけ、世界トップレベルの地位に上りつめるまでには、長く険しい道のりを経なければならなかったのである。

韓国に半導体産業が根づくようになったのは、一九六五年の半ばごろからである。半導体最終製品の組み立て工場を合弁投資で建設するため、六五年コーミ社、六六年シグネテックス、六五年フェアチャイルド、モトローラなど米国の半導体メーカーが安い人件費を目当てに国内に進出してきた。

先進国の組み立て下請け基地から抜け出し、国内で直接半導体を生産し始めたのは、七四年に通信装備輸入業者が米国のＩＣⅡ社と五〇対五〇の比率による国内最初のウエハ加工会社である「韓国半導体」を設立した時からである。

だが、今日のように本格的な半導体産業の土台を築き上げた契機は、八二年に三星電子がＤＲＡＭ

を中心とする半導体産業に大々的な投資を行ったことである。当時、世界の半導体市場は日米両国によって支配されており、両国間で激しい「チップ競争」が展開されていた。半導体チップの集積度が高まれば高まるほど研究・開発および設備投資が幾何級数的に膨れ上がり、新規参入はあまりにもリスクが大きく、他国企業にとっては極めて壁が厚かった。当時、三星グループの李秉喆会長（故人）は半導体産業への参入がグループの運命を左右するカギとみて、大胆な決断を下した。というのは、八〇年代にカラーテレビの需要が爆発的に高まったのに、その中核部品である半導体の不足で生産に障害をきたしたからである。主要供給先の日本各メーカーは価格を二～三倍につり上げ、しまいには品不足を理由に供給を中止する時もあり、生産ストップさせられる経験もした。

李会長は中核部品の対外依存のリスクを感じ、半導体産業への参入を決め、以前から協力関係にあった日本ＮＥＣの小林会長に半導体技術移転を要請した。しかし、反応は厳しかった。「他の技術なら構わないが、半導体技術だけは渡せない」との答えが返ってきた。仕方なく、李会長は独自開発の道に踏みきる。

日韓メーカーの戦略的提携

三星電子は、市場展望、技術確保の可能性、競争力などを総合的に評価し、単一品目としては市場が大きく、大量生産の利点をもつＤＲＡＭを戦略品目と選定、当時主力製品であった六四キロＤＲＡＭの技術確保にとりかかり、一年後に独自開発に成功した。

八四年には二五六キロＤＲＡＭの独自製品を開発したが、価格暴落で大きな打撃を被った。供給過剰で八四年に三ドル五〇セントであった六四キロDRAMを開発することに成功、メモリー分野で日本と激しい競争を繰り広げるようになった。八七年から本格化した世界的な半導体好況で三星は莫大な黒字をあげた。不況期に投資を手控えていた日米有力メーカーをしり目に、独り好収益で潤い、四メガDRAMなど次世代製品で最上位を占めることができた。

三星の躍進に刺激を受け、八三年に半導体分野に参入した現代電子は、米国のビテリック社から設計および製造技術を導入、八六年から二五六キロDRAMを量産し始めた。また、ラッキー金星グループは八九年に半導体業種を統合、金星エレクトロンを設立し、三星電子、現代電子に次ぐ国内第三位の半導体メーカーとしての地歩を固めた。

そして四メガDRAMに次いで、九五年から本格的に使用される一六メガDRAMでも韓国の生産量は日本を圧倒した。九四年八月には、次世代のメモリーである二五六メガDRAMの実験試製品を世界で初めて開発、韓国半導体産業は全盛期を迎えるようになった。

韓国半導体メーカーの急成長で、それまでメモリー分野で世界の最大シェアを誇っていた日本の半導体メーカーとの競争は九〇年代に入って熾烈さを極めたが、九四年三月、三星電子がNECと次世代半導体の二五六メガDRAMの共同開発を進めると発表してから、様相が変わった。かつて三星電子に技術供与を拒否したNECと三星電子の技術提携は、八〇年代に世界市場を席巻した日本メーカーが韓国メーカーを「一流プレーヤー」として認め、みずからの生き残りのために取り込もうとの狙いをもつものであった。三星グループの李健熙会長は、「NECとの提携は、韓国企業の技術水準の向上があって初めて可能となったものだ」と、これまでの技術開発努力の成果を強調した。

いかに急成長している韓国半導体メーカーといっても、製品のライフサイクルが極めて短く、二五六メガDRAMの開発には一〇〇〇億円もの巨額の開発資金が必要とあっては、とても三星一社で推進するのはリスクが大きすぎる。さらに先端の技術開発では日本側がリードしていることから、NECとの共同開発は、自らの技術力を強化するのにも役立つ。そうした背景から、日韓間では「戦略的提携」が行われるようになった。金星エレクトロンは一、四、一六メガDRAMの技術を日立製作所から供与され、製品を納め、現代電子も富士通から技術供与を受け、四、一六メガDRAMの相互供給を行うようになった。こうして韓国が日本を急追するという競争関係図式が、日韓間の企業連合による協調体制へと変わり、世界市場争奪のためのグローバル化戦略が展開されるようになった。

非メモリー分野が課題

躍進著しい韓国半導体産業だが、克服すべき問題点も多い。

第一に、メモリー分野にあまりにも偏っており、ロジックなど非メモリー分野の技術水準が極めて低いことである。非メモリー分野は半導体全市場の八〇%を占める。また付加価値もメモリー分野に比べてはるかに高い。だが、韓国半導体メーカーのこの分野での技術水準は、九三年には日米の二〇%ほどでしかなく、市場占有率はたった一%にすぎない。

九三年の場合、メモリーの生産偏重度は三星八三%、現代九九%、金星八六%となっている。このような過度のメモリー偏重の輸出構造は、世界市場で先進国の反ダンピングなど深刻な貿易摩擦を生み出し、また海外の景気変動に容易に左右されるという不安定要素がつきまとっている。

第二に、半導体の生産を支える装備、材料の海外依存度が高すぎることである。それらの国産化率は九三年基準で、それぞれ一八%、三七%にすぎない。それは、半導体生産の中心的装備であるステッパーなどウエハ加工装備は国産化がゼロの状態であり、日米から全量輸入している。

第三に、設計技術を担う人材の絶対的不足である。とくに非メモリー分野は、生産技術と大量生産体制が適したメモリー分野とは違って多品種少量生産体制が必要であり、構造が複雑なため設計技術が重要である。だが、韓国の大学では半導体設計教育がほとんど行われておらず、人材が育っていない。今後、全世界の規模で情報通信化社会が進んでいけば、半導体の需要はますます高まる。そうした中で、韓国半導体メーカーがメモリー分野での競争優位を土台に、非メモリー分野での技術力を向上させていき、両者の均衡した産業構造を築き、半導体全品目で競争優位を実現してこそ、名実ともに世界的な「半導体王国」、ひいては先進国経済を謳歌することができるようになるだろう。

七　ブランド開発に賭ける中小・ベンチャー企業

オリンピック景気ともいうべき、八〇年代後半の驚異的な経済成長は終わりを告げ、韓国経済は九〇年代に入り、「産業の両極化」を強めながら、低成長にあえいだ。とくに全会社数の九割以上を占める中小企業は、後発途上国の台頭に押され、瀕死の状態に追い込まれた。そうした中で、目覚ましい頑張りをみせる中小・ベンチャー企業にも明暗があった。

輸出不振と内需沈滞で経営悪化

九二、九三年の二年間は設備投資がゼロ、もしくはマイナスの増加率であったことに示されるように、韓国経済はひどく低迷していた。しかし、九三年後半から九四年にかけて、円高と米国景気の回復などで輸出が伸び、生産と投資に活気が出てきた。

九四年第一・四半期の実質国民総生産は六％台と見通されていたが、七、八％の高度成長になると上方修正された。九三年の製造業生産は、年間で四・四％増の低い水準であったが、業種別にみると、自動車、鉄鋼、電子・電気などの重化学工業製品は、前年比八・四％増と堅実な成長をみせた。しかし、繊維、はきもの類などの軽工業製品は、前年比五・六％の減少と不振を続け、景気の回復過程で「産業の両極化現象」がはっきりと現れた。

かつて七〇年代まで韓国輸出産業の主軸をなしていた繊維、はきもの類は、完全に「斜陽産業」となってしまった。低賃金という唯一の武器が威力を失い、低・中級製品の国際競争力で後発途上国のタイ、マレーシアなどＡＳＥＡＮ諸国と中国にかなわなくなる一方、主要な輸出先であった米日先進国市場の新しい消費者ニーズにマッチした高級製品、高付加価値化を成し遂げることができなかったからである。

九二、九三年の、軽工業製品の輸出不振と国内景気の低迷による内需沈滞は、同部門において相対的に高い生産比重を占める中小企業の経営を大きく悪化させた。生産性を上回る人件費の高騰により採算が合わなくなった中小企業は、次から次へと消滅していった。八九、九〇年の「韓国版・バブル経済」が崩壊した以降の不景気の中で、中小企業の倒産は急増した。

表5　韓国の産業構造と中小企業比重の変化（付加価値基準）

（単位：%）

	1983		1990		1983～1990	
	産業構造	中小企業比重	産業構造	中小企業比重	産業構造変化	中小企業比重変化
飲・食料品	15.8	27.7	10.7	38.5	−5.1	10.8
繊維・衣服及び皮革	16.6	52.5	11.9	67.4	−4.7	14.9
木材及び木材製品	1.8	55.7	1.8	66.5	0.0	10.8
紙・印刷・出版	4.9	53.9	4.6	58.5	−0.3	6.9
化学	18.5	37.4	18.2	41.4	−0.3	4.0
非金属鉱物	4.9	52.0	5.0	62.7	0.1	9.3
第1次金属	8.1	21.3	7.4	25.8	−0.7	4.5
組立金属・機械及び装備	27.4	32.2	38.5	37.3	11.1	5.1
組立金属	4.1	57.9	5.1	67.0	1.0	9.1
一般機械	4.1	56.2	7.0	56.6	2.9	0.4
運輸装備	10.1	24.1	15.0	27.6	4.9	2.5
電気・電子	8.4	14.5	10.2	20.6	1.8	6.1
精密機械	0.8	64.6	1.1	62.8	0.3	−1.8
その他製造業	2.0	62.4	1.8	72.1	−0.2	9.7
製造業全体	100.0	37.1	100.0	44.3	0.0	7.2

（原典）　韓国統計庁『鉱工業統計調査報告書』1983年，1990年
（出所）　『岐路に立つ韓国企業経営』（名古屋大学出版会）

国民経済の発展に寄与

韓国中小企業の深刻な経営難の状況は、それが国民経済に占めている比重の大きさと影響力からみて、決して放置できるものではない。韓国経済に占める中小企業の比重（九二年）は、全会社数のうち九九・三%、従業員数六三・五%、生産額四〇・七%、付加価値四五・八%、輸出三九・九%と、極めて高いことが分かる。

七〇年代から八〇年代にわたって韓国経済は高

度成長を遂げ、「NIESの優等生」の名をほしいままにしたが、それを牽引したのが三星、現代、大宇、ラッキー金星などの財閥グループであったことは事実だ。しかし、その間、韓国の中小企業も急速に量的拡大を遂げ、国民経済の発展に寄与してきた。

七八年から八八年の一〇年間、製造業企業数は全体で六五・一%増加したが、従業員三〇〇人以上の大企業は一五・九%増にすぎず、二〇~四九人規模の小企業は一五四・六%増と最も大きな伸びをみせた。中小企業数の増大によって、製造業部門の雇用人数、および付加価値額で中小企業の占める比重は、七八年の五一・五%、三六・八%から、八八年には六一・二%、四四・二%にそれぞれ増大している。

だが、八〇年代末の超高度成長時代が終わり、九〇年代の安定成長期を迎え、中小企業は曲り角に立たされるようになった。その原因は、韓国経済の成長プロセスにおける産業構造上の問題と、中小企業特有の経営難にある。

政府支援は大企業のみに集中

前者の点についていうと、中間財の輸入による加工組立型工業化・輸出政策のための財政・金融などの政策的支援が最終財を組立生産する財閥系大企業に集中し、中小企業部門はそのぶん置き去りにされたということである。それに、大企業が国際市場で競争できるだけの品質を維持するうえで、国産部品より品質の良い先進国の部品を選んだため、中小企業は国内市場も十分活用できなかった。結局、政府支援や市場販路の面で大企業の犠牲となったのであり、典型的な「二重構造」の不利益を被ってきたのである。

企業経営の側面では、賃金の急上昇による輸出不振と、輸入自由化による内需縮小などの販売難、三K業種を避ける若年労働者と技能工の不足などの人材難、そして中小企業全体のうち技術開発投資をしている企業が一〇％、売り上げ額に対するR＆D（研究開発）投資比率が〇・二五％にすぎないという技術難など、全般的な悪条件の下におかれている。

産業構造上、および経営面での悪条件を克服するには、みずから技術水準を上げて、高付加価値製品を作り、競争力をつけるしか方法はないが、技術開発をしたくても、技術と人材が不足し、資金調達が難しいため、実際にはできないというジレンマに陥っている。

花形産業から斜陽産業に転落

多くの下請け中小メーカーが担いながらも、国内外の経済与件の急変に対応できず、輸出の花形産業が今や斜陽産業となった例として、はきもの産業の実体を見てみよう。

安価で良質の労働力と政府の強力な「輸出ドライブ政策」に支えられて、はきもの産業は八六～八八年の三年間、年平均三〇％を上回る輸出伸長をみせた。八八年には三八億ドルの輸出（イタリアに次ぎ世界第二位）を記録した。これは韓国全体輸出の六・三％にあたり、単一品目としては第四位の輸出順位であった。

しかし、八九年以降、賃金上昇と人手不足で製品コストが急上昇し、価格競争力が急速にダウンしたため、輸出も減少し始めた。八九～九二年の間、輸出は年平均六・六％減少。九三年には前年比二

図２　内外経営環境の変化と韓国中小企業の競争戦略

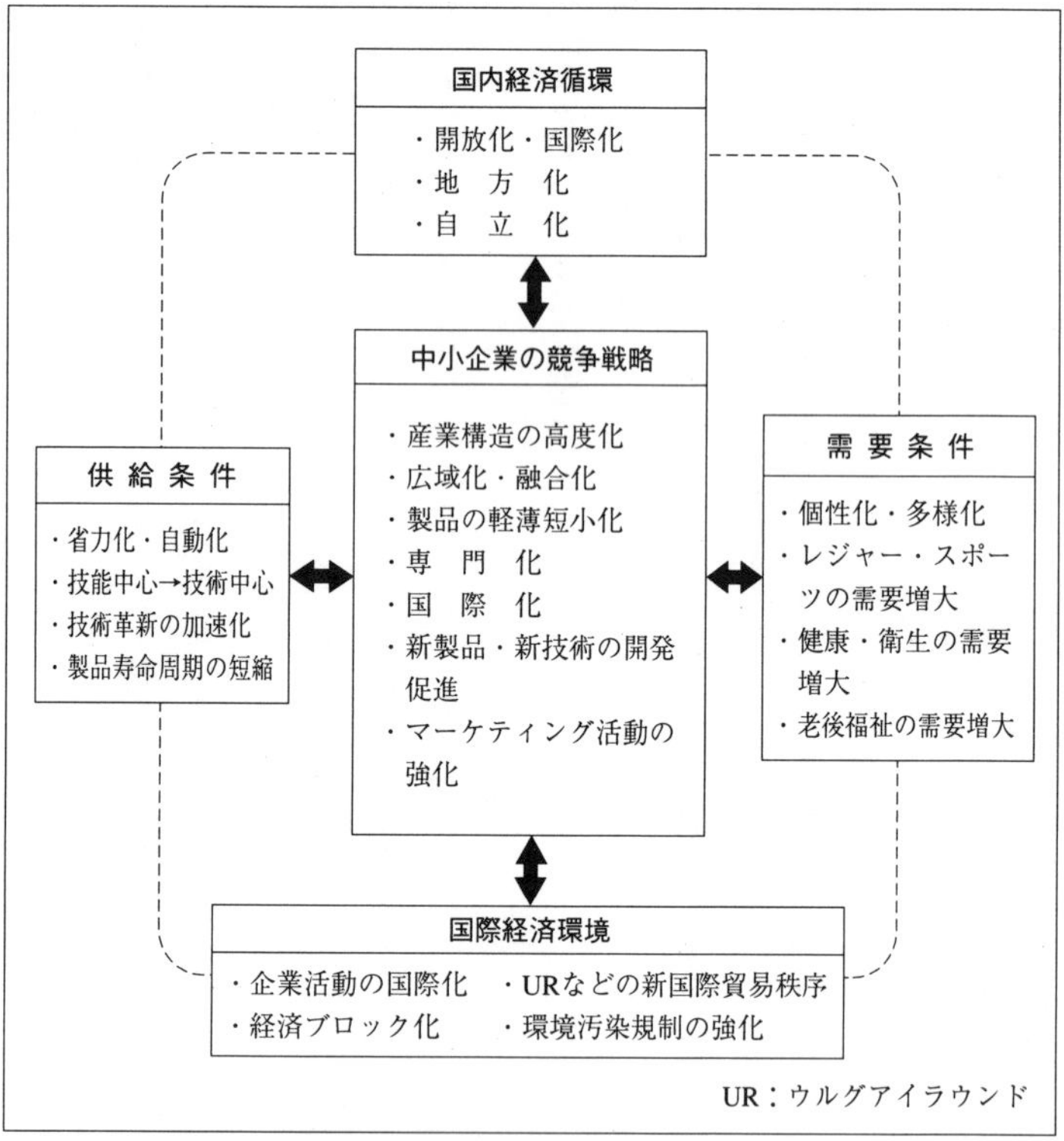

（出所）『岐路に立つ韓国企業経営』（名古屋大学出版会）

七・五％も減少、輸出額は二三億九〇〇〇万ドルと、八八年の額に比べて四〇％も減り、はきもの産業は完全に息絶えだえとなった。

　はきもの産業の空前の危機は、後発途上国の低・中級製品の攻勢で韓国製品の価格競争力が失われたこと以外に、各メーカーがOEM（相手先商標での注文生産）生産方式に安住し（はきもの輸出全体の九四・五％がOEM輸出、九二年）、自社ブランド製品や新製品開発など、高級・高付加価値製品をつくる技術開発努力が不足し、非価格競争を強化する努力が決定的に遅れたことに由来している。

問題は経営者の企業運営と思考方式

「はきもの産業は決して斜陽産業ではない。経営者の企業運営方法と思考方式が斜陽化しただけである。研究開発を通じて、機能化、高品質化すれば、先端企業になれる。われわれは、商品開発だけでなく、マーケティングにおいても新しいシステムを開発し、はきもの産業が斜陽産業でないことを証明してみせる」

このように意気揚々と豪語したのは、九三年九月に設立され、たった五六人の従業員しか抱えていない新生中小はきもの会社「ハマースポーツ」の全必東社長。彼は、厨房機器の金型メーカーに見切りをつけ脱サラ、思い切って新事業への転換を試みようとした。ときに、年齢は三九歳の若さであった。

「ハマースポーツ」は、国際的に「くつのメッカ」として知られる韓国第二の都市・釜山にあった。釜山を中心とする慶南地方には、はきもの完成品企業の六〇%、総生産ライン数の六五%が集中している。釜山の全労働者の四〇%、全製造業輸出の四五%をはきもの産業が占めていた。このような「はきものの町」国際都市・釜山も、はきもの産業の不況で往年の活気にかげりがみられるようになった。

瀕死状態の釜山はきもの産業の起死回生の起爆剤として登場したのが、ほかでもない「ハマースポーツ」であった。同社は、九三年一〇月、国内企業五一社、海外企業五社が参加する中、水営湾ヨット競技場で開催された「九三年・釜山国際シューズ・スポーツレジャー用品展」(ＰＩＦＯＳ93)に「エアバッグ調節システム」を付着した新製品の運動靴を出品、既存の大手はきものメーカーをはねのけ、最高の「戦績」を上げた。展示期間中に全体で一〇二五万ドルの契約額が成立したが、そのうち「ハマースポーツ」が約五〇%の四九八万ドルを獲得、はきもの業界に鮮烈な衝撃を与えた。

販売戦略・製品開発法を革新

「ハマースポーツ」が出品した運動靴は、靴の中底にエアバッグ調節システムを装着、ポンプを利用してサイズは同じでも体重の違いや運動量に合わせて空気圧を自由に調節できるようになっており、すべての人が最適の状態で運動できるように考案された最新の機能靴である。

既存のエアバッグ靴は、中底に一定の量の固定した空気が入っているものの、長時間の使用でエアバッグが緩んで、本来のクッション機能を低下させるという欠点があるが、この靴はこれを完全に補完したハイテク製品。運動時に空気を加えればクッションが復元し、スピード力を向上させることができる。また歩行時には、一定の量の空気を抜いた状態で着用すれば、歩行衝撃を完全に吸収することで、足や腰を保護する。

「ハマースポーツ」は、新製品の開発にとどまらず、販売戦略においても中小企業の悪条件を克服する新しい方法を編み出した。同社は、はきもの業界で初めて「技術予告制度」を導入、開発中の製品や、開発を目指す技術をあらかじめバイヤーに予告することによって、彼らにより強い信頼感を持たせると同時に、広告も兼ねるという独特のマーケティング方法で大きな成果を上げた。

OEM方式から脱皮

九四年五月に筆者は「ハマースポーツ」を取材、全社長に彼の経営成功戦略について聞いた。

全社長は、「今後、はきもの産業は、設備の自動化や人件費を減らすといった単純なやり方だけでは、国際競争力を伸ばすことはできない」と言いながら、「OEM方式から果敢に脱皮し、革新的な技術投資で製品の高級化を図る以外には、われわれが生き残る道はない」と断言した。そして全社長は「機能さえ優秀であれば、リーボックやナイキのように商標が有名でなくても世界市場で通用する」と言い、「PIFOS93」で大成功を収めた理由として「はきもの産業も、今や優れた自社ブランド製品を開発し、知的所有権をもたなければ、国際市場で競争することができないという考えが適中した」と説明している。

彼の言葉通り、「ハマースポーツ」は、エアバッグ調節システムを装着した同社の靴製品を、香港のクロニカル社と提携することで取得した「ZONIC」という独自ブランドで売り出しを図った。そして、スペイン、メキシコ、香港、ポーランドなどと、九四年中に一億五〇〇〇万ドル相当の製品を輸出する契約を結ぶことができた。

全社長は、エアバッグ調節システム装着の新製品開発に成功したことの最も大きい意義として「われわれも、やればできるという自信を同業者に与えることができたことだ」と語っている。「小よく大を制す」のことわざを地でいくような「ハマースポーツ」の出現は、早くも「神話」となり、同社は韓国はきもの産業の救世主といわれた。全社長の自信に満ちた笑顔は、筆者にとって今でも忘れられない。

だが、韓国経済の財閥中心の金融システムの壁が「ハマースポーツ」の前に立ちふさがった。新たな技術開発や人件費の必要など、設備投資・運転資金の不足のため、銀行に融資を申し込んだが、担保なしの理由でことわられた。それ以外の方法で、全社長は金策に走ったが解決できず、それから一年後、「ハマースポーツ」は不渡りを出し、あえなく倒産した。

海外の有名製品をすべて取り寄せる

ＷＴＯ（世界貿易機構）体制の発足（一九九五年）を控え、世界的規模で貿易の本格的自由化を迎える中、厳しい環境を克服し「やればできる」という、かつて韓国経済の高度成長を引っ張ってきた財閥の「専売特許」であったスローガンを、たとえ結果的には倒産したとはいえ、全社長のような中小企業の若いオーナー社長が唱えたことに、韓国経済の将来に確かな希望が見いだせる。というのは、独自ブランドで世界に再挑戦を試みる韓国ベンチャー企業は、何も「ハマースポーツ」に限らず、あらゆる業種で力強く育ちつつあるからである。その一つが仁川工業地帯に位置する「養志園工具」である。

「養志園工具」は、八一年に設立された切削工具・エンドミルの中小機械メーカーであり、社長の宋鎬根氏は四二歳（九四年当時）とこれまた若い。韓国中小企業の中でも、機械・金属業種はとりわけ弱い部門とされている。こうした中にあって、「養志園工具」の存在は、強烈な一条の光を放っていた。宋社長は、工具製造企業で五年間勤務したあとに独立、一二人の従業員を引き連れて会社を創業した。彼は、品質が最も重要だという認識から、海外の有名製品をすべて取り寄せて研究チームといっしょに熱心に切削テストを繰り返し、その結果、満足のいく製品を作り出すことに成功した。

日本市場にも自社ブランドで供給

特記すべきは、「養志園工具」が機械・部品輸出では通例となっているOEM輸出ではなく、自社ブランドによる輸出戦略を積極的に推進した点である。外国企業に対して厳しい注文をつけることで定評のある日本市場に対しても、最初から、全量を自社ブランド製品で輸出している。

そのように自社ブランドで輸出を推進できるのは、製品の品質に対する絶対的自信があるからだ。例えば、同社はエンドミルの刃の部分をつくるのに独特の専用連削装置を開発して、米国ANSI（米連邦標準規格）を凌駕する精密度を誇っている。同社自身が行う製品検査は厳しく、ANSIが認定する誤差は〇・〇〇一五インチだが、自社の合格品を〇・〇〇一〇インチと規定している。

宋社長の品質観はこうである。「一〇〇万個をつくった時に、均質性で差異が出てくる。ウソをついては良い製品をつくれない。正確につくろうとすれば九〇％まではやれるが、品質の問題は最後の一〜二％が肝心なのである」。

韓国の大、中小企業を問わず、「ケンチャナヨ精神」（まあまあ主義）が一つの企業文化として定着しており、これが高品質、高付加価値製品を生み出すうえで大きなネックとなっている。しかし、「養志園工具」の経営哲学である「原則に忠実であれ」は、ケンチャナヨ精神とはきっぱり一線を画している。とことんまで顧客の要求する高品質の製品をつくり出す地道な努力を積み重ねる「養志園工具」は、韓国ベンチャー企業の面目躍如たる姿を示している。

資金、技術など多くの不利な条件にもかかわらず、確固不動の機械メーカーに成長した「養志園工具」は、決して偶然の産物ではない。宋社長は、「企業の成長にとっての重要ポイントは思考方式だ」と言いつつ、次のような経営観を披れきした。

悪材を好材に変える企業経営観

「その時ごとの悪材を好材に変えるのが企業経営である。企業家は無限の困難にも打ち勝つ覚悟をもたなければならない。また、その克服過程をつらく思うのではなく、成就の時を考え、楽しむ余裕も必要だ。私は会社を創業した時にもった『私の携わる分野では世界第一位になる』という考えを一瞬も忘れたことはない。事業を成功させようとすれば、積極性、すなわち、『やればできる』という信念をもたなければならない」。

韓国中小企業がいかに困難な条件におかれても、宋社長の経営哲学を少しでも実践していけば、未来は明るいだろう。

第2章　変身する韓国財閥

一　変革を迫られる複合大規模企業集団

一九九三年二月、金泳三新大統領が就任してから五カ月のあいだ、就任演説で打ち出した不正腐敗剔抉《てっけつ》の嵐が吹きまくった。まず政府高官、大統領府青瓦台秘書官、与党・民自党役員と議員、市長・道知事など一二五人の資産公開過程で、前・現職国会議長を含む民自党議員一七人が不正発覚のため、議員辞退や離党を余儀なくされた。

政・財界の蜜月時代に亀裂

不正腐敗の一掃作業は、金融界、教育界、軍などでも果敢に展開された。不正融資、不正入試、不正進級などで関係トップクラスの人物が逮捕、辞任させられ、多くの将官が粛正された。不正腐敗のメスはこれまでタブー視されてきた軍にも加えられ、「文民時代」の到来をだれの目にも確信させた。聖域をもうけない「中断なき改革」に対し、国民は九〇％以上が支持した。

こうした中で、戦々恐々としていたのが、韓国の財閥（複合大規模企業集団＝コングロマリット）である。とどまることを知らない不正腐敗追及の矛先が、いつ財界に向けられてくるのか、各財閥の領袖は限りない不安におののいた。

それというのも、金大統領は就任早々、「これからは政治資金を受け取らない」と言明、過去の歴代政権下における政経癒着による構造的な汚職政治とはおさらばし、「きれいな政治」をめざすと宣言したからだ。これは言い換えれば、政権側がこれからは何の負担もなしに財閥の不正行為を追及していくという意思表示と受け止められてよいものであった。

それでなくても、既に前の盧泰愚政権下において、政府と財閥のあつれき・対立が高まっていた。一九九〇年五月、政府は暴騰する不動産価格を鎮めるため、財閥の所有する非営業用不動産を売却させる措置をとったのに次いで、国内企業の競争力を強化するため、財閥の「たこ足式」経営を改めさせる業種専門化政策を打ち出した。こうした政府の財閥規制案に対し、財界は強い反発を示した。

政府と財閥のあつれきが増す中、九一年五月、全国経済人連合会（全経連）、貿易協会、商工会議所など経済五団体長会議で、財界トップたちは、労使紛争、資金難、輸出不振など経済事情の悪化は政府の政策不在にあるとし、これからは財界が政府の政策について言うべきことは言っていくとし、これまでのような政府追従姿勢を改めるという挑戦的な対応をみせた。こうした現象は、過去の政府と財閥の蜜月時代に亀裂が生じたことを意味するものとして、世論の注目を浴びた。

財閥解体は国民的合意

それ以来、政府と財閥の関係はぎくしゃくしたものになった。九二年初め、現代グループの総帥・鄭周永氏が同年末の大統領選をにらんで新党・国民党を結成し、政界入りしたのは、個人的な「大権」への野望が主な動機であったことは間違いないが、財閥規制策を強める政府に対する財界総体の危機感の表れでもあった。大宇グループの金宇中会長も大統領選挙に立候補する動き(結局は断念したが)をみせたのも、同じ脈絡からであった。

鄭周永氏は、大統領選挙でカネと企業組織を総動員して、金泳三候補に猛攻撃をかけたが、惨敗した。金泳三氏は、カネで権力を奪取しようとするのは軍事クーデターより悪いと非難しただけに、大統領選挙後に、現代グループへの報復は必至とみられた。だが、実際は鄭周永氏への不拘束起訴(選挙法違反)だけで、うわさされた「現代グループの解体」という報復措置はとられなかった。

だが、金泳三大統領は前政権より強硬に財閥規制に乗り出した。なぜなら、それはもはや国民的合意ともいえたからだ。財閥がこの間の韓国経済の高度成長を牽引してきた役割を否定する者はいない。が、財閥が歴代政権の庇護の下に、不正な方法で富を蓄積し、国民経済を牛耳ってきたという批判は常識的なものになっており、とくにオーナー一族への富の集中、所有と経営の未分離など、前近代的な企業体質の改善は時代的課題となっていた。

そうした世論が背景にあったが故に、財閥の総帥である鄭周永氏すら大統領選挙の遊説で、「執権すれば、一年の猶予期間をおいて財閥を解体する」と公言せざるをえなかった。これは単なる人気取りのジェスチャーでなく、大規模企業集団の将来あり得べき経営方向を先取りした社会的イシューである点が重要であった。そうした延長線上で、大宇グループの金宇中会長も、九三年初め、「条件が整った会社から、資本、人事権を含めてグループから分離・独立させていく」と語った。つまり、系列企業の分離・独立を通じて、段階的にグループ解体を推進していく意図を明らかにした。

韓国財閥の代表的オーナーである鄭・金両氏の「財閥解体」「グループ解体」発言は、当然他の財閥にも大きな影響を及ぼさない訳にはいかない。だが、ほとんどの財閥が、オーナー一族への資本集中と系列会社間の相互所有持ち分があまりにも大きいため、財閥解体やグループ解体には否定的な反応をみせた。財界総本山の全経連は、人為的・強制的財閥解体は副作用が大きく、国民経済に混乱をもたらすとして強く反対した。

経済秩序破壊を恐れる声も

確かに、全経連が主張するように戦後の日本財閥解体を生み出したような歴史的条件は韓国にはなく、非現実的である。財閥解体論を強硬に主張する建国大・崔正杓教授ですら、所有集中と経済力集中による経済・社会的効率と公平性を欠く財閥経済構造を打破しなければならないと言いつつも、自由経済体制の秩序を破壊する方法は正しくないと指摘している。

政府の傘下機関である産業研究院の李敬泰主任研究員は、「九〇年代の産業政策方向と政府の役割」という報告書の中で、「現在のような財閥構造では、これ以上国際化・開放化の過程で技術力を土台とした国際競争力を確保することが難しい」とし、「複合企業集団型から独立個別専門大企業型へ転換してこそ、わが国経済はもちろんのこと、財閥企業も生存発展していける」と説いている。

実際のところ、金泳三政権の財閥政策は、財閥解体ではなく、李研究員が指摘しているように、国際競争力を強めることが第一義的な目標であった。

九三年七月初め、韓国政府は新経済五カ年計画（九三～九七年）のうち、産業発展戦略部門の計画案を定めた。その中で、三〇の大規模企業集団（財閥グループ）の業種別専門化という新しい施策を同年九月から施行すると明らかにした。それは、三〇大財閥に対し、それぞれ一～三種の主力業種を自主的に選択させ、該当業種内の系列企業については産業の前・後方連関効果や技術融合性が認められれば、これらを専門業種中の主力企業として育成するというものであった。

主力企業は、与信管理規制、技術開発資金、工場立地などに関して優遇措置を受ける。ただし、企業の株式公開、一族による株式所有の一定水準の分散、財務構造の健全性などの条件がつけられた。だが、韓国財閥企業の多くが株式未公開であり、大株主の株所有集中性も高く、自己資本率が低く、財務構造が脆弱であることから、主力企業として認定されるには相当な企業体質改善が必要であった。

また、国際化・開放化の潮流に合わせて、「たこ足式」経営を制限して、企業の専門化、大型化を図ることは適切な措置であっても、それが効果を発揮するためには数が限られた企業を対象とすべきなのに、三〇大財閥を対象としたのでは、当初の目的である競争力の強化につながらないとの指摘も出された。

さらに、国際競争力の弱体化が財閥の「たこ足式」経営、船団式企業経営、所有と経営の未分離によってもたらされているわけではなく、過去三〇年間の競争力の源泉であった原価優位（主として労働費用）が八七年の民主化宣言以降、急速に失われるようになったことを根本原因とし、政府の財閥規制だけでは競争力の強化につながらず、産業構造調整が並行されねばならないという意見も強かった。

再構築進むカネと権力の新たな関係

各財閥グループは、業種専門化措置が企業経営に対する政府の介入を招き、自律性を損なうことについて憂慮したが、国際一流企業をめざす方向については賛意を表明した。だが、この措置は、専門業種を三部門以下に限定していることから、大規模な財閥グループの再編を引き起こす可能性が大きかった。なぜなら、三〇大財閥のうち上位一〇大財閥は平均一一業種に、また一一～三〇大財閥は六～七業種に加わっているため、優遇措置を受けられない多数の非専門業種を放棄、その関連企業を処分しなければならなかったからだ。

各財閥グループは、新政府の強い改革志向と世論の動向からみて、業種別専門化を好むと好まざるとにかかわらず受け入れざるを得ず、その対策を急いだ。そうした中で、いち早く三星グループは、四八の系列企業のうち、第一製糖など一〇の会社を売却し、第一毛織など四つの会社を合併するなど、一四の系列会社を整理すると発表した。それとともに、非上場企業である三星生命と三星重工業の企業公開を推進し、グループの重点業種として電気・電子、組み立て金属・機械、石油化学以外に乗用車産業を検討していることを明らかにした。

創業以来、企業拡張戦略をとり、膨大な系列企業を傘下にかかえるようになった三星グループが、第一製糖、第一毛織など創業当時に、グループの母体であった看板企業をも含めて、大整理作業に着手したのは、国際競争秩序の中での企業サバイバル戦略の主体的実践を意味するものであるが、それは同時に金泳三大統領の推し進めるグループの所有集中分散、業種専門化政策を不可避と受け止め、新政府との友好関係を築くためにも他の財閥をよそ目に先陣を切ったものである。他の財閥グループも自己の勢力版図の再確立のため、三星グループと同様、大胆な系列企業整理に乗り出さざるを得なかった。

しかし、その後、金泳三政権の経済改革の帰結に疑心暗鬼であった財閥グループは、金泳三大統領が「財界への不正行為追及は行わない」「積極的な設備投資をするように」と言明したことに安堵した。企業の設備投資の不調により生産が低迷し、稼働率も下がるなど景気活性化の効果が現れていないことに対し、結局、財界の協力が必要との政府の現実的判断に好感を抱いた。

財閥政策の集大成として注目された「公正競争秩序の定着と企業の経営革新」のための計画案でも、財閥の銀行債務を銀行からの出資に切り替え、所有分散を図る制度や、財閥のマスメディア参入の規制などが見送られ、系列社間の相互支払い保証を自己資本の一〇〇%以下に縮小するという方針が二〇〇%以下に変更されるなど、当面の景気浮揚化優先のため財閥に譲歩した格好だ。

さらに、九〇年の「五・八措置」で制限・禁止された三〇大財閥による商業用、物流施設用、住居用、業務用の不動産取得が九三年七月一日から三年ぶりに許可され、沈静化しつつある不動産投機が再燃する気配が現れた。

こうした動きは、金泳三政権と財閥のあつれきが完全に解消されないままウヤムヤな形で、新たな権力とカネの協力関係が財閥の勢力版図の変化の中で再構築されようとしていることを示唆するものであった。

二　激化する市場争奪戦

金泳三政権は、九四年に入り、産業の国際競争力を強化するため、財閥系列企業の業種別専門化、公企業（政府投資または出資企業）の民営化、社会間接資本（インフラストラクチャー）への民間資本誘致などを積極的に推し進めた。これまでの政府主導型から民間主導型の経済運営への転換過程で、そうした政府の一連の経済政策は財閥間の市場争奪戦を促進し、財界地図を大きく変化させるものであった。

業種別専門化政策が具体化

八〇年代末に盧泰愚政権下で立案された業種別専門化政策は、無関連業種を多数、自己の系列下に取り込む財閥の企業拡張多角化戦略が製造業の国際競争力を弱め、経済力集中（財閥への富の集中）の弊害をもたらしたことへの反省からとられたものであった。各財閥が競争力と収益性を喪失した比較劣位の企業を売却、統廃合整理し、将来の成長産業・企業に専門・特化することで、国際競争力の強化と経済集中力を緩和させることは経済合理性にかなうものであった。

だが財閥側は、政府の半強制的な業種別専門化政策が市場経済の競争原理を無視するものであり、民間企業の自主性を損なうものとして強い反発の意思を示した。そのため、一九九一年初めに政府がこの政策を提示したけれども、実行が延び延びになっていた。

だが、その後ＡＳＥＡＮ諸国や中国など後発組の追い上げが急で、韓国産業・企業の国際競争力の低下が目立ち、また財閥への富の集中に対する世論の批判が高まった。そうした背景の下で登場した金泳三政権は、経済改革の中核的課題として財閥政策をとり上げた。無謀な「たこ足式」経営といわれる企業拡張を抑えるための系列会社間の相互支払い保証や相互出資に制限を加える一方、国際競争力の回復が経済再跳躍のカギとみて、九四年一月に業種別専門化政策の実施にともない、三〇大財閥のうち、一〇大財閥には三つの、一一位から三〇位までの財閥には二つの専門業種を選定させ、専門業種内で売上高が一〇％以上の企業を主力企業と認定、銀行の貸し出し規制を緩和する優遇措置をとる代わり、非主力企業の統廃合整理を誘導することにした。

各財閥は各業種の将来的有望性と競争相手の動向を十分に考慮しながら主力業種を選定したが、その過程で随分と苦労した。三星グループは電気・電子、機械を確定したあと、化学と流通（三星物産）のうち、どれを選択するか思案した挙げ句、化学を選んだ。現代グループは自動車、電気・電子を早々と決めたが、あとはエネルギー（精油）と機械の選択に悩んだ末、前者を選んだ。ラッキー金星グループは最初、電子・電気と機械を確定し、残りはエネルギーか流通にする計画を立てたが、最終的には電気・電子、化学、エネルギーを選定した。大宇グループは、大宇電子が株式分散優良企業に指定されており、銀行貸出規制から除外されていることから、あえて電気・電子を選ぶ必要がないため、機械、自動車に加えて流通を主力業種とした。

主力業種選定にあたって右往左往したのは、辛うじて財閥一〇位圏内に入っているロッテ・グループだ。現代と三星が化学を選んだ場合、とても競争で勝てないと判断し、中核の食料品（ロッテ製菓）、流通（ロッテ・ショッピング）以外の主力業種として建設を選定することを内定していたが、現代が化学をはずすという情報を得て、やっぱり将来が有望とみなした化学を選んだ。

こうした業種別専門化措置は、政府主導による産業再編、財界再編という性格をもっているが、将来の有望業種の市場内では既存の主力企業数社によって独・寡占状態が築かれてしまい、潜在的競争企業がそこから排除されてしまうという問題点が残る。

主力業種に含まれていないグループのある企業が、その業種市場に新規参入しようとしても政府からの優待を受けられない、あるいは新しく主力業種として選定する場合は、既に選定した主力業種の一つを放棄しなければならない。そのための「機会費用」は莫大であり、新規参入は事実上、不可能である。こうした状況は、特定業種市場内の競争力の緩和が同産業の効率性を低下させ、結局は産業・企業の国際競争力を弱めることになり、専門化政策の意図とは違った効果を生むことになる。

こうした問題点と絡んで、財界の立場について筆者が三星グループの李健熙会長に聞いたところ、彼は、この業種別専門化措置が八〇年代の初め、全斗煥政権下で、実施され、結果的には失敗した生産設備の専門化・企業統廃合措置の延長線上に位置づけられるものであると述べ、それは自由主義経済論理から逸脱するものであり、民間企業の自律性を保障するとの「新経済」政策にも背くものと、厳しい批判を浴びせた。

李会長の指摘は、金泳三政権の民間主導型経済推進の二律背反を鋭く突いたものであるが、その裏には三星グループの長期経営戦略の思惑が絡んでいた。三星は、売上高では常に第一位を占め、九三年には輸出高でも現代グループを追い越し、ナンバーワンの地位を奪うなど、名実ともに韓国トップの財閥となった。しかし、二一世紀に向けた成長・未来産業の分野では現代に後れをとっており、第四位の大宇とも互角の勝負だといわれた。つまり、電子（半導体）、石油化学以外には大して有望な戦略産業を持っていない。そのため、九三年から商用車の生産に次いで、乗用車をはじめ、造船・航空、重電機、発電設備分野への新規参入計画や事業拡張を積極的に展開、他財閥グループに多発的攻撃をかけ、財閥間の競争に拍車をかけた。三星が半導体に次ぐ有力な戦略産業として重要視したのが乗用車部門である。未来の成長・市場への新規参入で、市場版図を塗り変えたい三星にとって、業種専門化措置は障害以外の何物でもなかった。

九三年以来、李会長みずから先頭に立って海外巡回会議や「七・四早期出退勤制」の導入など、大々的なリストラ、リエンジニアリングを繰り広げ、「三星新経営」革新旋風を起こすようになったのは、三星の危機意識をそのまま反映したものであった。

公企業の払い下げに群がる

他方、政府は経済活性化のため「民活」導入の第一弾として、公企業の「民営化改革」を本格化、それにともない財閥間では払い下げ獲得をめぐっての駆け引きや競合が激化した。

政府は、国民銀行など国策銀行四行、韓国重工業、韓国肥料など公企業三〇社の民間企業への売却、韓国銀行、産業銀行、韓国電力公社などの政府保有株式の売却（二七社）など計七五社の公企業、およびその子会社の整理を九四年から九八年までに完了、九四年中に五九社を済ませるとした。公企業特有の放漫経営による効率性の欠如は国民経済の活力を弱めているため、民間企業に全面的にゆだねるというものだ。

完全に民間に経営権が売却される企業は、韓国重工業、韓国肥料、南海化学、タバコ人参公社、ガス公社、韓国通信など。これらは民間に払い下げられたあとは、屈指の大企業として再生が期待されるだけに、財閥の熱いまなざしが向けられた。もし、それらの払い下げに成功すれば、特定の産業分野で有力な地位を築くことができ、その業種内の勢力分布図が大きく変わるだけでなく、財閥そのものの地位変動も起き、「構造的再編」の可能性があったからだ。

公企業の政府持ち分の株式売却の第一号は、九四年一月の韓国移動通信の持ち株の売却であった。第二移動通信事業への参入をめぐって先陣をきっていた鮮京グループが、突然それを放棄することで韓国通信の子会社・韓国移動通信の持ち株二三%を買収、その代わり第二移動通信の主な株主には浦項製鉄（一五%）とコーロングループ（一四%）が収まった。また、東洋グループは韓国通信が売却したデータ通信の株式一〇%を買い入れた。それによって同グループは、一躍有力な情報通信企業として浮上することになった。

重化学工業分野での勢力圏に大きな影響を与えると思われたのが、韓国重工業の行方であった。二一世紀に最も確実な利益が期待される発電設備を持っていたからである。それに目をつけ、三星、現代をはじめ、上位十大グループが売却の時期と方法をにらんで激しいデッドヒートを演じた。また韓国肥料は、三星と東部が一部株式を保有しているという既得権を理由に、互いに譲歩の姿勢なく火花を散らして争った。南海化学も高付加価値肥料と精密化学事業では国内最大規模の生産体制を誇っているため、すべてのグループが触手を伸ばした。結局、韓国重工業は斗山に、韓国肥料は三星の系列会社となり、南海化学は農協中央会が大株主となった。

公企業の民営化改革を通じて国庫に入る収入は二兆ウォン（約二五〇〇億円）といわれたが、政府はその全額をインフラ建設に投入する計画であった。それほど、韓国のインフラは立ち後れており、国際競争力を低下させている重要な要因となっていた。

インフラ部門に民間資本を誘致

九〇年代に入って韓国産業の国際競争力を弱めた原因として、高賃金、高金利、高地価以外に、道路、港湾、鉄道施設が需要に応じられていない点が大きかった。交通渋滞、港湾での積み荷作業遅滞などによる損失は年間六兆ウォンともいわれた。また、製造業の物流費用が一五％で、これは日米など先進国の一〇％水準に比べると相当に高く、製品コストの押し上げ要因となっていた。そこで政府は物流費用を減らすため、九〇年に一兆九〇〇〇億ウォン、九一年三兆六〇〇〇億ウォン、九二年四兆六〇〇〇億ウォン、九三年四兆九〇〇〇億ウォンと、社会間接資本への投資を増やしてきたが、不足の状態を解消するには程遠かった。

そのため、政府資金の不足を補うため、民間資本を大規模に誘致、巨大プロジェクトに民間企業を参入させることで景気活性化にも役立てることにした。各財閥グループは、この政府方針に積極的に呼応し、それによってみずからの経営基盤を固めようとした。

インフラ設備の拡張事業には三星をはじめ、現代、韓進、東部、碧山などのグループが参入の意思を表明、大宇、鮮京、双龍、各グループも京釜高速電鉄、永宗島（仁川沖）新国際空港など、すでに着手し始めた大型プロジェクトや永東高速電鉄、高速道路、港湾設備、発電設備などの分野への進出を具体化させた。

ところで、道路、港湾などの基本施設を除いて発電設備や流通団地などは事業執行者に所有権が認められ、施設周辺の宅地造成、貨物ターミナル、卸・小売店、観光・宿泊業など収益性のある付帯事業を行うことが許される。このことは、民間資本誘致のためのインセンティブとして必要不可欠であろうが、特恵化の恐れがあり、業者と行政の新たな癒着の可能性、また財閥系企業の経済力集中に輪をかける結果を招きかねない面があり、政府の適切な監視と規制が強く望まれた。

三　超一流企業は可能か

韓国最大の財閥、三星グループの二代目会長、李健熙氏は、一九八七年の会長就任以来、五年目にして、悩んだ末に抜本的な経営革新に乗り出した。名づけて「三星新経営」。めざすは世界的な超一流企業である。その背景には、このままでは三星といえども国際的には滅亡しかねない、という危機感があった。直接、李会長に「新経営」の背景と内容について聞いてみた。（九四年三月）

何のための会長か

――韓国の経済界では、九三年から「三星新経営」のパラム（風）が吹き荒れており、「李健煕シンドローム」現象が起きているようです。三星新経営は何をめざしているのですか。

李　一言で言って、これからは量的成長のやり方ではだめで、「質中心の経営」でいかなければいけない、ということです。消費者や顧客に満足してもらえる価値のある製品、高機能の製品、公害を出さない製品を作り、最高の効率を発揮する競争力をつけて、二一世紀には人類に貢献する世界的な超一流企業になろうということです。そして、企業や経営の質だけでなく、個々人の生活も質中心でいこうというものです。

――八七年末に先代の李秉喆会長が亡くなられ、すぐに新会長に就任されました。その時に、「第二創業宣言」を通じて、超一流企業をめざすという目標を既に打ち出していますね。それなのに、改めて三星新経営の理念を掲げることにしたのはなぜですか。

李　系列会社の社長や役員、従業員の皆が、長く続いた先代会長時代の量的成長の考え方から抜け出していなかったからです。

韓国ではこれまで、企業が製品を作りさえすれば売れ、容易に儲けてこられたのですね。三星の場合、一九七〇年から九三年までのあいだに、売り上げは一〇〇〇倍に増えました。毎年五〇％の伸びです。こんな例は世界にないでしょうね。

そのため、人々は物事を簡単に見てしまい、惰性に陥ってしまった。過去にうまくいったという安堵感、三星は何でも一番という自信感のため、これからも大丈夫で心配はいらない、ということですね。

――李会長の新しい経営理念について、役員でさえ、ずっと理解できなかったということですか。

李　そうです。一応は私の話を聞くのですが、真剣に考えようとはしなかった。それで、新会長になってから三年目に、役員の大幅な人事異動を行いました。それでも意識は変わらない。

第二創業宣言から四年目の九二年夏ごろから、こういう状況について本当に深刻に考えるようになりました。このままでは三星グループを発展させていくことができないのではないか、ただ株式だけ持っていれば事足りるじゃないか、それは、ただのロボットじゃないか。それだったら、いっそ辞めてしまうか、さもなければ私の意志を貫徹するか、二つのうちの一つを選択しなければならない、と思ったんですね。

当時は、一日に四、五時間しか眠れませんでした。そうしているうちに、はっきりと決心したわけではないのですが、私なりの結論が出ました。

――そういう結論に至った状況認識について、お聞かせ下さい。

李　国内的には、金泳三文民政府が誕生したことが大きな契機でした。とくに、大統領みずから、企業からの政治資金を受け取らないと宣言したことは、並大抵の決断ではないと思います。三星新経営も、過去のような軍人政権の下では不可能だったでしょう。文民政府の下での新しい政治文化の風土が、企業経営の革新にも必要だったのです。

もう一つの背景として、国際情勢の急激な変化です。近世から現代にかけて、一世紀ごとに大事件が起きていますね。ルネサンスとか、産業革命、第一次世界大戦とかです。今は、冷戦時代は終わりましたが、二一世紀を目前にして、経済戦争の時代に突入しています。情報や技術の発達で、世界経済が非常に速いスピードでボーダーレス化、国際化しています。下手をすれば、わが国が経済的、技術的支配を受け、新たな植民地になる危険性もあるわけです。

一九五〇年代以降、半導体、ＩＣ、コンピュータの発明、導入で、地球上の生産性はとてつもなく増大しました。今後は、より一層アイデアが重要となり、知的所有権問題、特許紛争が激化していくでしょうね。こういう状況の中で、企業は自己革新をしなければ生き残れません。

小品種大量生産に安住

――国際経済の急激な変化に機敏に対応しなければならない、というのが大きな背景となっているのですね。

李　そうです。私は技術や経営の概念が根本的に変わりつつある、と見てとったのです。『フォーチュン』誌によれば、企業の寿命は三〇年といっています。言い換えれば、国内三〇大企業といっても、一〇〇年もすると、一〇〇の大企業が消え失せてしまう、ということです。それだけ企業の寿命が短くなっていることの意味について、深く考えさせられました。

先進国では、製品がすべてハイテク化、小品種大量生産から多機能、多品種少量生産体制に移っている。機械も、ＦＭＳ（フレキシブル・マニュファクチャリング・システム）で、一つのロボットが数種の部品を作るのに、わが国では同じような機械が一〇〇台も据え付けられ、同じ製品をただ大量に生産することにのみ力が注がれている。

わが三星も、いまだに量産体制にしがみついている。そのため、不良品が出てもたいして気にとめない。また、他人の過ちをみても見ぬふりをし、困っている者をだれも助けようとしない。逆に、頑張っている人間の足を引っ張ろうとする。

こういうのを私は、道徳的不感症、人間味の欠如と言っているんです。個人と個人、部署と部署、系列会社間の壁が厚く、互いの協力が欠如している。個人利己主義、集団利己主義ですね。個人の質、組織の質がこのようでは、質の良い製品を作ることはできませんし、質中心の経営ができるわけがありません。

三星の現状と企業環境の変化とのギャップがあまりにも大きい。この状態を放置するなら、三星は、国内ではいくら一流と自慢できても、国際的には二流、三流どころか、滅亡してしまうという強い危機感を持ちました。しかし、第一線で仕事をしている役員たちは、大して危機意識を持っていませんでした。

――そういう古い意識、生産システム、仕事のやり方を打ち破って、全く新しい経営へ転換するための行動が、九三年初めから、会長みずからイニシアチブをとっての海外現地会議だったんですね。

李　欧米や日本など、先進国の進んだ技術開発やインフラ整備を、役員や幹部社員に直接自分の目で見させるのが目的だったんです。二月のロサンゼルス（ＬＡ）会議では、三星の製品が米国でどのように取り扱われているのか、市場で直接確認してみろということでした。三月の東京会議では、企業だけいくら努力してもだめで、政治、国民の水準が高くなければいけない、日本経済の発展をもたらした企業と国家と国民の三位一体の重要性を学ばせようとしたんです。

それでも、役員たちの認識はさほど変わらない。私としては、もう目の前が真っ暗になりました。

フランクフルト宣言

――LA、東京会議も期待したほどの効果が現れなかったのですね。

李　そこで六月に、東京からフランクフルトに向かったんですが、その途中、飛行機の中で日本人技術顧問の福田民朗氏が書いた報告書を呼んで、ショックを受けました。商品企画の必要性など、経営改善をいくら建議しても、わが役員が何十年前もの古い発想を持ち続けて、それらをぜんぜん受け入れようとしないことが、はっきりと分かったのです。

そのため、LA、東京会議は社長、専務クラスの役員二〇～五〇人の規模で行いましたが、それだけでは効果がないということで、フランクフルト会議は、役員だけでなく、部・課長まで参加させ、二〇〇～五〇〇人規模で行いました。延べ人数は一八〇〇人ぐらいになりました。

最初は、この忙しい時に、なぜわざわざ遠い外国まで行って会議をするのか、自分が一週間もいなければ会社がうまくいかないとか、不満の声がいっぱいありました。それでも、無理やり引っ張り出しました（笑）。

――フランクフルトでは連続的に会議を行い、「フランクフルト宣言」が出されたそうですが、その内容はどういうものですか。

李　超一流企業となるためには、過去のすべての旧弊から抜け出し、固定観念をとっぱらい、一大経営革新を起こさなければならない。三星一八万役員・従業員が一丸となって「一つの方向」に向かって飛躍しよう、ということです。最初に述べたように、これまでの量的成長方式をやめ、世界最高水準の品質を持った製品を作る質中心の新経営方針を確定したのです。極端に言えば、量はゼロ、質が一〇〇%ということです。

そのためには、妻と子供を除いて全てを変えるくらいの覚悟が必要だ、と訴えました。でも、変化というのは、上司から変わらなければ部下は変わらない。そこで、まず私自身から変わることを決意したんです。私が変わってこそ皆が変わると思い、私から変わったことを実際に見せたのです。一日に一食しか食べず、平均二、三時間ぐらいしか眠らなかったりしてね。

――経営革新の内容は、具体的にどういうものですか。

李 まず、「七・四早期出退勤制」を導入しました。これは、これまでより二時間、出退勤を早めようということですが、二時間も早く出勤することは大変なことですよ。一種の物理的なショック療法でした。朝のラッシュアワーを避け、午前中に仕事を能率的にこなし、四時に退勤し、自己の素養や趣味・スポーツの時間にあて、家族とのふれあいを多くするようにしました。仕事と生活のサイクルとスタイルを変え、質的向上を図ったのです。

その他、会議での報告書を一枚にする、決済ラインの短縮、役員・部課長の現場勤務増大（週四日）、業務権限の大幅な部下への委譲、それに企業の発展にとってはガン的存在である不良品をなくすためのライン・ストップ制の導入など、経営と組織の質的向上と効率化のための改革措置を断行しました。

――そうした会長みずからの劇的な変化と革新的な企業経営に対し、内部の戸惑いや反発はありませんでしたか。

李 大いにありましたよ。でも、私は固い信念を持って三星新経営を実行し、みずから変わっていきました。最初は、誰もついていけないのではないか、非現実的ではないのか、と言っていた役員たちも、徐々に、質中心の経営の方向に転換しなければならない、ということを確信するようになり、今では反対する人はほとんどいなくなりました。あとは、新経営方針をいかに実践していくかという課題が残っているだけです。

——超一流企業をめざすには、国際化・複合化戦略が重要だと強調されていますね。

李　本格的な国際化・開放化の時代を迎え、われわれも海外市場に、もっと進出しなければなりませんが、同時に先進国の企業と製品が、数年後には、わが国にどっと押し寄せてきます。国際市場だけでなく、国内市場でも世界の一流会社、一流製品と真っ向から競争しなければなりません。そのためには、技術、品質、マーケティングなど、われわれのすべての経営水準が先進一流企業と同等のレベルに達していなければ打ち勝てない、ということです。それには、国内における礼儀作法だけでなく、海外業務に通じた地域専門家、国際的感覚・エチケットを身につけた人材の養成が急務です。

また、高付加価値製品を作るには、多様な技術とソフトを集中化・複合化させる必要があります。複合化とは、相互に関連しているインフラ、施設、機能、技術、ソフトウエアを生み出すことによって競争力と効率を極大化しようというもので、経営全般に適用しなければなりません。

一つの例として、ビルの複合化ですが、一〇〇階建てのような超大型ビルの中に、事務所、研究所、アパート、ショッピングセンター、医療施設、教育施設、スポーツセンターなどを作り、複合運営すれば、エレベーターで四〇秒以内に、ビルのどこにでも行ける。つまり、ビル一つで、極めて効率的で豊かな小都市が出来上がるわけです。

韓国経済への衝撃
——三星新経営が、他の企業グループや韓国経済に及ぼしている影響はいかがですか。
李　一世の経営者は、昔の考え方やり方に凝り固まっており、懐疑的、批判的ですね。しかし、二世の経営者はほとんど共感しており、彼らも自分なりの経営革新に取り組んでいます。外国との取引が多く、国際化している企業も同調的ですね。最も保守的といわれる銀行ですら、開店を一時間早めることを検討しているそうです。時間がたてば、もっと影響が拡大していくと思いますよ。
今、韓国経済は、再跳躍して先進国化を果たすのか、二流経済に転落するかの岐路に立っているといえます。先進国化のためには、国民経済も質的に発展させていかなければなりません。三星新経営は先進国化の道に沿っており、企業の立場から、その実現のために少なからず寄与していると自負しています。

四　一斉に乗り出す「世界化」戦略

九五年に入り、金泳三政権が新しい国政方針として打ち出した「世界化」政策に合わせ、大規模企業集団の財閥もＷＴＯ体制下の「無制限競争」に打ち勝つため一斉に「企業の世界化」に乗り出し、企業組織・事業の再編で大変身を遂げ始める。各財閥ごとに「世界化経営」戦略が打ち立てられ、財閥総帥がみずから陣頭指揮をとって、海外市場開拓と世界的な一流企業化のため世界を飛び回った。

グローバル化時代への対応

韓国経済の高度成長を牽引してきた財閥に対し、韓国世論はこれまで、その「船団式経営」、所有と経営の未分離、国民経済に占める「経済力集中」の大きさなどについて厳しい批判を行い、韓国政府も長いあいだ、財閥規制の政策を繰り返してきた。にもかかわらず、韓国財閥の傘下系列会社は増加傾向をみせ、オーナー一族の経営体制、二〇％と低い自己資本比率など、旧態依然の構造・体質には大きな改善がみられなかった。

だが八〇年代末のバブル景気の終焉とともに、ＡＳＥＡＮや中国など後発国に激しく追撃され、急速な国際競争力の低下に危機を感じた韓国財閥は九〇年代に入り、各社一斉にリストラ（事業の再構築）を敢行、経営・企業革新運動を推し進めた。

三星、現代、大宇など国内の三〇大財閥を中心に、意識改革、組織改編、技術革新、費用節減など多様な経営革新が展開された。二一世紀を目前にした「地球村時代」の中で、経営のグローバル化を通じた国際化と品質一流化で国際競争力を回復することで、みずからの生き残りに賭けたのである。

多様なスローガン掲げる各財閥

各財閥が掲げる世界化戦略のスローガンを見ると、三星グループが「海外生産・複合団地構築」、現代グループが「技術の現代、世界の現代」、ラッキー金星グループが「経営のグローバル化」、大宇が「世界経営」と多様であるが、各グループが推進している「世界化」の中身は、主に地域別本社を通じた現地化、海外生産のための拠点作り、国際的人材の養成などでは共通している。

三星グループは、既に一九九三年から「三星新経営」と称して、世界超一流企業をめざす「質の経営」という企業革新を本格的に進めてきたが、九五年になって「適地調達」「適地生産」「適地販売」という三原則を基本に海外複合団地を構築し、シナジー（相乗）効果を狙う戦略をとった。九四年秋に、イギリスのウィンヤード、メキシコのティファナに建設した複合生産基地がそれである。

現代グループは、意欲的な投資と輸出増大を通じて海外事業を集中的に強化、海外での売り上げ増大に総力を挙げた。九〇年に四つの自動車海外組み立て工場をはじめ、一一件の新規投資を行ったが、九五年はそれ以上の海外投資で、グループ全体の七〇％以上を海外で達成する計画を立てた。

ラッキー金星グループは、意識と思考の国際化、および海外事業の人材育成に注力、そして海外現地への土着化を通じた競争力確保に全力を傾けた。とりわけ九五年は海外土着化事業の一環として中国プロジェクトを重点的に推進した。

大宇グループは、九三年から本格的に推進し始めた「世界経営」をグループ次元を超え、韓国の「二一世紀経済大国」建設のための国家的戦略として進めていく姿勢をみせた。将来にわたり、六五〇の海外産業基地を構築、海外現地の売り上げ五七兆ウォン（一ウォン＝約〇・一二円）を含め、総額一三八兆ウォンの売り上げ目標を立てた。

海外企業M&A計画

韓国の財閥が「無制限競争」時代に生き残り、一刻も早く世界の一流企業に追いつくための「世界化戦略」の中で、とくに目立つのが、海外企業の合併・買収（M&A）を積極的に展開したことである。韓国企業による海外企業M&Aは八六年から始まったが、九四年は一年間で一三カ国の二八社に上った。その主な目的は、先進技術の確保、有名ブランドの獲得、原資材の安定供給、現地生産拠点の確保などである。

先進技術の確保の例としては、金星社が九一年に米ジャニス社の株式五％を獲得したことが挙げられる。それは、ハイテク製品・高画質テレビの技術が狙いであった。現代電子のAT&T・GIS社の一部門買収は、韓国企業が弱い非メモリー半導体の技術確保が目的であった。

ブランド獲得の代表例は、九四年の三星グループによる日本企業ラックスの買収である。その名声高い国際的ブランドを活用して、オーディオ製品の世界一流化を狙ったものである。原資材の安定供給策としては、三美特殊鋼が、八九年に特殊鋼原資材であるホットコイル製造を行うカナダのアトラス鉄鋼を買収した。三星コーニングが九四年、ドイツのガラスバルブ製造会社KGTを買収したのも同じ目的からである。発展途上国や旧社会主義国への進出が目立つ大宇グループが九四年、スーダンの紡績会社など三社、またルーマニアの自動車会社と資本提携したのは、典型的な現地生産拠点を確保する狙いからであった。

韓国企業にとって攻略が難しいとされる日本市場に向けて、突出したM&A行動をとったのが三星グループである。ラックス買収に次いで、九五年に入り、ユニオン光学を買収した。日本の上場企業に対する買収は初めてのことだ。さらに、三星ジャパンの東証上場計画、自動車電子部品メーカー買収計画など、三星グループの〝日本シフト〟は、韓国企業の世界化を象徴する動きであった。三星グループの幹部は「日本は世界的市場攻略のためのテスト市場。消費者の要求が厳しい日本に食い込むことを通じて、世界中で通用する実力をつける」（『日本経済新聞』九五年二月二三日付）と、その真意を隠さなかった。

だが、三星のM&Aターゲットは日本だけに限られていない。日本はあくまで世界攻略のための布石である。「新経営」を宣言した九三年から三年目の九五年、三星は前年の四・三倍に相当する二〇億ドル強の資金を海外投資に向けた。このうち一一億ドルをM&A資金として使用したのだからすごい。九五年に入り、ユニオン光学以外にドイツの老舗カメラメーカーであるローライ、米通信機器メーカーであるIGTの買収を決め、米大手コンピュータメーカー、ASTリサーチとも資本参加の交渉に入るなど、「世界化戦略」に賭ける意気込みはすさまじかった。

大規模な系列縮小

各財閥は「企業の世界化」戦略の一環として、財閥系列化の売却、合併を通じて大規模な系列会社再編（リストラ）を進めた。

元来、政府の高度成長政策に便乗、その保護の下に肥大化してきた財閥に対する国民の批判は根強い。とくにオーナー一族による所有集中、経営と所有の未分離、「たこ足式」経営（中小企業にふさわしい業種など、全てに手を出すやり方）、水ぶくれ財務体質などが問題とされてきた。そのため、金泳三政権は財閥対策を強化、所有の分散、株式公開化、業種専門化措置などを進めてきた。

そうした中で、九三年一〇月、三星グループが第三次系列分離方針として、五〇社の系列会社を三年をメドに売却、合併を通じて二四社に圧縮するという大幅な統廃合措置を発表した。そして、系列会社を電子、化学、機械、金融の四つの主力業種に分けてグループ化し、該当しない会社は分離、株式売却などで浮いた経営資源は戦略部門の投資に回すことになった。

韓国の財閥は、過去に各業種の系列会社を増やす多角化経営と、グループのオーナーの下におかれた「企画調整室」「会長秘書室」を通して、事業計画立案と推進、人事、給与など一切を指示、管理する一元的なグループ経営体制をとってきた。それだけに、三星グループの系列会社大幅縮小と小グループ制による経営の総体的独立性保障の措置は、他グループに大きな影響を及ぼした。

九五年の一月二五日、韓国財閥の中で最も閉鎖的な「家族経営」で知られる現代グループの鄭世永会長は、九六年をメドに五〇社の系列会社を合併やグループ外への売却を通じて、二三社に縮小すると発表した。そして系列会社は重工業、電子、自動車、化学、製鉄・機械、建設の六つに分けて小グループ化し、これまでの「総合調整型経営方式」から脱皮し、専門経営者による「独立経営体制」への転換を図ることにした。

また、大宇グループの金宇中会長は、九五年二月一五日、同グループの専門経営者体制の定着を通じた自律経営、所有と経営の分離で近代的な企業を実現するための大幅な組織構造改編を明らかにした。「世界経営」の加速化のため、系列会社二一社を大宇自動車、大宇貿易、大宇電子、大宇重工業など一四社に縮小、残り非主力系列会社七社は、九七年までに整理するとした。そして、系列会社の経営は専門経営者に任され、人事と投資戦略など全ての権限と責任が与えられる。そして、これまで最高議決権を行使してきたグループ運営委員会と企画調整室は解体され、その代わりに会長団懇親会スタイルの非定期的な会議を通じて、系列会社の横の協力関係を維持していくと明らかにした。

こうした韓国財閥の系列会社縮小と小グループ制による専門経営者体制への企業組織再編の動きは、ハンファ（旧韓国火薬）、鮮京、双龍、コーロン、韓進など一〇大財閥すべてに波及した。

財閥のこうした動きは、自動車部門への新規参入許可を狙った三星や、大統領選挙後の「金融制裁」措置で苦しむ現代が、政府の財閥政策へのすり寄りを示すことで見返りを期待しての対応策であったという側面を否定できないが、基本的には系列会社の数を減らし、たこ足式経営によるぜい肉を落とす一方、オーナーとは相対的に独立した経営専門家による近代的企業展開でWTO時代を乗り切るべく国際競争力を高める「世界化戦略」の具体化として前向きに評価してよいものであった。

「国民企業化」目指す

韓国第三位の財閥であるラッキー金星グループも、五〇の系列会社を四六社に減らす再編計画を明らかにしたが、他グループと違って系列会社の縮小よりは、オーナー一族の株式所有比率を引き下げることで「国民企業化」をめざすとした点で画期的といえた。

ラッキー金星グループは、比較的変化が遅い保守的イメージをもたれていた。従来の経営スタイルでは世界舞台で競争に勝つことが難しいだけでなく、急変する経営環境の中で現在維持している地位まで奪われかねないという危機感から、将来は「攻撃的で果敢なグループ」に変身する必要に迫られた。

その第一弾として取られたのが社名変更である。九五年一月一日を期してラッキー金星改め、LGグループと名前を変えた。八八年以来、七年にわたる「Vプロジェクト」という経営革新作業を進めてきたが、ここに来て、大胆なCI作戦で九五年を「第二の経営革新の元年」と定め、新たな跳躍をめざすことになった。

第二弾として、LGグループの会長に創業主の三世（孫）である具本茂副会長が新しく就任した。三星の李健熙会長や双龍の金錫元会長のように、韓国においては八〇年代にようやく二世会長が登場し、財閥経営者の若返りが図られたが、三世会長の登場で、幹部の世代交代に拍車がかかり、専門経営者体制が強化されていくことになった。

第三弾として、「国民企業化」によるグループ改革を推進した。具本茂新会長は、同年二月二二日、就任記者会見でオーナー一族の株式所有比率を五％以下に、系列会社を合わせた持ち株比率を二〇％未満に引き下げることで、所有と経営の分離による「国民企業化」を図ると宣言した。

財閥オーナーがみずから株式所有比率をこれほどまで大幅に下げることを明らかにしたのは初めてであり、財閥の同族支配への批判が強い国民世論にこたえたものとして高く評価された。他財閥の関心が集まり、その成否のいかんは「企業の世界化」を占う重要な指標といえた。

オーナー一族による所有集中、「たこ足式」経営、水膨れ財務体質など、韓国財閥の旧体質が一朝一夕にして改善されるのは難しいとはいえ、「世界経済戦争」の荒波に打ち勝つため、韓国財閥がより合理的・効率的な近代企業組織への脱皮を求め努力している意義は大きかった。

五　秘密資金問題で問われる政経癒着

一九九五年十二月、巨額の政治秘密資金事件と一九八〇年五月の光州事件に関連して、盧泰愚前大統領、全斗煥元大統領が逮捕されるという国際的にも前代未聞の事態進展で、韓国政財界が揺れ動いた。韓国現代史で通例となっている「旧悪」摘発が単なる政権維持の便法でなく、「軍政を根絶し、歴史を正すため」（金泳三大統領の談話・一二月一二日）という「民主革命」の様相を帯びていたことから、これまでの韓国経済の高成長を引っ張ってきた「開発独裁」の終焉＝政経癒着の構造改革に迫るものとして内外から注目された。

「寛大措置」へと後退

政治秘密資金事件の公表によって、国家的恥部がさらけ出され、財閥のイメージも大幅にダウンしたが、他方では「韓国が改革を進めれば、政治資金疑惑を解明して国民に開かれた政治を実現でき、不正な贈収賄を断って経済システムも透明にできる」（米『ワシントン・ポスト』九四年一二月五日付）という期待が膨らんだのも事実である。

しかし、果たして長年にわたって「慣例化」されてきた大統領への政治資金協力という悪弊が、秘密資金事件を契機に「転禍為福」通り除去されるかは疑問視された。

九四年一〇月以降、盧泰愚前大統領の秘密資金事件と関連し、韓国検察は贈賄側の財閥グループ総帥を次々と呼び出し事情聴取、財界全体に寒冷前線が覆い、韓国経済への悪影響が懸念された。

だが、同年一二月初旬に大検察庁（最高検）が発表した財閥関係者への処分は、三五人に上った贈賄側の財閥総帥のうち、逮捕しての起訴は鄭泰守・韓宝グループ会長一人で、三星グループの李健熙会長と大宇グループの金宇中会長ら七人は在宅起訴にとどめられ、二〇人は不起訴、「収賄側の盧泰愚前大統領らが厳しく処分されたのに比べ、贈賄側には異例の寛大な措置になった」（『日本経済新聞』九四年一二月六日付）。というのも、韓国経済を支える主要三〇大財閥が総登場したことから、厳正処分を行えば、下降局面に入ろうとしていた景気に深刻な影響を及ぼすと判断、九六年四月の総選挙を控え、経済の急失速を避けたいとの政府・与党の思惑が働いたからだ。

こうした措置は、当初、財閥総帥の処分問題と関連し、この機会に政経癒着の根を完全に断ち切るとした検察の強硬方針からは明らかに後退したものである。最高検の安剛民・中央捜査部長は、財閥総帥をほとんど逮捕しなかったことについて、「外国との取引が多く、総帥が直接陣頭指揮している財閥グループの場合、総帥の逮捕は企業の対外イメージに大きな打撃となり、企業の生存自体に深刻な影響を与える点を考慮した」と説明した。

つまり、特定の国策事業の利権の見返りとしての典型的なワイロではなく、慣例的な政治資金とみなされる場合、国民経済と対外競争力に及ぼすマイナス作用を考慮し、最大限穏便に処理したということだ。これは結局、事件捜査過程で事態発展に肝を潰した財界が、一丸となって陰に陽に政府に対して経済に及ぼす影響を最小限にとどめてほしいと、強く要請したことを受け入れたものだ。

経済急降下への懸念

実際のところ、秘密資金事件が経済に及ぼした影響は小さくない。それはすぐに株価の急落につながった。秘密資金が公表された九四年一〇月二三日以降、総合株価指数はそれまでの一〇〇〇ポイント台を割った。財閥総帥が検察に召還され、事件解決が長期化の様相をみせるや、同年一一月二一日には九一七ポイントまで急降下、株投資マインドは極度に萎縮した。株式市場の沈滞にともない、証券当局が証券市場供給物量を制限する動きをみせるなど、企業公開と増資を通じた企業の資金調達を難しくさせた。とくに金融機関の場合、増資ストップ、株価下落による保有株式の評価損の増大、対外信用の低下など三重苦にあえいだ。

秘密資金の波紋が国内外に広がるや、韓国経済に対するイメージと信用度に大きな傷がついた。繊維大手のコーロンと建設大手の東亜建設は、同年一一月下旬から一二月初旬にかけて海外市場での預託証券の発行中止に追い込まれた。外国人投資家が韓国株への投資を見送り、消化が困難になったからだ。また事件の余波で、海外での資金調達が難しくなった。同年一〇月末まで中長期の借入金利はリボプラス〇・〇五％水準であったものが、平均〇・一五〜〇・二％まで上昇した。

金利上昇と企業家の投資マインドの冷却で、九六年の設備投資増加率が急低下する危機感が広がった。政府財経院が八大財閥グループの設備投資計画を調査したところ、九六年の投資規模は前年の二〇〜三〇％増から一〇％増へと大きく鈍化することが明らかになった。

既に韓国経済は九五年GNP九％台の高成長を維持したが、同年末には景気のピークを迎え、九六年初には下降局面に入り、九六年は七％台の安定成長へとダウンすると予想されていた。もし、事件処理が厳格に行われれば、六％台へと急降下、「軟着陸」に失敗するとの憂慮の声が大きかった。しかし、政府の現実重視の「寛大措置」に財界はホッと胸をなでおろし、経済が急速に低迷する可能性は少なくなった。

韓国政府の「新財閥政策」

だが、政権と癒着して肥大してきた財閥を見る国民の目は厳しい。この事件を契機に政府が「財閥型経済」のひずみを是正するとの約束を履行することが求められた。もし、なし崩し的に財閥への妥協を続けるならば、金泳三大統領自身の九一年大統領選挙での秘密資金授受問題が再燃し、政権の基盤を崩しかねなかった。

そこで、韓国政府は「企業活動の自由は最大限保障する。ただし、財閥の不公正競争は強力に排除する」との「新しい企業政策」を推進するとした。その中身は、「世界化」時代に合わせ、規制緩和をさらに積極的に推し進め、自由な企業活動の環境を整える「アメ」の政策と、政経癒着の旧弊にしがみつく、旧態以前の非近代的経営と脱法行為は断罪する「ムチ」の政策の二つであった。

前者については、政経癒着の温床となっている各種の許認可権の縮小、新規参入障壁の除去など実質的な規制緩和を実施する。そして不透明な政策決定や、恣意的な行政が政経癒着の構造的要因の一つにもなっているとの反省から「新行政」に向け、制度改編を模索した。ただし、これまで業種専門化など一連の財閥政策で強制的な側面があったため、それを改め民間の自律競争を誘導する方向に政策転換を図ろうとした。

後者については、①所有と経営の分離②不公正企業慣行の追及③厳正な租税――などが主軸となっており、かなり強硬に進める構えをみせた。しかし、長年の懸案である所有と経営の分離については「無制限競争の時代（WTO体制）を迎え、単純に企業規模が大きいとか、事業範囲が広すぎるとかの理由で、財閥を制裁する政策は、これからは廃止されねばならない。むしろ個別企業の大型化などで国際競争力の向上をどう達成するかがカギである」と柔軟な対応をみせ、「経済力集中の実際的な問題点は企業規模の大きさではなく、企業所有主への富と権力の集中である」と本質をついた指摘をしている。

そうした新しい視点に立ち、所有と経営が一定基準以上に分離している企業に対しては金融、税制などでインセンティブを与える一方、そうでない企業に対しては相続・贈与税を強化するといった両面政策をとろうとした。規制緩和と公正競争政策が、新財閥政策の基本レールに敷かれたわけだが、当の財閥もそれにピッタリ対応しようとした。

イメージ回復と経営刷新

金泳三政府は過去の軍政時代における強権的な財閥政策を止揚、民間企業の自律性を尊重するとしながら、「船団式」（「たこ足式」）経営、政経癒着構造、オーナーの独占経営体制に対する具体的な改善案を財閥みずからが作成、政府に建議するように要求した。各財閥グループは、政府の「寛大措置」にこたえ、引き続き金融、財政面で政府との協調関係を維持、拡大するとともに、失墜したイメージの早期回復と動揺した組織内部の建て直しのため、進んで「自浄経営改革」に乗り出した。

まず、財界の総本山である全国経済人連合会（全経連）が九六年一一月三日、秘密資金問題と関連し、国民に向けた謝罪文を発表、「企業倫理憲章」を制定するとともに、「経営風土刷新特別委員会」を作り、①企業倫理憲章の実践②自律的な公正競争風土の形成③専門経営者の役割強化④正しい政経文化の形成⑤中小企業との協力・育成などをめざすことを明らかにした。各会員企業は、そうすることで国民経済の堅実な成長・発展に寄与していくという決意を披れきした。

経営改革の革新は、オーナーの独占的権限を保障した企画調整室（または会長秘書室）運営体制を系列企業別の独自経営体制に転換させるとともに、専門経営者体制を確立することであった。そのために企調室の権限を系列企業に大幅に移管し、人員と機構の縮小も検討し始めた。

既に九五年後半から九六年にかけ、三星グループは小グループ経営体制、大宇グループは各系列会社の会長体制を実施するようになったが、今後はさらに専門経営者体制を強化する戦略をとり、他グループもほとんどこれに追随した。そして、イメージアップのため、中小企業の支援と社会事業協力の拡大を強くアピールした。三星と大宇は、九五年一二月に、大規模な昇進・配置転換人事を敢行、組織内のよどんだ空気を一大刷新し、幹部・社員の士気高揚を図った。

とりわけ、「盧マネー」の隠匿に深く関わった大宇グループの金宇中会長が、「危機打開のため」とはいえ、九五年一一月三〇日、緊急社長団会議で当時一・八％の自己の株式持ち分を段階的に整理し、専門経営者になるとの「無所有宣言」をしたことは、政府の要求する所有と経営の分離方針を全面的に受け入れたものとして注目された。さらに財閥の中で最も家父長的同族経営として知られる現代グループが同年一二月一一日、二一世紀に向けたグループの新しい経営理念の確立と政経癒着断絶、専門経営者体制の定着をうたった「企業倫理綱領」を財閥グループとしては初めて打ち出した。

効果は未知数

盧泰愚前大統領の秘密資金波紋の中で、財閥みずからが「新しい企業風土」を作り上げる努力を見せたことは、長期的にみて企業の競争力を高め、韓国経済の健全な発展につながるものとして肯定的に評価された。だが、それらが果たして政経癒着断絶と古い企業体質の改善にどれほどの成果をあげるかについては疑問視する向きが少なくなかった。大きな権力型不正腐敗事件が起きるたびに、財閥が「自浄宣言」をしても、しばらくたつとウヤムヤにされてしまうケースが多かったからだ。

企業近代化の核と言える所有と経営の分離がどう具体化されるのか、財閥の国民経済における位置付けと役割をどう確立するのか、課題は多く残された。失墜した財閥イメージを回復し、新しい企業家像を打ち立てるには、まだまだ時間がかかりそうだった。

第３章　早すぎたＯＥＣＤ加盟と「ＩＭＦ危機」

一　競争力10％向上運動へ

九六年一〇月一日、経済協力開発機構（ＯＥＣＤ）のパリの大使級理事会で、韓国加盟が承認された。世界で二九番目、アジアでは日本に次いで二番目の加盟国となり、日本のマスコミでは「念願の先進国の仲間入り」と評価された。だが、このときの韓国経済は成長・輸出の鈍化など極めて厳しい状況にあり、韓国内の世論は決して手放しの喜びようを見せなかった。

先進国の仲間入り？

韓国は南北分断による困難と朝鮮戦争後の廃虚の中から経済再建をスタート。一人当たりＧＮＰ八〇ドルの最貧国の水準で、一九六〇年代から本格的に経済開発を推進、近代化と工業化に成功、九五年には一人当たりＧＮＰ一万ドルを突破するなど、急成長した。

「漢江の奇跡」「NIESの模範生」と呼ばれるほどの高度成長で、九五年段階ではGNP規模が世界一一位、貿易量一二位、自動車生産量五位、鉄鋼生産量六位と、ハイテク、重化学工業分野で先進国と堂々と肩を並べるようになった。

このような経済力をバックにOECD加盟が実現したことは間違いなく、「先進国クラブ」に仲間入りできたことへの韓国民の誇りは高かった。韓国外務省スポークスマンはすぐに、論評を発表し、「OECD理事会の決定は、わが国の改革と先進化をより促進し、世界の指導的国家である加盟国とのレベルの高い外交協力関係を発展させる契機となるだろう」と歓迎した。

他方で、経済界や野党などを中心に早期加盟に反対する声が根強かった。加盟によって国際市場での地位向上にともない輸出や海外資金借り入れが有利となり、先進国の技術・情報を容易に学ぶことが出来るなどの有利な点がある反面、加盟により途上国時代は認められていた保護政策や規制措置が原則的に撤廃され、金融市場も大幅に開放しなければならないからだ。その場合、急激な市場開放による経済混乱や規制緩和によるショック、経常収支悪化などが強く懸念された。

有力財閥・現代グループの一員である鄭夢準・国会議員（無所属）は、メキシコが加盟による金融市場開放で経済危機に陥ったことを例に挙げながら、「メキシコのような事態にならないという保証はない」と警告した。また、韓国大手の『毎日経済新聞』の社説のように、「OECD加盟が、直ちに先進国になるという保証が与えられたことを意味するものではない。先進国になるための一次的な関門を通過したにすぎず、今から先進国となるための本格的な苦痛が始まるのである」（九六年一〇月一四日付）という手厳しい見方をしていた。

実際、この当時の韓国経済の現状はOECD加盟に浮かれるには程遠いほど深刻であり、足元の火を消すのに政財界が懸命になっていたときである。

史上最大の貿易赤字

韓国経済の深刻な度合いを知る一つのエピソードが当時あった。与党の新韓国党が発表した世論調査では、朝鮮民主主義人民共和国（北朝鮮）の潜水艦侵入事件（九六年九月）に対する危機感は二三％なのに対し、経済危機に対しては四一％と最も高かったのである。

八〇年代末から九〇年代初めにかけてのバブル経済の崩壊により、韓国経済もそれまでの一二％水準の高度成長から一変、五％台水準にまで下降。その後早々に景気が回復、九四、九五年は九％水準の高成長率を記録、「高度成長時代の再来」を思わせた。しかし、九五年末から再び景気は衰え、下降局面に入り出した。九六年一～六月の成長率は七・三％にとどまり、このペースで減速すると政府の成長率予想七～七・五％の達成は絶望的であった。問題はこの間、成長を引っ張ってきた輸出が大きく落ち込んだことだ。

韓国銀行（中央銀行）の発表によれば、九六年八月の経常収支は三四億八七三〇万ドルの赤字を記録、月間の赤字幅としては過去最高で、九六年一～八月の累計赤字は一五二億四三七〇万ドルと、政府の年間抑制目標である一五〇億ドルを既に上回った。前年八月の赤字幅が約八億三〇〇〇万ドル、一～八月は七三億三〇〇〇万ドルで、九六年は前年を大幅に上回るペースで赤字が拡大した。

経常収支赤字をもたらした主要因は、貿易赤字の拡大であり、円安と、半導体や鉄鋼製品の国際価格下落による輸出不振が響いたことだ。九六年に入っての輸出増加率は一〇％水準で、前年の三〇・三％増に比べると急激なダウンとなった。電子製品や通信機器の部品など、それぞれ三五％、四五％を日米メーカーに依存しており、完成品輸出は増えても、そのための資本財や部品などを海外に依存しているため、貿易収支改善につながらないという体質は相変わらずであった。

この間、政府が最大の重点課題としてきた物価抑制にも赤信号がともった。九六年九月の消費者物価指数は九五年末に比べて四・七％上昇。国際石油価格の上昇や公共料金（四・五％）を上回った。物価上昇は韓国製品が価格競争力を落とす一因となっており、同年九月の輸出は前年同期比一割減と、三カ月連続のマイナスとなった。

こうした中で、韓国企業の経営業績も悪化した。九六年六月、中間決算を終えた上場企業五〇九社の実績では、売上高の合計は前年同期比一七・六％増加したが、税引き後利益は同三三・八％減となった。中間決算が減益になったのは九三年以来のこと。稼ぎ頭の半導体が大幅な減益となったほか、円安のあおりで自動車など輸出関連の不振が大きかった。九五年末の決算で上昇企業全社の利益合計の三割を占め、純益目標一兆七六〇〇億ウォン（一ウォン＝約〇・一三円）をはるかに上回る三兆ウォンを記録するなど、空前の好況を謳歌《おうか》した三星電子はメモリーの価格が下落したため、中間決算の売上高は二三％増の八兆七一三七億ウォンだったが、税引き後利益は六〇％減に落ち込み、全社利益合計で占める比重は一七％に低下した。

高コスト構造の是正へ

韓国政府は不透明感を強める韓国経済を回復させるため、九六年九月三日、韓昇洙副首相兼財政経済院長官が経済関係閣僚会議を招集、「物価安定と企業の活力回復に重点を置いた経済のテコ入れ策」を決定した。韓副首相は「難しい局面で、このままでは低成長、高物価、経常収支悪化という悪い状況に陥る」と懸念を表明。経済悪化の原因については「金利、人件費、物流費など企業の高コスト構造により、経済体質が構造的に弱くなっている」と指摘、経済不振が単なる景気循環によるものではないとの激しい診断を下し、高コスト構造の是正に全力を挙げると強調した。

確かに、韓国経済の高コスト構造は日本や台湾などの競争国に比べ、不利な条件となっていた。賃金上昇をみても韓国は日本、台湾を大きく上回っていた。また、実質金利は九五年の場合、韓国が九・三%なのに対し、日本は三・一%、台湾三・六%。賃金、金利ともに日本や台湾の二、三倍で、国際競争力で決定的なマイナス要因として作用した。

九〇年代に入り、韓国経済はバブル崩壊を、円高の追い風とリストラ・経営刷新などで乗り切り、雇用状態も比較的安定していたが、九六年末からは失業率も上昇し、企業倒産が続出するなど、景気後退感が強まった。こうした経済不振は、韓副首相が認めたように景気循環によるものではなく、経済体質の脆弱性によるものであった。つまり、これまで韓国の経済発展を支えてきた国家システムが、国際化・先進化の課題の前で「制度疲労」を起こしていたのである。政府からの全面的な金融・財政支援に依拠し、量的成長方式に甘んじてきた企業が「質経営」に転換するとともに、政府は、規制緩和などを通じて官主導から民間主導の市場重視・自律企業経営の循環を整える必要に迫られたということだ。

金泳三大統領は九六年九月二三日、状況打開のため、財界人を招いた席で、「いまは経済を担う政府、企業や労働者、政治家らがすべての分野で力を合わせ、総力戦で競争力を高めるときだ」と述べ、「競争力一〇%向上運動」を提唱した。これを受け、政財界はともに円安・ウォン高などで表面化した韓国企業の高コスト体質を改善、国際競争力を強化するための一大リストラ（事業の再構築）に乗り出した。

まず、政府が率先して経費節約や規制緩和を進めることで韓国経済や企業をテコ入れするため、①公務員の給与を抑制することで、民間企業の賃金水準の急騰に歯止めを掛ける②インフラストラクチャー（社会基盤）投資を拡大して、物流コストの削減につなげる――などの経済活性化策を打ち出した。政府は二〇〇〇年までの四年間に公務員を一万人削減し、事務のコンピュータ化などを進め、公務員の給与は九六年度予算では前年度比九・〇%増だったが、九七年度予算では同五・七%増にとどめ、局長級以上の本給は凍結することにした。

人件費と並んで企業の高コスト要因になっている物流費を軽減するために、インフラ整備にも力をいれ、九七年度予算では九六年度の二四・四%増の一〇兆一四〇〇億ウォンを投じることにした。韓国南部の浦項、蔚山など五カ所で港湾建設を始めるほか、仁川国際空港、浦項空港などの建設、拡張を進め、高速道路も九六年度比二割増の一兆二四〇〇億ウォンを投じて整備を進めることにした。

また、民間企業の競争力強化のため、工業団地の価格を平均二五%引き下げるのに加え、工場の増設は既存面積の二五%以内に制限しているのを五〇%までに拡大するなど、工場団地立地に関する規制を緩和、新増設をしやすくした。

さらに、金利引き下げを導く案の一つとして、国産資本財を購入する大企業に対し、外貨貸し出しと商業借款の導入を認める方針をとった。そして原子力発電所を除く発電所を新設する際に、政府系の韓国電力公社以外の民間企業が参加する機会を増やすほか、政府系企業の民営化を加速し、政府部門の生産性を高めることにした。

財界も積極呼応

韓国の三〇大財閥を中心に、財界でも金泳三大統領提唱の「競争力一〇%向上運動」に積極的に呼応、「国家総力戦」のムードを醸し出した。韓国財界人も経済低迷の根本原因が企業の高コスト体質にあることで認識が一致、財閥系企業の全国経済人連合会（全経連）は競争力を高めるためには一時的な対症療法ではなく、①人材運用の効率化②経費および原価節減③生産効率のアップ、つまり単なる経費節減の「減量経営」にとどまることなく、将来の有望産業ビジョンと結び付けた事業構造の調整が重要であるとの方向を示し、各個別企業がその具体化に乗り出した。

三星グループは、それ以後の三年間、経費を三〇%節減する「三・三〇経費節減運動」を展開する一方、重複事業の統廃合や事業の見直し、不況事業の中小企業への委譲・売却など、事業再構築の先頭に立った。現代グループは、一〇%費用節減運動と役員報酬のカットをグループレベルの競争力強化策として展開した。大宇グループは、系列会社別に一〇%原価節減運動を人材効率運用や生産性向上運動と連携して推進。ＬＧグループは、安定した経済力確保のため事業構造の調整に総力を傾けるとともに、人材運用の効率化によって生産性向上を積極推進した。

こうして韓国財界は経営合理化、スリム化を推進する中で、競争力の弱さを克服するため高付加価値分野の育成・強化に努めた。例えば、三星電子など半導体メーカーは、ASIC（特別用途向けIC）をはじめ、DRAM以外の半導体の育成を急いだ。これまでの主力商品であったDRAMの価格が市況変動に大きく左右されたことへの反省からだ。拡大一辺倒であった韓国企業の経営戦略が、このリストラ運動で「質を重視した経営」に一大転換するか注視された。

ただ、三〇大財閥を中心に、役員報酬の凍結を契機に一般社員の賃金上昇をも抑制しようとしている点では、労組の反発が大きく、下手をすれば労使紛争の再燃で、競争力一〇％向上運動のブレーキ要因となりかねなかった。

二 「冬の時代」を迎えた韓国企業

一九九六年末の韓国のOECD加盟は、欧米中心のOECDに、成長著しいアジアの声を反映させていくうえで、意義深いものであった。「先進国クラブ」の仲間入りを果たしたのだから、韓国の国民にとって誇らしいことのはずであった。だが、足元に火がついた経済の状態はほとんど改善されず、手放しで喜んでもいられない状況。かつて、NIES（新興工業経済群）の模範生といわれた韓国は、このときまさに「冬の時代」を迎え、その淵からはい上がろうとあえいでいたのである。

地に墜ちた金泳三大統領の権威

IMFは、九七年四月に「一九九七年度上半期世界経済報告書」を発表、その中で韓国、イスラエル、シンガポール、香港、台湾の五カ国を「先進経済圏」と規定した。イスラエルを除いて、他の四カ国はすべて植民地の経験があるNIES諸国で、二一世紀アジアの勃興を象徴するドラマティックな経済発展が現出していることを示した。

だが、韓国の場合、スイスの国際経営開発研究院（IMD）の国家競争力評価では、九六年に三一位にランクされており、NIES諸国の中で最も低かった。国家競争力とは、一人当たりの国内総生産（GDP）の高成長を維持できる能力が、国にどれだけ備わっているかを意味する。その判断基準には、国際貿易と国際金融に対する開放性、政府予算と規制の正当性、金融市場の役割、社会間接資本（SOC）や技術力、企業経営の質、労働市場の柔軟性などがある。韓国はいわば、これらの先進国の水準に、とても及んでいなかったのである。

九七年一月、財閥ランキング一四位（九六年度）の韓宝グループの主力企業であった韓宝鉄鋼が倒産、同グループの経営が破綻した。これに関連して、韓宝鉄鋼への巨額不正融資事件に、金泳三大統領の次男、金賢哲が深く介入していたことが明るみに出た。韓宝鉄鋼には、銀行などから約五兆ウォン（約七〇〇〇億円）という巨額の過剰融資がなされ、その五〇%にあたる金額が融資への見返りとして銀行のトップ、与党の政治家に流れたとされている。この融資の背後にいたのが、「副大統領」と呼ばれた金賢哲であっただけに、金泳三大統領の権威は完全に地に墜ちてしまった。

変わらない「外華内貧」

金泳三大統領は、三〇数年ぶりの文民大統領として登場、不正腐敗の追放を第一に掲げ、「新韓国創造」を訴えた。黒い政治資金の温床となっているアンダーグラウンドマネーを駆逐するため、「金融実名制」を実施、全斗煥元大統領、盧泰愚前大統領を不正腐敗の容疑で獄中に送り込むなどの荒療治をした。しかし、この韓宝事件には、政権中枢の人物が多数介入し、以前の「権力型不正腐敗」の構造はまったく変わっていないことが、白日の下にさらけ出された。

韓国では、七〇年代以降の高成長過程で、政権は重点産業育成を狙って銀行経営に介入、資金の配分権を一手に握り、融資への謝礼が慣行化した。そうした中で企業は、経営悪化を予想しながらも、十分な担保もなく借り入れを膨らませる、いわば水ぶくれの経営体質を構造化させていった。韓宝事件は、その典型であり、韓国財閥系企業はおしなべて、そうした脆弱的な経営体質をもっていた。

その証拠に、韓宝に次いで、財閥ランキング二六位の三美グループも経営が破綻し、焼酎で有名な真露グループも資金繰り難が表面化した。景気減速の中で、借入金に頼った経営が裏目に出ると同時に、韓国事件を契機に銀行が融資規制に乗り出したため、自己資本不足の大企業は簡単に不渡りを出し、倒産するケースが続出した。

当時、韓国の公正取引委員会が明らかにした資料によれば、九六年の三〇大財閥グループの負債総額は二七〇兆ウォンに上り、前年比二五％増加した。金利負担だけでも年間約三〇兆ウォンになる膨大な金額であった。負債総額を自己資本で割った負債比率は、前年比の三四七・五％から三八六・七％に悪化、財務構造の善し悪しを測る自己資本比率（資産総額の中の自己資本総額の割合）も二二・三％から二〇・五％に低下した。

先の真露グループの負債比率は三〇〇〇％を超していた。経営破綻寸前のところで、政府より緊急支援措置を受け、かろうじて生き延びた。自己資本比率が日本企業並みの三〇％を超すグループは、ロッテと東国鉄鋼の二つぐらいであった。「負債依存型経営」の韓国財閥は、いつ破綻がきてもおかしくないほどの危機を常に内包していた。かつて「外華内貧」といわれた韓国経済の実体が基本的に変化していないことは、企業収益構造にもよく表れていた。三〇大財閥は毎年売上高を伸ばしているが、九六年の当期純利益率は一〇・一七％と極めて低く、双龍、韓進、真露など一三グループが赤字を記録した。

問題山積の金融制度改革

国民の強い批判を浴びている、政権と金融機関の癒着による「官治金融」の弊害をなくすため、政府は九七年後半になって、ようやく「韓国版ビッグバン（金融制度改革）」に踏み切ることを決めた。内容は、①政府管理による金融機関の経営体質を抜本的に改め、株主を出資比率に応じて経営陣に加える②銀行、証券、保険の相互乗り入れを拡大する③財閥の金融機関所有を解禁する――などで、将来は金融持ち株会社の解禁も検討するとした。これは、OECD国家として金融市場の開放を控え、日本以上に手厚い政府の保護と規制を減らし、国際競争力のある金融機関を育成しようというものだった。だが、政権と癒着して、肥大、成長してきた財閥が銀行まで持つことで韓国経済を牛耳ることについては、世論の批判が強く、韓国版ビッグバンの進展にも問題が多く残されていた。ただ、金融改革が進めば、これまでのように企業がワイロを武器に融資を受ける「甘えの構造」が許されなくなるだけに、不景気の中にある韓国企業は、ついに「冬の時代」を迎えることになった。

韓国経済は九五年末から景気下降局面に入り、経済成長率は九五年の九％から九六年は七％になり、九七年は六％水準とさらに低下することが予想された。輸出伸長率が九五年の三〇％増から九六年には三・七％に急減したことで、「輸出主導成長パターン」に変調をきたした。貿易収支が、九五年の四七億五〇〇〇万ドルの赤字から、九六年に一五二億八〇〇〇万ドルまではねあがったことは、これをよく表していた。

九七年に入り、第一・四半期の貿易収支赤字は、前年同期に比べ七八％増の七四億三〇〇〇万ドルに達した。政府の年間抑制目標値の五割を既に超え、赤信号がともり始めた。四、五月に赤字幅が縮小したのは、円高への反転と半導体や重化学工業製品の輸出が好調なためで、これも本格的な競争力の回復とはいえなかった。また、日本よりハイレベルの「高コスト構造」のため、企業の投資マインドも冷えきっていた。九七年の製造業の設備投資計画は、重化学工業部門は、マイナス三・五％と前年の一四・一％を大きく下回った。

各財閥は、グローバルな大競争時代を迎え、九六年から「競争力一〇％向上」、「一〇％経費節約運動」など経営刷新、大リストラに取り組み始めたが、その前途は予断を許さなかった。

三　先進国への入り口で噴き出した通貨・金融危機

長年にわたる韓国財閥主導型の借金経営の構造的脆弱性は、九七年七月のタイ・バーツ危機を契機にアジア各国に伝染した通貨・金融危機の襲来で、いっぺんに露呈し、韓国経済の体質の根本的転換が求められた。

輸出の急激なダウン

韓国は、九六年末にOECD加盟を果たし、経済先進化に向けて新たな跳躍をめざしたが、その後の経済状況は極めてよくなかった。韓国銀行（中央銀行）によれば、九六年の経常収支赤字は過去最大の二三七億一六〇〇万ドルに達した。主要輸出品の半導体価格の下落や、円安（ドル高）による日本製品との競争力低下にともなう輸出不振で、貿易赤字が拡大したのが主な要因だ。対日赤字も一五六億ドルと史上最大を記録、日韓貿易摩擦の再燃の種が作り出された。九六年の輸出増加率は三％台で、九五年の三〇％に比べると急激にダウンした。このため、経済成長率も九五年の九・〇％から、九六年は七・〇％へと低下した。

そうした中で、九七年に入り、財閥のリストラに反発、空前の規模の労働者ゼネストが発生し、生産・輸出に大きな打撃を与えた。他方、不正腐敗の追放をスローガンにしてきた金泳三政権下で、韓宝グループへの大型金融不正事件が発覚し、経済の先行きが極めて不透明になった。

経済主権の喪失

九七年一一月二一日、アジア通貨・金融危機がついに韓国にも波及、韓国の通貨ウォンが急落、外貨準備高が激減し、深刻な通貨・金融危機に見舞われた。政府は事態を深刻に受けとめ、デフォルト（債務不履行）を自力ではもはや食いとめることができないと判断、IMFに緊急支援を要請した。マスコミは一斉に「経済主権喪失」「二流国家転落」（『東亜日報』）と書いたほど、国民に計り知れないショックを与えた。

たった一年前にOECDに加盟し、世界第一一位という経済規模をもつ韓国の通貨危機は、タイやインドネシアに比べて世界経済に及ぼす影響がはるかに大きいだけに、IMFや日米両国も事態を看過できなかった。韓国政府はIMFに対する二〇〇億ドルの救済金融だけでなく、世界銀行など他の国際金融機関や日米両国政府に対し、それぞれ一〇〇億〜二〇〇億ドル規模の緊急支援を要請した。その規模は総額五七〇億ドルに上り、メキシコ通貨危機時の支援額（五〇〇億ドル）を上回り、史上最大となった。

また、同年一一月二四日のソウル株式相場では、総合株価指数の終値が前週末比三四・七九ポイント（七・二％）安の四五〇・六四ポイントと、八七年七月以来、約一〇年四カ月ぶりの安値をつけ、韓国経済の屋台骨を大きく揺さぶった。

韓国通貨金融危機の根本的要因は、内外需要を無視した財閥企業の過剰投資と脆弱な金融産業であった。九七年になって韓国で一四位の財閥、韓宝グループを皮切りに、真露、三美、大農、起亜と連続倒産に至り、それら企業に確固たる担保なしの融資を続けてきた金融機関（市中銀行、総合金融会

図3　韓国経済の通貨・金融危機の構造

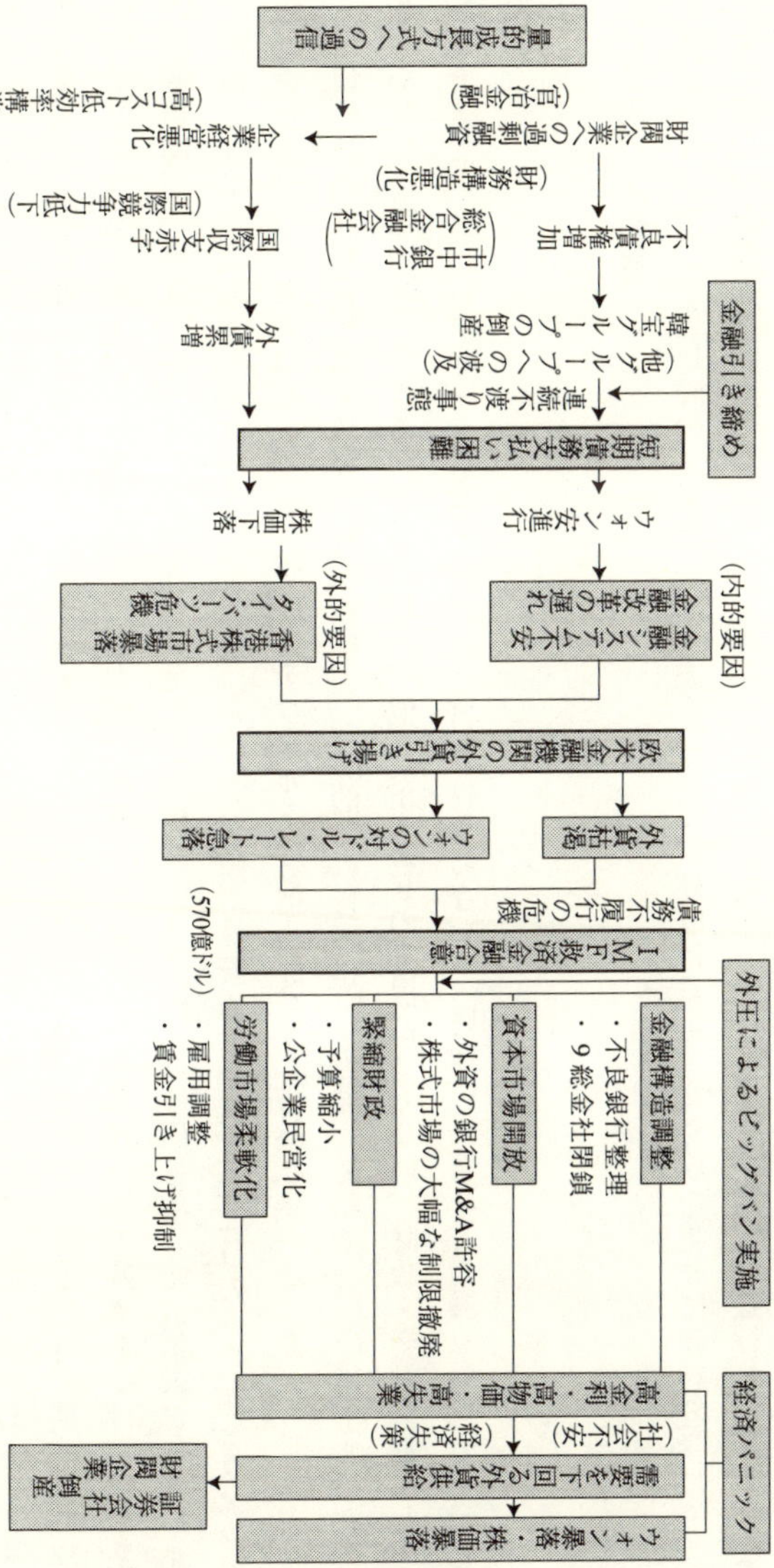

（出所）　筆者作成

社など）の不良債権が雪ダルマ式に膨れ上がった。その額は三二兆ウォン（一ウォン＝約〇・一二円）で、九八年度の国家予算案の約四五％にも匹敵した。韓国の国際収支赤字の急増にともない、対外債務も約一〇〇〇億ドルに増えたが、そのうち六七五億ドルが短期債務。そして、九七年秋以来、市中銀行や総合金融会社（ノンバンク、以下総金社）など金融機関の不良債権未処理と対外短期債務の支払い困難の中で、ウォン安が急ピッチに進んだ。九七年一〇月の香港株式市場の暴落を受け、欧米系の金融機関が一カ月で約一兆ウォンもの資金を引き揚げ、ウォンはさらに急落（九六年末、一ドル＝八四四ウォン、九七年一一月に入り一〇〇〇ウォン突破、最安値は一二月一二日の一八九一ウォン）。短期債務返済用の外貨は底をつき、ついにデフォルト寸前まで陥り、破綻状態となった。

新任の林昌烈副首相兼財政経済院長官は、「一時的な外貨不足」「当面、総額で二〇〇億ドルほどの額があれば危機を回避できる」と述べたが、他方でＩＭＦの支援にともない、財政・金融緊縮などの政策介入で「今後はマイナス成長も覚悟しなければならない」（財政院高官）との厳しい見方を示した。

「官治金融」の限界

韓国では、七〇年代以降の工業化・高度成長過程で、政府は重点産業育成を狙って銀行経営に介入、資金の配分権を独占、財閥企業は、経営悪化にもかかわらず、「たこ足式」経営を強行した。十分な担保もないまま、借り入れを膨らませ、結果として水ぶくれの経営体質を構造化させていった。

金融不安を引き起こした財閥企業の連続倒産は、金融機関からの過剰融資→無理な過剰投資で極めて不健全な財務構造（過度に高い負債比率）と、オーナー一族所有の非近代的な経営体質を有しているところに、アジア通貨・金融危機の波を受け、外国金融資本の資金引き揚げに対応できず、資金繰りに失敗したことが基本原因であり、金融産業システムの構造的脆弱性をもたらした「官治金融」の限界を露呈したものだ。

ＩＭＦ管理体制下で、国際金融機関や米日諸国からスムーズな融資を受けるためには大胆な構造改革プログラムを実行しなければならず、当分のあいだ「陣痛期」を経ることは避けられなくなった。九七年一二月の大統領選挙で当選した野党政治家・金大中氏は、ＩＭＦとの合意を順守して国際信用を回復し、経済再建に全力を挙げると強調した。持ち前の政治リーダーシップをどこまで発揮できるか、内外の注目を浴びた。ＩＭＦの外圧を活用して、経常収支の改善や産業構造調整の進展、財閥企業のリストラなどを着実に実践していくことができれば、「市場経済原理」に基づく競争力をもった経済体制に転換し、新たに韓国経済はＯＥＣＤ加盟国としての面貌を現すことも可能であった。

四　ＩＭＦの過酷な要求と市場全面開放

「アジアの四龍」「ＮＩＥＳの優等生」の韓国が、ＩＭＦと米日など先進諸国に〝ＳＯＳ〟を出し、緊急救済処置を受ける羽目になろうとは、だれも予想できなかったことである。

ＩＭＦをはじめとする国際金融機関と、米日などからの救済融資に対するコンディショナリティは過酷さを極めた。それは、財閥解体、銀行整理など、これまでの経済構造を一変させる力として働いた。

「国家不渡り」の危機

九七年一二月初め、韓国の金融不安に対し、国際的信用度は急低下、貸出金利を上乗せする「韓国プレミアム」によって海外での資金調達は極めて難しくなり、結局、短期債務返済の外貨は底をつき、破綻状態となり、IMFの緊急融資を受けざるをえなかった。

しかし、IMF救済融資には①緊縮財政で九八年の成長率を三%以内に抑える②物価上昇率を五%に圧縮する③経常収支赤字はGDP一%（約五〇億ドル）以内とする④外国人の株式投資限度を現行の二六%から九七年内に五〇%へと拡大する⑤外国人による国内金融機関のM&A（企業の合併・買収）を認める――などの厳しい条件（コンディショナリティ）がつけられた。高度成長を続けてきた韓国経済は今後、IMF管理下で急速な減速や失業者増大、物価高など深刻なスタグフレーションに見舞われる一方、経営危機に陥った金融機関の整理、企業経営の透明性確保、大幅な市場開放など外圧による大胆な構造改革を迫られ、国民、企業ともにかつてない〝縮み経済〟による陣痛を味わされることになった。

国民と世論が「経済主権の喪失」、「経済信託統治」といって「国恥」を嘆く間もなく、九七年一二月三日のIMFなどとの救済融資合意後にも、財閥一二位の漢拏グループ大手の高麗証券、東西証券が倒産するなど、〝IMFショック〟旋風が吹き荒れた。韓国政府は、企業の連鎖倒産を防ぐための資金繰りの悪化した銀行、総金社、証券会社などに対し、一一兆三〇〇〇億ウォン（約一兆円）を貸し出した。しかし、これがIMFとの救済融資条件であった「個別企業救済のために補助金を投入しない」との約束違反として、IMFなどとのあいだで〝摩擦〟が起きた。また韓国の外貨準備高は公表の三〇〇億ドル（九七年一〇月末現在）ではなく、実質的には五〇億ドル前後だった、という報道に対外的信用が落ち、ウォンは連日急落、同一二月一二日には一時、一ドル＝一八九一・四〇ウォンと史上最安値を記録するほどに暴落、総合株価指数も同様に三五〇・六八と、一〇年八カ月ぶりの超低水準となった。

IMFの支援決定にもかかわらず、外銀の韓国金融機関への貸し渋りで、通貨・金融危機は歯止めがかからず、ついに債務不履行（デフォルト）で「国家的不渡り」を出すほどの重大局面に至った。

総金社の危険な投資が背景に

米国の格付け機関、スタンダード&プアーズ（S&P）は九七年一二月一一日、韓国長期外貨建て債務格付けを「Aマイナス」から「BBBマイナス」に引き下げる、と発表した。最低ランクで、「韓国株式会社」は見る影もなくなってしまった。

同一五日、韓国政府はウォンの完全変動相場制移行を決めた。これまでは対ドルで、一日当たりの変動幅を上下一〇%に制限していた。完全相場制への移行は、IMFが緊急融資する見返りとして求めていた合意条件にかなうもので、IMFが要求するプログラム履行によって国際信用回復を図った。そして、政府出資（五九%）で経営している第一銀行と、ソウル銀行のうち、いずれか一行を外国金融機関に売却することを認める方針を表明した。さらに銀行、証券など業種の違う金融機関同士の合併を認める規制緩和策を発表、これまで引き延ばしてきた金融ビッグバンの全面展開に着手した。

韓国デフォルトによる国際金融市場の大混乱を恐れたIMFなどの国際機関と米日欧諸国は、韓国政府の「完全な市場原理の導入」実行を好感し、九七年中の一〇〇億～一四〇億ドルの短期債務返済はIMFの第二次融資三五億ドル供与承認、日銀の一五億ドルつなぎ融資などで解決のメドがつき、「最悪のシナリオ」は避けられることになった。

韓国の通貨・金融危機の原因として、総金社の存在がクローズアップされた。九四～九五年の円高の波に乗り、猛烈な勢いで進む企業の設備投資、経営拡大と輸出急伸の中で、総金社に海外投資が全面自由化されるや、総金社は金利を求めて国内外を問わず「危険な投資」を繰り広げた。とくに海外から調達した安い「短期外貨資金」を国内の「不実企業」に高金利で「信用貸し」してきた。しかし、過剰投資で財閥大企業が経営難に陥るや、総金社の抱える不良債権は一〇兆ウォン（約一兆一〇〇〇億円）にも膨れ上がり、資金調達先の市中銀行の経営まで圧迫するようになった。IMFが融資に伴う金融システム安定化策として、最も強く要求したのが総金社の整理であった。韓国政府もそれを受けて三〇社の総金社のうち、九七年一二月二日、経営破綻状態の総金社九社に対し、九七年末までの業務停止を命令、同一〇日、新たに銀行からのコール資金供給がストップしている五社に営業停止を命じた。

外形拡大成長路線のツケ

表6　IMFプログラム下の韓国経済の見通し

（単位：%・億ドル）

	1993	94	95	96	97	98	99	2000
GDP成長率	5.8	8.6	8.9	7.1	6.0	3.0	5.6	6.0
失業率	2.8	2.4	2.0	2.0	2.5	3.9	3.8	3.5
消費者物価	4.8	6.2	4.7	4.9	4.3	5.0	4.6	41
経常収支	3.8	−45.3	−89.5	−237.2	−135	−43	−21	22
貿易収支	18.6	−31.5	−47.5	−153.1	−47	39	57	98

（出所）　韓国『経済白書』（97年版）と政府資料から筆者作成。97年以降は推定値

だが、韓国の通貨・金融危機の根源は、これまでの「外形拡大式成長路線」にあり、その意味は多額の借金に頼りすぎた財閥企業の「タコ足式」経営が限界にきたということである。七〇年代以降の高度成長過程で、政府は重点産業育成を狙って銀行経営に介入、資金の配分権を一手に握り、融資への謝礼が慣行化した。政府主導の「開発独裁」の強行で、「官治金融」が構造化し、「政経癒着」の温床が築かれた。

株式市場の規模が小さい韓国では、もともと投資資金を間接金融（市中銀行からの借入金）に頼る傾向にあった。工業化政策の下で財閥企業は、グループ拡大のため経営悪化にもかかわらず十分な担保もないまま借り入れを膨らませる水ぶくれの経営体質を身につけてしまった。

九七年初めの韓宝グループに始まり、三美、真露、起亜など三〇大財閥の中堅グループが相次いで経営破綻に追い込まれたのは、「無謀な過剰・重複投資」のツケが回ってきたということである。九六年の製造業の負債比率は三一〇%程度に達し、日本の約二一〇%、米国の一六〇%を大きく上回っていた。韓宝グループの巨額債務（約五兆ウォン＝約七〇〇〇億円）の返済不能の余波を受け、銀

行の選別融資が進む中で、各企業は経営体質の強化、リストラを急いだが、追いつかず、資金繰り難から企業の倒産が相次ぐことになった。

それら企業に過剰融資してきた市中銀行、総金社など金融機関の不良債権は雪ダルマ式に膨れ上がり、その額は三二兆ウォン（約三兆五二〇〇億円）で、九八年度の国家予算案の約四五％にも匹敵した。そうした中で、九六年以降、円安と半導体不況などで輸出が急減し、国際収支は急速に悪化（九六年の経常収支赤字は史上最大の二三七億ドル）、対外債務は九七年九月末現在、一一九七億ドルと一〇〇〇億ドルの大台を突破した（この中には、韓国企業の現地法人が海外で調達した約五二〇億ドルが含まれておらず、一説には対外債務は二〇〇〇億ドルといわれた）。新任でＩＭＦなどと交渉した林昌烈副首相兼財政経済院長官は「一時的な外貨不足」「当面、総額で二〇〇億ドルほどの額があれば危機を回避できる」と述べたが、通貨・金融危機の根深い要因である「外華内貧」の国民経済構造、とくに、脆弱な金融産業についての認識が不足していた。

対外従属の運命？

これまでの「護送船団方式」による政府への「甘えの経営行動」が許されなくなった中で、外国人投資家に対する資本市場の開放は、内外企業をまじえたM&A市場で苛烈な「経営権争奪戦」をもたらすことになった。財閥企業をはじめ国内上場企業は、外国人企業の「M&A狩り」の恐怖におびえた。外国人投資家の株式投資限度額を五〇％まで拡大したことは「投機マネーの脅威に全面的にさらされることになった」と、財界、証券業界は一様に不安の声を強めた。「先進国の仲間入り」をしたにもかかわらず、「対外従属の運命」に陥るとの超悲観的な見方も出るほどであった。

資本市場のほぼ全面開放により、外国人投資家は容易に韓国企業の経営権を奪うことができるようになった。国内上場企業の六五・八％に相当する六三〇種の株価は一万ウォン未満に暴落した上に、ウォン価値の急落が重なり、外国人投資家は極めて低廉なコストで韓国企業を買収することができた。上場会社のうち約二〇〇社は、それぞれが一〇〇億ウォンも出せば買収が可能であった。①金融・製薬など独・寡占の地位を保っている企業②国際競争力をもっている企業③新技術関連企業――などが外国人投資の優先的な攻略対象とみなされた。国内で高い市場シェアを有することが難しい自動車、電子、飲食分野も有力な標的とされた。

また、短期債券市場への無制限の参入許可にともない、国民経済の不安定化と巨額の国富の国外流出をもたらすとして憂慮の念が強まった。ＩＭＦとの合意で年一八～二〇％までの高金利が認められることで、外国債券投資家は高利をむさぼることができるようになった。資金難にあえぐ国内企業を尻目に、外国人投資家は高金利構造の債券市場を通じて、いつでも外貨を国外に持ち出せ、それによる金融不安の種は尽きないことになった。さらに銀行、総金社など国内金融の「不実化」問題を外国金融機関の参入を通じて解決するという方針から、彼らに国内金融機関が安く払い下げられ、結局、脆弱な国内金融産業は外資の支配下に置かれる危険にさらされることになった。

財閥解体要求に猛反撃

韓国財界が猛反発したのが、ＩＭＦの「財閥解体要求」である。ＩＭＦのカムドゥシュ専務理事は

「韓国金融危機の根源的な問題を正さねばならない。そのためには、財閥中心の経済体制の解体が必要である」（九七年一二月）と述べた。韓国政府は「政府が推進してきた財閥経営を見直す方針と一致する」として原則的にＩＭＦ側と合意したとされる。これに対し、財閥の総本山である全国経済人連合会（崔鍾賢会長）は「財閥企業は韓国経済発展の牽引車の役割を果たしてきた」「迅速で果敢な経営で経済発展を主導してきた財閥を経済難局の主犯とするのは責任転嫁」と主張した。

しかし、ＩＭＦが求めたのは、財閥グループ自体の解体ではなく、相互支払い保証の全面禁止による「タコ足式」多角経営の是正、連結財務諸表作成の義務化による経営透明性など、企業構造の改編とみなされるものだ。しかし、資金難にあえぐ財閥企業にとって、系列企業間の債務保証の解消は、企業倒産を招き、連結財務諸表の作成は企業情報の露出を意味し、国際競争力の弱体化につながる「爆弾要素」であった。

ＩＭＦの「あまりに過酷な要求」の背後には、欧米資本のアジア市場席巻の狙いがある、と韓国財界はみた。アジア成長国家の過剰投資・生産が世界市場の供給過剰をもたらし、副作用を起こしている。そこで、過剰投資の原因であるアジアの「官民一体」のシステム、財閥体制を崩し、欧米資本のアジア参入を容易にするという戦略への批判である。「輸入先多角化制度の早期撤廃」の合意も、九九年末までに予定されていた日本の対韓自動車輸出禁止撤廃などの前倒し実施を迫るという、日本企業の思惑が強く働いたものとして、韓国企業は警戒した。

「ＩＭＦ寒波」の襲来で、財閥企業は「生き残り経営」作戦に必死となった。三星グループから始まり、大宇、ＬＧ、鮮京、ハンファ、浦項製鉄、ヘテ、コーロン、東亜、暁星などを経て、ついに現代グループまで、財界すべてが「非常経営体制」を敷き、空前規模の大リストラ、スリム化に乗り出した。例えば三星の場合、組織三〇％、経費五〇％、エネルギー三〇％、投資三〇％、役員給料一〇％削減の大ナタを振るった。他方、投資、消費減退による内需委縮に対応し、すべての経営資源を輸出増大に向け集中させた。現代は九七年に比べ二八％増、大宇は一三％増と、これまで以上の「攻撃的姿勢」をみせた。

そうした中で、財閥間のM＆A争奪戦は、大宇グループが双龍自動車の買収（双龍の株式五三・五％）を図ることで本格的な火ぶたが切って落とされた。それは単に自動車業界にとどまらず、財閥と勢力版図そのものを塗り変える「大事変」のシグナルとでもいってよいものだった。実際、三星グループの李健熙会長は「他の企業を吸収・合併するか、その対象になるか」の岐路に立っていることを示唆、トップの命運を賭けて新規参入した自動車事業の構造調整に乗り出した。

欧米日資本の陰謀を超えて

九七年一二月一八日、ＩＭＦ管理下で企業倒産や失業が急増する気配をみせている経済不安の真っただ中で、第一五代大統領選挙が行われ、野党、新政治国民会議の金大中候補が与党、ハンナラ党の李会昌候補に僅差で当選した。戦後韓国政治史上、初の「政権交代」であり、野党大統領の誕生だ。が、のしかかった経済の課題はあまりにも重たかった。金大中氏はさっそく記者会見で、ＩＭＦとの合意を順守して国際的信用を回復し、通貨・金融危機に陥った経済の立て直しに全力をあげると強調、市場経済化の徹底を通じ、積極的な経済構造改革を進める考えを示した。具体的には、大胆な市場開放、中小企業対策や失業対策に重点を置くとした。

ＩＭＦからの厳しい融資条件の遂行の中では、選挙期間中に示した「バラ色の公約」の実行は相当難しいものであった。しかし、韓国経済は高度成長の下で、着実に先進技術の摂取と産業基盤の構築を図ってきており、また通貨危機に陥っている他の開発途上のアジア諸国と違って抜群のファンダメンタルズ（経済の基礎的条件）を有しており、ＩＭＦなどからの巨額融資は危機打開に相当な効果を発揮する側面が強かった。ＩＭＦが示した改革プログラムの背後に、たとえ欧米日資本の黒い陰謀が秘められていたとしても、その大部分は「高コスト・低効率構造」の克服を通じて国際競争力を再び強め、「第二の漢江の奇跡」を成し遂げるための必須課題といえるもので、韓国経済先進国化のため、その実行は時間の問題であった。先送りされたビッグバンが外圧によって早められたにすぎない。

新政権が政府・企業・国民間のコンセンサス一体化を重視し、企業の健全な経営と労使協調、国民の過剰消費抑制と貯蓄奨励などで、これまでの量的成長路線から完全に脱皮し、韓国経済の「質的構造転換」を実現することができるかどうか、が問われたのである。

五　ＩＭＦ危機と「アジア的経営」の問題点

アジア通貨金融危機の背景には、欧米金融資本のアジア支配市場の陰謀が働いているという指摘が国内の財界から出された。ポール・クルーグマン（ＭＩＴ教授）のように、クローニーキャピタリズム（仲間うち資本主義）という構造的問題が危機を招いたという説には反対の声が強い。一体、韓国財閥に代表される「アジア的経営」はどう評価されるべきなのか。

アングロサクソン型の勝利？

アジア通貨・金融危機と関連して米国型経営システム（アングロサクソン型資本主義）の勝利、アジア型経営システム（同族型資本主義）の敗北という見方が欧米諸国でなされた。九〇年代における成長センターとして評価された「東アジアの奇跡」（一九九三年世界銀行報告書）はもはや終わり、東アジア経済は当分のあいだ立ち直るのが難しいという悲観的な分析が多く見られた。

しかし、そうした米国型経営システムとアジア型経営システムを対立、比較して優劣をきめたり、東アジアの未来を暗く展望することは正しいものではなかった。長い市場経済の歴史をもつ先進国にとっては、経済の自由化（政府の不干渉、自由放任）を全面展開する米国型の方が向いているだろうが、発展の初期段階にある多くの途上国においては、輸出振興、金融介入、産業政策などの政府の「選択的介入」が経済発展に有効性を発揮でき、ある面ではアジア型の方が経済成長に適している場合もある。八〇年代に米国がそうした方法を導入したように、欧米先進国にとってもアジア型から学ぶことはあるはずだ。

今度のアジア経済危機が提起したのは、東洋と西洋の価値観やシステムの対立といった問題ではない。ハーバード大学のジェフリー・サックス教授が指摘しているように、危機の直接的原因はアジアのファンダメンタルズの弱さというより、金融パニックであったという側面が強かった。つまり、国際的に過剰な資金の短期的な移動によって、国際金融市場が常に不安定になっているという構造が問題であった。国際金融システムに欠陥があり、パニックをくいとめるアジア金融システムが構築されていなかったのである。

ＩＭＦがタイ、韓国、インドネシアなどにかつてない巨額の緊急支援をせざるをえなかったのは、アジア通貨危機が、メキシコなどの経常収支赤字から派生する従来型から、市場への信頼低下で短期資金が急激に流出する「グローバル化時代の危機型」（カムドゥシュＩＭＦ専務理事）へと変わったからである。したがって、そうした不備な国際金融システムが改善されない限り、今回のような危機は連鎖反応し、短期債務が多い場合、いつでも、どこの国でも再発の可能性があるといえるものであった。

一日に一兆ドルの巨額の短期資金が、より多くの利潤を求めて世界を駆けめぐる状況の下で、発展途上国が米国型のグローバル・スタンダードを受け入れ、拙速に金融・資本自由化を実行すれば、この分野で絶対的な比較優位をもつ欧米資本に途上国の経済は完全に牛耳られてしまうことは目に見えている。

発展途上国にとって重要なことは、米国型を無条件に導入することではなく、持続的な成長と、経済・産業構造のさらなる高度化、先進化をめざすため、アジア通貨・金融危機で露呈したアジア型経営の構造的問題点、つまり政経癒着、弱い金融システム、不透明な企業統治（コーポレートガバナンス）など非近代的な経営方式を果敢に変革し、理想的には米国型との調和を実現することである。

アングロサクソン型の市場原理＝経済の自由化・開放化は、どこまでもアジア各国の歴史、文化、社会の特性に合わせ、その国の政策・制度に見合っただけのレベルにとどめるべきであろう。そして、実物経済の健全化を進めていけば、国際機関投資家の投機的行動による悪影響を最小限の範囲内にくいとめることができるはずである。それは、シンガポールや台湾がアジア通貨金融危機の影響をほとんど受けなかったことで証明されている。

韓国的企業経営の強さ

アジア的企業経営の問題点については、アジア各国の政治、経済、社会、文化的事情が異なっているため一律的に論じることは難しい。日本的、NIES的、ASEAN的、中国的企業経営と大きく分けて特徴づけられるが、NIESの中でも韓国、台湾、香港、シンガポールの四カ国でも随分、共通点と差異点が見られる。

アジア通貨・金融危機で最も不利な状況を示したタイ、インドネシア、韓国に限ってみると、概して経済開発に対する政府のコミットメントが強く、経営主体が大企業グループという特徴をもっていた。この点に関連して、米連邦準備理事会（FRB）のグリーンスパン議長は、アジアの通貨危機の原因は政府主導の経済運営にあり、その特徴として、政府が大きな企業グループと共同で資源配分などを決める「官民一体」の仕組みを挙げ、金融に関しては市場原理よりも、むしろ産業政策に導かれてきたため、多くの場合、資源の無駄遣いや利益なき業容拡大、さらに貸し倒れにつながっていると指摘した。

政府主導型の大企業グループによる経済開発、経営行動の功罪については、六〇年代以降の「開発年代」における韓国経済の工業化、近代化過程での韓国企業、とりわけ財閥企業の経験に照らして論じてみると分かりやすい。

「漢江の奇跡」と呼ばれる韓国の高度成長は、賦存資源が貧弱で、資本・技術が不足する条件の下で、借款を中心とする外資導入による輸出志向工業化の開発戦略によってもたらされた。それは、市中銀行など金融機関を管理下においた強力な中央集権的な政府の統制と指導の下、政府が重要産業に対する投資と資源配分をみずから決定し、目標達成のためあらゆる財政・金融上の政策手段を動員する方式であり、結果として、国家の積極的な経済介入による「上からの工業化」を成功に導いた。

鉄鋼、造船、石油化学など巨大な戦略装置産業の「規模の経済」を生かす経営主体には、大企業グループしかなれなかったのが現実である。財閥系企業はこぞって政府の提示する計画に見合う事業プランを作成、許可を得たプロジェクトに対し、政府からの十分な資金的援助（政策的金融）を受け、工場建設を行った。各企業グループは事業経験のない産業分野でも、それが企業成長戦略に有利だとみれば、素早い機敏な経営行動で、新規参入し投資を強行、拡張主義を最大限に貫徹した。そうすることで傘下系列企業を増やし、大規模企業集団を形成するに至った。

最貧所得国からスタートした韓国は、九〇年代半ばにはＧＮＰや貿易規模で世界第一一位と世界に冠たる生産、輸出大国となり、ＶＴＲ、半導体、コンピュータなど高度な知識・技術集約的産業をもつ先進国型経済に近いレベルに到達した。これらの成果は、政府主導型の開発路線の妥当性と、それを具体的に推し進めた経営主体である財閥大企業グループの貢献を示すものである。欧米帰りの経済テクノクラートが導く政府の経済計画に密着し、その指導と保護を受けながら、みずから事業戦略を樹立し実行した韓国財閥の旺盛な企業家精神と、先進国化実現に向けた強力な意志と活力は、アジア的企業経営の強さの一典型と評価することができよう。

韓国大企業グループの事業拡大の成功の要因として、オーナー体制下における意思決定の迅速化が挙げられる。情報通信革命によって経済のグローバル化が進む中では、経営戦略の展開にあたって意思決定の速さが死活的な意義をもっている。企業グループの総帥、およびその下での企画調整室、会長秘書室などの組織が中核となり、企業グループ全体の経営戦略に影響を及ぼす新規事業計画、企業新設、外国企業との提携、傘下系列企業の幹部人事など、最重要の意思決定がトップダウン方式で行われたことが、韓国財閥経営のもう一つの強みであった。下部の意思が積み重ねられ、これが最終的に最高組織で承認される日本企業のボトムアップ方式の意思決定とは対照的であるが、それでは応々にしてビジネスチャンスを逸するという事例が現れている。

アキレス腱の金融システムの弱さ

しかし、韓国的経営方式は、内外の経済環境が大きく変化する中で、これ以上の安定成長を遂げるうえで、マイナス効果をもたらした。政府主導型の経済成長過程では、政府と銀行と企業が三位一体となった、いわゆる「護送船団」式の経営推進は、腐敗と非効率を生み、企業の経営基盤の弱体化をもたらした。金融機関の厳しい監督と審査を経ないまま政府・官僚のコネを利用した「官治金融」に甘んじて、各財閥企業グループは競って過剰融資を受け、過剰投資に走ってきた。

安易な借金経営の結果、各企業の負債比率は先進国水準の二倍以上を超え、企業財務構造はトップ級財閥を含め、おしなべて脆弱性を免れていない。時の権力の政策変化、および国内外の金融条件の変化による流動性不足に対する適応能力は極めて弱く、外形的拡大の割には倒産のリスクを大きく抱え込んだ。過去の韓国財閥の浮き沈み、激しい勢力版図の変化の大きさ、一九九七年の韓宝鉄鋼グループ倒産に始まる中堅財閥の破綻などが、そのことを良く表している。金融機関の大量の不良債権、金融システムの弱さは、韓国的企業経営のアキレス腱ともいえるものであった。

内外の需給をしっかり見極めないで、政府の支援をあてにした借金経営で企業拡張を急ぐあまり、生産増大のための設備投資に偏重し、技術開発・合理化投資が相対的に少なかったことから、生産性向上において大きな成果を上げることができなかった。もちろん、GNP対比のR&Aの比率は約三%と先進国水準に近づいているが、その絶対額は少なく、技術水準ははるかに劣っている。

一九八〇年代後半、円安、金利安、原油安の「三低景気」で韓国経済は高成長を遂げ、国際収支も黒字に転化したが、同時に現れた賃金や地価の急上昇などの高コストを吸収しうる高生産性を実現できず、企業の採算性は悪化し、再び貿易収支も赤字に再転化した。中間財、部品、資本財の国産化が進まず、対日貿易不均衡を拡大させた。過多な借金経営と低賃金に依拠した価格競争力から一歩進んで、多品種少量生産体制を築き、高付加価値製品をつくり、非価格競争力を強化するため、生産性の向上と効率を重視する経営システムの基盤が確固として作られていないことは、韓国大企業グループの大きな弱点であった。

韓国を含め、おしなべてアジア的企業経営においては同族支配による経営と所有の未分離、専門・高級人材の育成努力不足、資源の浪費、歪んだ配分、企業間格差の拡大、インフレ選好体質などの共通した問題点がみられるのは事実である。しかし、労働者の教育水準の高さと強い勤労意欲、進取の気性に富んだ企業家精神、高い貯蓄率、輸出競争力の向上など成長潜在力は依然として大きく、アジア的企業経営も内外の経済与件に適応して不断の改革を推進していけば、東アジアが再び安定した成長軌道に乗ることは決して不可能ではないのだ。

緊要な構造改革と経営革新

韓国経済はＩＭＦの緊急融資で、かろうじて外貨危機を乗り切り、デフォルトという最悪の事態を免れたものの、未曾有の危機状態にあることには変わりがなかった。ＩＭＦの要求する緊縮財政・金融政策と資本、貿易の自由化・開放化、金融・企業の構造調整は、韓国経済に一大試練を与えた。それはまた、急激に変化する経営環境の中で、大企業グループも経営革新を断行しなければ生き残れないという厳しい現実をみせつけた。

金大中大統領は、民主主義と経済の両方を同時に発展させるという新しい経済政策を打ち出した。そして、経済危機が民主主義と市場経済の欠如に起因しているとし、これまで中央政府に集中した権限と機能を大幅に民間に委譲するとした。これは、従来の官主導型経済から民間主導型経済への転換を意味するものである。これまでの権威主義体制下で民間企業の自律性と創意性が制約されたことを考えれば、企業側にとっては歓迎される事態であった。

しかし、他方で金大中政権は過去の政経癒着と官治金融の下で急成長した財閥にも今日の経済危機の大きな責任があるとし、厳しい構造改革を迫った。「これからは、権力の干渉もない代わりに特恵もない」という金大中大統領の言葉から、財閥改革への強い意志が読み取れた。

九八年の二月、韓国三〇大財閥首脳は金大中大統領と会談し、①経営の透明性向上②財務構造の改善③相互支払い保証の廃止④主力業種への集中特化⑤経営責任強化など五項目の実践で合意した。以上の項目は、韓国経済が「量的拡大の時代」から「質的深化の時代」に転換しつつあり、また経済のグローバル化が進み、WTO体制の下で「無制限の大競争」が繰り広げられる中、国際競争力を強化し、真に韓国経済の先進化を遂げるためには、避けて通れない必須の課題であった。

金大中政権が推進する大企業グループの構造改革については、各財閥とも原則的、総論的には前向きに対応したが、改革の時期と方法をめぐって相当な反発姿勢をみせた。拙速な構造改革はかえって成長潜在力を弱めることになるだけに、政府としても「角をためて牛を殺す」の類の過ちを避ける賢明な政策展開が求められた。

六　破綻した財閥主導の経済とIMF寒波

IMF管理下に入った韓国経済の現状は、極めて厳しいものであった。「朝鮮戦争以来、最大の試練」（金大中大統領）といわれたこの史上空前の通貨・金融危機に直面した韓国は、果たして「NIESの優等生」としてのメンツを回復することが出来るだろうか。

表7　IMF救済融資以降の韓国主要経済指標

	97年11月12日	12月末	98年1月末	2月末	3月末	4月末	5月4日
総合株価指数	485.43	375.15	567.38	558.98	481.04	421.22	391.80
コール金利(%)	14.52	31.74	27.21	24.70	22.05	18.89	18.30
為替レート(ウォン／ドル)	1076.40	1415.20	1572.90	1640.20	1378.80	1338.20	1346.60
手形不渡り率(%)(ソウル地域)	0.41(11月平均)	0.78	0.58	0.69	0.49	0.36	—
失業率(%)	2.6(11月平均)	3.1	4.5	5.9	6.5	—	—
製造業工場稼働率(%)	77.3(11月平均)	76.1	67.8	68.8	65.2	—	—

（出所）韓国統計庁

デフォルトは回避へ

韓国政府と日米欧民間銀行団がニューヨークで進めていた韓国の民間債務繰り延べ交渉が、九八年一月二八日に決着した。主な内容は、①総額二四〇億ドルの韓国の民間銀行向けの短期融資を一〜三年物の政府保証融資に切り替える②金利は六カ月物のロンドン銀行間取引金利（LIBOR、五・六％程度）に二・二五〜二・七五％上乗せした水準にする③二〜三年物については、韓国側が融資を繰り上げ返済できる権利をつける——などであった。一二〜一五％の金利を要求していた銀行団に対し、九八年初の通貨ウォンと株価の反発を背景に、強気の姿勢（一〇％未満を主張）で臨んだ韓国側にとって、非常に有利な条件で合意できたといえる。

韓国の対外債務は約一五〇〇億ドル。九八年中に返済などで必要な外貨は六八二億ドル。IMFなどからの支援金や経常収支の黒字などで入る外貨は合計で三八四億ドル。差し引き二九八億ドルが不足していた。しかし、ニューヨーク合意で、九七年末に取り付けた日米欧主要国による約八〇億ドルの支援が前倒しで実施され、債務不履行（デフォルト）の最悪事態は遠のいた。九七年一一月から顕在化した韓国の通貨・金融危機はひとまず収拾に向かった。

とはいえ、繰り延べが決まった二四〇億ドルは、約八〇〇億ドルある短期対外債務の一部にすぎない。融資返済の最大延長期間である三年以内に経済を立て直し、国際信用が回復されない限り、いつ通貨・融資危機が再爆発するかもしれない不安を抱えていることに変わりはなかった。

外貨危機の根源

もともと韓国の経済成長と工業化は外資導入に依存していた。しかし、輸出を上回る輸入の増大(原資材、資本財など)で慢性的な貿易収支赤字が続き、対外債務が増大。一九八五年には対外債務が約五〇〇億ドルに上り、「借金亡国」が憂慮された。その後、「プラザ合意」に基づく円高、それにともなうウォン安、原油安、金利安の「三低景気」で輸出が輸入を上回るほどの超伸長をみせた。貿易収支は黒字に転換し、香港、シンガポール、台湾と並ぶ「アジアの四龍」を誇った。対外債務問題もかすんでしまった。しかし、九〇年代初めの「バブル崩壊」で韓国経済の構造的問題が露呈した。

それまで、韓国経済は典型的な「開発独裁」方式による高度成長路線を突っ走ってきた。財閥は権威主義的な政権と結びついて巨額の融資を受け、「重複過剰投資」で「たこ足式」経営に熱中した。政経癒着の「官治金融」のため、銀行のトップ人事は政府の思いのままで、融資は十分な担保審査が行われず、ずさんを極めた。財閥系企業の負債は雪ダルマ式に増え、財務構造が悪化した。

九〇年代前半に、各財閥は経営刷新、リストラ、技術開発強化などで国際競争力の向上を図り、不況打開に懸命であった。ところが中盤以降の超円高(一ドル=八〇円)の波に乗ってしまい、各財閥は技術開発、合理化投資よりも生産拡大のための設備投資に傾き、競って「借金経営」で輸出・売り上げ拡大に奔走した。投資資金不足の中で、主に短期資金を扱う総合金融会社（ノンバンク）に外国為替取引が認められ、「高リスク」の国際短期資金まで長期設備投資への「信用貸し」で無制限に投入された。

しかし、九七年初めの韓宝鉄鋼の倒産を引き金に、コーロン、起亜、真露など無謀な投資拡大で負債比率の極度に高い財閥企業は、不良債権の処理に乗り出した金融機関の資金回収と貸し渋りで「連鎖倒産」に追いやられた。タイや香港の通貨・株式暴落で資金回収を急いだ国際投資家は、韓国も危ういと見て民間銀行から資金を引き揚げたため、ウォンと株価が暴落し、国際信用が完全に失われ、未曾有の外貨危機に見舞われたのだ。

苦痛の分担で小さな政府に

金大中次期大統領は、一九九八年新年のあいさつで「今日の経済危機を乗り切るためには政府・企業・労働者が犠牲を共有しよう」と、「苦痛の分担」を訴えた。

救済融資に伴うＩＭＦ要求に対して、改革プログラムが大きく動き出した。行政改革、金融機関・財閥改革、雇用構造改革が主な柱であった。

同年二月二五日の正式就任までに金大中次期大統領は「小さな政府」をめざし、政府組織の縮小・改編、公務員の大幅削減を実行した。金大中氏の肝いりで発足した「政府組織改編審議委員会」（委員長・朴権相元東亜日報論説主幹）の発表（同年一月二六日）によれば、財政経済院と通産省の対外通商機能を外務省に移し、それぞれ財政経済省、産業資源省、外交通商省へと名称を変更、海洋水産省と農林省を農水産省に統合、広報庁は廃止するなど統廃合を進めた。そして、閣僚級の省庁は二一から一六に縮小した。その一方で財政経済院にある予算編成権を大統領の下に新設する企画予算室に移し、人事を統轄する中央人事委員会も大統領直属にするなど、大統領への権限集中を進め、「力のある政府」を狙った。「官主導を脱し、政府の国際競争力を強化する」(朴委員長)というものであった。

また「政権引き継ぎ委員会」(委員長・李鍾賛新政治国民会議副総裁)は同一月三一日、軍人、教員、警察関係を除く国家・地方公務員約五〇万人のうち一〇%を、九九年末までの二年間で削減する方針を発表した。しかし、政府組織のスリム化は容易でなかった。過去、金泳三政権も二万人の公務員削減をめざしたが、逆に執政五年間に四万八〇〇〇人増えた。金大中大統領就任式まで約一万八〇〇〇人を削減したが、公務員の間で不満が増大し、相当のあつれきが生じた。

不良金融機関の整理と財閥改革

ＩＭＦは韓国政府に対し、経営が悪化した銀行などの整理を要求、金融業界の大幅リストラが進められた。財閥系企業の倒産で不良債権が増加。九七年九月末現在で銀行の不良債権は二八兆〜二九兆ウォン(一ウォン＝〇・〇八円)と推計されていたが、その後の倒産増加で四〇兆ウォン(約三兆二〇〇〇億円)程度まで膨らんだ。韓宝鉄鋼などへの貸し出しで、とくに業績が悪化したソウル銀行、第一銀行に対し、政府は九八年一月中旬、「不良銀行」に指定、資本金を約八分の一に減らす「減資」を命令した上、約一兆五〇〇〇億ウォンの公的資金を出資。両行を二月末にもチェース・マンハッタン、シティバンクなど米銀へ売却する方針を決めた。また通貨・金融危機の元凶といわれた営業停止中（九七年一二月）の総合金融会社一四社のうち、一〇社の閉鎖手続きに入った。一〇社は「債務超過の状態にあり、経営再建が難しい」として財産・負債の移転命令が出され、事実上の認可取り消しとなった。

他方、韓国の財閥は経済成長の牽引役を果たす一方で、多くのひずみを生んだ。とくに政権との癒着が公正な競争を妨げ、市場経済の発展を阻み、今日の経済危機を招いた、と金大中次期大統領は判断、九八年早々、三星の李健煕会長、現代の鄭夢九会長や財閥オーナーたちと会談し、果敢な自主改革を求めた。「今度だけは中途半端な構造改革ではだめだ。大企業（財閥）はわれわれとの合意通りの改革に努力しなくてはならない」と、金大中氏は強く財閥の体質改善を求めた。

改革の主な内容は、①系列会社相互の支払い保証の禁止②不良系列会社の整理・統合③業種専門化による主力企業育成――などで、健全かつ競争力ある企業体質強化を図ること、そして連結財務諸表の義務化、社外取締役・監査役制の導入、小額株主への代表訴訟権付与などによる経営透明度アップ、さらにはオーナー所有個人財産の企業への投資など広範囲にわたった。

既に、三星の李健煕会長やロッテの辛格浩会長らは私財の一部を投資するなど、各財閥は一斉にリストラ計画を発表した。しかし、金大中次期大統領はなお不十分と不満を示し、「労働者を感動させるぐらいの徹底ぶり」を求めた。場合によっては立法による「強制改革」もあり得ることから、財閥の対応が注視された。

容易でない雇用構造改革

ＩＭＦの外圧による緊縮政策実行で、韓国の九八年の経済成長は一～二％と予想されたが、実際はマイナス六・七％と戦後最低の落ち込みで、その衝撃はかつてなかったほど甚大なものであった。「ＩＭＦ寒波」襲来で、九七年一二月の一カ月間、一日平均一二三社が倒産の憂き目にあった。九八年は上場企業五二七社のうち、一二〇社程度（約二割）の倒産が予想されるなど、「大量倒産・大失業時代」が必至といわれ、当時三％水準の失業率は倍増し、失業者は五〇万人から百数十万に膨れ上がるとみられた。

企業が生き残るためには従業員の整理・解雇は避けられなかった。金大中次期大統領は、外貨危機解消のためには外資誘致が必要であり、そのためには整理解雇制の導入が不可欠と主張した。整理解雇すれば二〇％は解雇されるが、八〇％が雇用を維持できる。整理解雇せずに会社が倒産すれば一〇〇％失業する。整理解雇で生き残る企業が増えれば、経済波及効果で二〇％の失業者も再雇用されるという論理であった。政府がまずリストラを率先し、財閥改革を急いだ背景には、整理解雇制の導入を促す狙いがあったからだ。

だが、かつてない「縮み経済」の下で生活防衛に必死の労働者にとって、整理解雇制の導入は容易に認めがたいものだ。労組の全国組織である韓国労総（約五五〇〇労組、一二〇万人）と民主労総（約一二〇〇労組、五五万人）は、政府・財界などと構成した「労使政委員会」で、九八年一月二〇日、通貨・金融危機克服のための共同宣言文に合意。韓国経済再生のため外国資本誘致に最善を尽くすとし、政府の失業手当て、企業の無分別な解雇や不当労働行為をなくすことを前提に整理解雇制導入を認めた。しかし、その時期や方法をめぐっては反発も強く、法制化までには一波乱も、二波乱もあることが予想された。

七　労使紛争の激化で危機再燃の兆し

一息ついたかに見えた韓国経済に、再び暗雲がたち込めた。労働問題をうまく解決できなければ、経済回復への道は開かれない。労使紛争を避ける方法はあるのか。

外国資本誘致にブレーキ

韓国経済は九七年末の通貨・金融危機で債務不履行寸前まで陥ったが、ＩＭＦなどからの国際緊急融資や民間短期債務の返済繰り延べなどで、かろうじて最悪の事態は回避できた。さらに、経常収支の黒字基調維持（九八年一～四月末まで一二三億ドルの貿易黒字）と、同四月初めに政府が発行した四〇億ドルの外国債券の完全消化などで外資が流入、実際に利用できる外貨準備高は四月末現在で三〇七億六〇〇〇万ドルとなり、外貨危機は小康状態に入った。

しかし、国内に目を転じてみると、実物経済はＩＭＦショックで、かつてない深刻なスタグフレーションに見舞われた。年間マイナス一～二％のＧＤＰ成長が予想される中、ウォン安による輸出増大を除き、すべての産業活動が萎縮した。統計庁の発表によれば、九八年に入り第一・四半期の生産増加率は七・八%の減少。三カ月連続のマイナス成長は六〇年代以降初めてのことだ。製造業の工場稼働率は九七年末の七六・一%から六五・二%に低下した。これは所得減少による内需の急激な冷え込みを反映していた。耐久消費財の出荷は五カ月間も減少が続き、三月には二七・八%の減少率であった。

他方でガソリン代、食料品など日常生活にかかわる消費者物価は同一~四月には八・九%の上昇と、九七年の四~五%水準を大きく超え、年率では二〇%を超える勢いであった。こうした高い物価上昇率は、第二次オイルショック後の八〇年以降なかったことだ。

こうした景気沈滞が続く中で、韓国政財界に強い衝撃をもたらす事件が起きた。九八年五月一日のメーデーの日(韓国では勤労者の日と呼ぶ)に、首都ソウル中心部で二万人規模のメーデー記念集会後、参加者の一部が街頭で警官隊に投石するなどの激しいデモを展開。警官隊は催涙弾を発射し、双方に多数のけが人が出た。金大中政権が発足して以来、催涙弾が使用されたのは初めてのことであった。

信用格付け会社のS&P(スタンダード・アンド・プアーズ)は早速、「韓国の労使紛争が続けば、国家信用度のランクに悪影響が出る」とのコメントを発表、韓国が国際社会で投資適格対象国に再浮上するムードに冷水が浴びせられた。金大中大統領が「不法・暴力デモは許さない」と、いつになく強硬な姿勢をみせたのも、経済危機打開の鍵とみなしている外国資本誘致に、デモがブレーキをかけることを憂慮したからだ。

高金利、貸し渋り

休み明けの九八年五月四日、韓国株式市場は大きく揺れた。IMF管理下で底をついた株価は年初には順調に上がり続けたが、景気の先行き不安で同年一月末の五六七・三八から再び下降をたどり、この日は四カ月ぶりに四〇〇台を割ってしまったからだ（三九一・八〇）。労働不安が現実化したことに外国人投資家たちが不安をつのらせ、売り攻勢に出たのだ。そうした中で「第二の通貨危機」説が証券・金融界にとびかうようになった。

その根拠はこうだ。労使紛争で対外信用度が落ち、再び外国資本の流出が起こり、一ドル＝一三〇〇ウォン台と安定している為替レートが急低下。国内金融機関の財務構造悪化→資金回収→高金利→企業の資金難と倒産増大で、超不況の上に収拾のつかない経済混乱に陥るというものであった。労働者にとっては生存の危機が迫っていただけに、労使紛争の激化は避けられない状況となった。すでに韓国ではIMFが支援の見返りに求めていた金融緊縮政策の結果、高金利（九七年末のコール金利は三一・七四％、九八年四月末には一八・八九％）や金融機関の貸し渋りで企業倒産が続出、一日で一〇〇件とこれまでの一〇倍近い倒産件数を記録した。それにともない、失業者も一日に約一万人と空前の「大量失業時代」を迎えた。

統計庁の雇用動向調査によると、九八年三月末の失業率は六・五％と、六・七％を記録した八六年二月以来一二年ぶりの高水準であった。九〇年代に入り、ずっと二％台を維持していたが、九八年一月四・五％、二月五・九％と急上昇した。その結果、失業者は九七年末の五五万六〇〇〇人から一三七万八〇〇〇人と約二・五倍に急増した。さらに不景気が続き、企業構造調整が行われれば、年末までに二〇〇万人を突破するだろうという見通しが強まった。見逃せないのは、一時休業など一週間に平均三六時間未満の臨時雇用労働者が増え、その数は年内に二五〇万人を超えるものとみられ、雇用不安は止められそうになかったことだ。

こうした雇用不安に拍車をかけたのが、九八年二月末に政府、企業、労働者で構成する労使政委員会で合意した整理解雇制の発動だ。これは、経営悪化を理由に、六〇日前に労組側と協議して、通告すれば経営者が労働者を解雇できるとされるが、実際は事前通告なしの不当解雇、不当労働行為が頻出し、労働組合の反発を買った。通告期間をすぎた四月末からは、これまでの不渡り企業、中小企業ばかりでなく、財閥系大企業も「合法的解雇措置」の態勢に入り、本格的な整理解雇旋風が吹き荒れた。

これに対し、韓国労総と並ぶ二大労組であり、よりラジカルな民主労総は「現政府が整理解雇の中断など雇用不安解消のための実質的な対策をとらないならば、第二期労使政委員会に参加しない」との強硬な立場をみせた。勤労者派遣制の撤廃、雇用安定協定の締結など、自分たちの要求条件が受け入れられない場合、五月末か六月初めにゼネスト闘争に入ると宣言。韓国労総の盧進貴政策本部長は「整理解雇は労組側とよく協議した上で進めるべきで、一方的な大量解雇には民主労総との共同歩調もありうる」との姿勢を示し、政府と企業者側は緊迫感を強めた。

「財閥改革は不十分！」

韓国政府は、失業者対策を経済政策の最重要課題と位置付けたが、経済危機克服のためには、輸出増大と外資誘致が何よりも重要であるとし、そのためには整理解雇制が不可欠との認識を変えなかった。それによる失業問題を最少にするためとして、金大中大統領は五月一〇日、直接「国民との対話」で企業の解雇回避支援、中小企業支援、公共事業の創出などを積極的に進めると言明した。

他方、改革には「苦痛分担」が必要とし、政府は金融機関、企業構造調整を一段と強い姿勢で推し進めた。それは労組側の不満を抑える説得材料として必須の条件であった。外資誘致のためにも、整理解雇制だけでなく、金融機関、企業の構造調整を速め、対外信用を高めなければならなかった。

国内金融機関の不良債権が増え続けている中で、貸し渋り現象が蔓延し、金融硬直化現象が起き、優良企業ですら黒字倒産の憂き目にあっている状況が生じた。そこで政府は、九七年末の時点で国際決済銀行（ＢＩＳ）基準の自己資本比率が八％以下の「不実企業」には経営改善計画書を五月末までに提出させ、六月までその妥当性を審査した結果、改善不可能と判断される銀行は即刻、整理または合併、外資への売却措置をとることにした。倒産した韓宝グループや起亜自動車への過剰融資で破綻に追い込まれ、政府管理下に置かれた第一銀行とソウル銀行については、米国の投資銀行であるモルガン・スタンレーとのあいだで政府の株持ち分の売却条件交渉を進めた。

他方、企業構造調整については、これまで金大中大統領と財閥オーナーたちとのあいだで交わされた改革約束の進展がみられず、政府をやきもきさせた。九八年二月に合意した、経営の透明性向上、財務構造の改善、相互支払い保証の廃止、主力業種への集中特化、経営責任強化など五項目の実践がみられず、金大中大統領は四月一三日、青瓦台（大統領府）の首席秘書官会議に出席し、名指しで「五大企業グループ（現代、三星、大宇、ＬＧ、ＳＫ）の構造改革は不十分だ」と強い不満を表明、財閥に対し改革をさらに急ぐよう訴えた。世論も、財閥は政府の進める構造改革が「財閥解体」につながることを警戒し、大不況生き残りのリストラ作戦の一環として役員・従業員の削減、オーナー体制を支える中核組織の会長秘書室、企画調整室の閉鎖など象徴的な措置にとどまっているという強い批判的な見方をした。

政府は労使の板ばさみ

これに対し、全経連（全国経済人連合会）の孫炳斗常勤副会長は「官治金融の悪弊は認めるし、財閥の構造改革も原則的、総論的には賛成だが、過去の慣行をいっぺんになくすのは現実的にはムリがある」とし、改革の時期と方法をめぐっては柔軟な対応が望ましく、拙速な構造改革はかえって成長潜在力を弱めると、筆者に語った。

金融機関の場合、ＢＩＳ比率八％を超え、企業の負債比率は二〇〇％以下の先進国水準に引き下げることに成功しても、構造調整財源の不足と実物経済の不安の中で構造改革を強行すれば、競争力の弱体化につながり、かえって経済危機克服に逆効果となるという反発が経済界から出された。政府と財界のあつれきは強まりこそすれ、弱まることはなかった。

しかし、やはりＩＭＦ支援見返りの改革約束合意という外圧と政府の強い姿勢の前に、財閥もついに動き出した。五大財閥はグループ内の不採算部門を分離、売却してスリム化し、主要業種への専門集中化を図るなど、事業の縮小・再編・統合や外国資本との提携・合併などを柱とする全面的な構造改革案を打ち出した。これを契機に経営基盤を強化し、経済のグローバル化時代に対応しようとした。

政府は不採算部門のM&A（企業の合併・買収）が国内企業同士で無理なら外国企業にも積極的に働きかけていくことを奨励、その具体的成果として、五月七日に三星重工業の建設機械部門をスウェーデンのボルボ社が買収することで合意した。買収金額は五億七二〇〇万ドルと、これまでの最大規模であった。

政府も外資誘致のため、国営企業も外国企業に売却し、その財源で輸出企業と中小企業を支援する方針をとった。韓国電力、浦項製鉄、ガス公社、韓国重工業など一一の国営企業を今後二年間にわたって一括、または部分売却すれば、二二〇億ドルの外資を調達できるという政府系研究機関の産業研究院の報告書まで出された。こうした思い切った企業構造改革は、韓国の全面的な資本市場開放の突破口になった。

しかし、ここでも労働問題が懸案として登場した。四月初め、イスラエルのイスカサ社が買収計画を進めていた居平グループの主力会社・大韓重石では、労組が雇用継続と慰労金を要求しストライキを起こしたため、計画を白紙化してしまった。労使対立が構造調整と外資誘致の障害になっていることが現実化したものだ。

大企業の構造調整と整理解雇が同時的に本格化する中で、政府は労使の板ばさみという苦しい立場に追い込まれた。通貨・金融危機の再燃を消しとめることができるか、早くも金大中政権は正念場に立たされた。

八　大量失業で労組は強硬路線に

九九年に入り、財閥系大企業の構造調整が強力に推進された結果、失業者は急増し、社会不安がかつてなく広がった。労使紛争が拡大、長期化すれば、経済再生に大きな足かせとなるものであった。

労使政委員会の解体

金大中大統領は九九年二月、政権一周年を迎えて行った「国民との対話」（テレビ放送）で韓国経済が回復の兆しをみせているとしながらも、「労使関係の行方が、今後の韓国経済の運命を決定するだろう」との見通しを述べた。その労使関係を安定させ、ＩＭＦ体制下の経済危機を克服するための労・使・政など三つの経済主体間の協議機構である労使政委員会が事実上、解体し、せっかく期待された韓国社会の新しいパラダイム構築にブレーキがかけられた。

労使政委は経済危機克服だけでなく先進国並みの「新労使文化」の創出をめざし、金大中政権発足を前にした九八年一月、大統領当選者みずからの肝入りで作られた。早速、三者間で整理解雇制と派遣勤労制の導入、企業の経営透明性の確保、労組の政治活動許容、教育労組の合法化など九〇件に及ぶ「社会協約」事項に合意。社会経済全般に影響をもたらす重大案件について「憲政史上、初めて」合意した点に大きな意義があると評価された。

労使政委は合意事項の履行に注力、九八年一二月まで九〇件の合意事項のうち五一件を完了したが、整理解雇制と派遣勤労制をめぐって労働界の二大労組である韓国労働組合総連盟（韓国労総）と全国民主労働組合総連盟（民主労総）が企業、政府側に反発し続け、難航を極めた。両労総はみずからの主張が受け入れられなければ労使政委に参加しないとし、とくに強硬派の民主労総はゼネストも辞さない構えをみせるなど、三者間の協議はなかなかまとまらなかった。

金大中政権はＩＭＦとの約束事項である企業構造調整を強力に推進してきたが、その過程で多くの労働者が解雇され、失業者が急増した。これに対し、韓国労総と民主労総は生存権剥奪の危機を強く感じ、労使政委の効用を信じなくなった。九九年二月末に整理解雇中断などの要求が受け入れられていないとし、民主労総が労使政委の脱退を決議したのに次いで、同四月初めに韓国労総は労組専任者への賃金支給許容などの条件を出して、時限付き脱退を宣言した。

政府は民主労総を除外してでも早期に労使政委員会法案を通過させ、韓国労総とともに労使政委を正常化させようとの狙いで、労組専従者への賃金支給、法定勤労時間短縮などを前向きに検討すると発表。これに対し、今度は財界側を代表する韓国経営者総協会（経総）が同年四月一六日、三〇大財閥グループの人事・労務担当役員会議を開き、労組専従者への賃金支給禁止条項廃止について労政のあいだで「密約」したことに反発、「政府は労組の立場だけを考慮している」「これ以上、労使政委に残っても意味がない」とし、脱退を決めた。経総とともに労使政委に参加してきた全国経済人連合会（全経連）も共同歩調をとることにした。

こうして労使ともに非妥協的姿勢をとることで労使政委は分裂、「春闘」シーズンを迎え、事業現場は非常事態に突入した。

拡大するストの波

韓国労総が政府側との協議を完全には断ち切らない柔軟な姿勢をみせたのとは対照的に、民主労総の闘争姿勢は固かった。闘争の中心課題は賃金引き上げではなく、構造調整の中断、人員削減撤回など雇用安定に置かれた。カネではなく雇用確保が目的のため、闘争気勢は高まらざるをえない。それを裏づけするように民主労総傘下の労組幹部三〇〇〇人は、すでに「拘束決議書」に署名した。

一九六〇年の「四月学生革命」の記念日にあたる九九年四月一九日、民主労総は春闘の幕を切って落とした。同傘下のソウル地下鉄労組が全面ストに突入したことを皮切りに、政府の構造調整政策の撤回、整理解雇の中断を求めて「総力闘争」に入った。ソウル地下鉄労組のストを契機に、闘争の火は公共部門全般に広がった。全国科学技術労組などが同調ストに入り、釜山地下鉄労組（二二日）、韓国通信労組・全国医療保険労組（二六日）に次いで、五月一日の労働節（メーデー）には「総力闘争勝利・全国労働者大会」が開催され、同一二日からは全国金属産業労組・病院労組までストに入った。

公共部門のストを触発したソウル地下鉄ストのあった四月一九日、財閥大手の大宇グループ（金宇中会長）が約九兆ウォン（一ウォン＝約〇・一円）の資産売却を柱とするリストラ策を発表、主力産業の一つである大宇重工業の造船部門は「三井（造船）など日本の造船会社に約五兆ウォンで売却する計画」を明らかにした。これに対し大宇造船労組は真っ向から反対、同二〇日全面ストに突入した。

六〇〇〇人の労組員が参加する中、「売却阻止と生存権死守のための決意大会」を開催し、操業が中断された。これを受けてバスを生産している大宇自動車の釜山工場と東萊工場労組をはじめ一七のグループ系列会社労組が部門ストや抗議集会を行うなど、大宇紛争は公共部門から民間部門へのスト拡大の導火線となった。

同二一日にソウルの明洞大聖堂でろう城に入り、記者会見を行った民主労総の李用甲委員長は「勤労者の生存権をはく奪する一方的な整理解雇と構造調整を中断し、労働時間の短縮、社会安全網の構築による失業者の生計保障、産業別交渉の保障など四大要求を受け入れよ」と政府に強く迫った。そして実質的な交渉による解決を避け、警察と公安機関に依存した政府の大規模弾圧を強く非難した。

これに対し、政府は「労働界の構造調整撤廃と整理解雇中断の要求はとても受け入れられない。それを前提とした対話にも応じられない」と強気の姿勢を崩さなかった。金大中大統領は、「企業は必要なとき自由に解雇できなければならない」「失業問題のために企業が倒産するのを放置してはならない」とし、労組の不法ストには断固たる措置をとると言明した。労・政の立場は縮まるどころか、対立点が先鋭化し、労政衝突をながめる財界にも不安がつのった。

整理解雇制をめぐる攻防

金大中大統領は野党時代の長い期間にわたって労働界の支持を受け、みずからも労働者の生存権闘争を支援してきた。大統領当選、史上初の与野政権交代を実現させるのに労働界の後押しが大きな役割を果たしたことは、だれも否定できない。韓国労総の指導部のあいだでは、自分たちが「政権出帆の産婆」と自負している者もいた。大統領選挙の直前に金大中支持を宣言したからだ。韓国労総より路線的に金大中大統領に近い民主労総は、金大中政権の「労働市場開放」に不満があっても、この一年間、一定の距離を保ちながら「極限闘争」をひかえてきた。過去の政権がなしえなかった「財閥改革」を強行に推し進めるなど、企業の立場に立つのでなく、庶民の立場に立った経済政策の成果に期待したからだ。

しかし、財閥改革=企業構造調整の過程は、労働者の生存権を脅かし、政府・企業・労働者が「苦痛分担」を通じてIMF体制を克服するという論理は美名のものでしかなく、実際は労働者だけが犠牲になる「苦痛専担」をもたらした、との認識をもつようになった。その背景には、一方的な整理解雇で大量の失業者が輩出され、史上最高の失業率を記録しているという現実があった。九八年、五大財閥の構造調整だけで八万人の労働者が整理解雇されるなど、解雇旋風が吹き荒れた。

八七年末のIMF体制初期に四七万人であった失業者数は、九九年二月末には一七九万人に激増。たった一年余りのあいだに約一三〇万人が職場から放り出された計算になる。失業率はそれまでの二%台から八・七%へと急上昇した。だが、この数字すらまだ現実を反映していない。職場を失っても、あてがないため、あえて求職活動をしない者は失業者に含められていない。彼ら「失望失業者」まで含めれば、失業者はすでに二五〇万人に達し、失業率は優に一〇%を超えた（LG経済研究院発表）。

生活破綻をもたらす高失業の過酷な現実の元凶は、IMF体制下で強要された整理解雇制であるとし、それは労働界にとって「悪の代名詞」となった。IMFは韓国の通貨金融危機への緊急支援のコンディショナリティとして外資系企業が韓国企業に対するM&A（企業の合併・買収）を通じて企業の進入、退出を自由に行ううえで韓国労働市場の硬直性が障害となっていたことから、労働市場の柔軟化政策を要求した。その核心が外でもなく整理解雇制であり、金大中政権発足に合わせ、九八年二月に労使政委の合意の下で法制化された。しかし、企業構造調整が進められる中、事前協議もなく、企業主の不当労働行為など一方的な整理解雇が強行されるに及んで、二大労組ともに中断を要求して立ち上がらざるをえなくなった。

すでに金泳三政権下でも、政府と企業が国際競争力を高めるため構造調整が必要であり、そのために労働市場の柔軟性が保障されねばならないとして、整理解雇制をはじめ、派遣勤労制の導入、契約職勤労の活性化、パートタイム制、在宅勤務、賃金体系の柔軟性向上などが経済・労働政策の優先課題として打ち出されていた。整理解雇制は九六年に強行採決で法制化されたが、労働界の猛反発で労働法が再改正され、九九年からの施行へと後退した。が、結局、九七年末のＩＭＦ体制によって九八年から前倒しで実施されることになったものだ。

この間の構造調整過程で整理解雇が頻発したことについて、労使政委にかなり協力的であった韓国労総ですら、もはや非常に厳しい見方をするようになった。この問題について筆者が同・李正植企画調整局長に質問すると、彼は語気を強めて「労働市場の柔軟化を人間の首切りとみなす新自由主義政策の典型が構造調整で現れている」とし、「ＩＭＦの模範生にしがみつく現政府の政策基調」を鋭く批判した。

パートナーとして認めよ

「財閥改革」を要求しながら構造調整には反対というのは矛盾していないか、という筆者の質問に対して、韓国労総の盧進貴政策本部長はこう答えた。

「過度の借金経営で経済危機をもたらした財閥は、解体しなければならない。相互支払い保証、『たこ足式』経営をやめ、経営の透明性を高めなければならない。オーナーによる企業支配構造を改め、究極的には所有と経営の分離まで実現せねばならない。そうした経営システムへの転換はよいことだ。構造調整で経営合理化を図るというのは理解できるが、労組と事前協議をせず、一方的に労働者を解雇するのは許せない。国家経済を滅亡の淵に陥れた責任は財閥と政治家にあるのに、どうして労働者だけが犠牲を甘んじなければならないのか。財閥間のビッグディール（事業交換）は必ずしも経済論理だけで進められているものではなく、政府介入による政治的論理が色濃く、国民の共感を得ていない。労働人員の削減につながるビッグディールに反対するのは当然のことだ」

労使紛争の激発が景気回復を遅らせはしないかという世論の心配に対し、盧部長は「経済が良くないから労働者はおとなしくすべきだというのは間違っている。労働者の生活権を守る権利を認めなければならない。だからといって、経済の破局を招くことがあってはならない。労働者の犠牲を最小限度にとどめながら経済も良くなる方向での調和、均衡を保つよう、政府・企業側と協議する努力はしなければならない」と言った。

安定した労使関係を築くためには、どうすればよいのか。盧部長は①政府・企業が労組を政府政策と企業経営のパートナーとして認定すること②財閥のオーナー体制を改め、前近代的な経営体制を改善すること③経営参与を認めること、を挙げ、それができれば労働者は愛国心も強く、国際競争力の向上にいつでも協力することが可能だと強調した。

一方、政府は大量の失業者発生で社会不安が広がることを懸念して、九九年三月末に同年度の失業対策費として八兆三〇〇〇億ウォンを追加、合計一六兆ウォンに拡大することを決めた。李揆成財経部長官は「マクロ経済の不安定がある程度解消されたので、今後はミクロ的な中小・ベンチャー企業の育成を通じて失業問題を根本的に解消していく」との方針を明らかにした。公共勤労事業などの一時的雇用の提供や低所得層に対する社会安全網の拡充を引き続き行いながらも、重点は新たな雇用創出に置くというものだ。

財経部では失業対策費を大幅に増やしたことで四八万人に雇用機会、三五万人に職業訓練や社会安全網などの恵沢が与えられ、その効果として九九年第二・四半期からは失業者数が減少し始め、年末までに一五〇万人に抑えられると見通した。これに対し、韓国労総は短期的な失業対策と中期的な社会安全網の形成のためには最低一〇兆ウォンの追加が必要であるとし、対策の不十分さを指摘した。だが、これまでの急激な大量失業者の輩出による社会不安現象が「暴動」にまで発展しないのは、やはり政府の失対事業が奏功したとの見方もあり、失業率低下の期待はあながち無理なものではなかった。

「第二の危機」の危険性

しかし、それにしても二〇〇万名を超す失業者というのは初めての経験であり、その家族まで含めると最低でも五〇〇～六〇〇万人が生活破綻の影響下に置かれることを意味した。そのせいで、韓国では九八年から九九年にかけて世帯主の家出、離婚、自殺、青少年犯罪が急増するなど、家庭破壊と各種の社会問題が噴出するようになった。ＩＭＦ危機の中で高金利に便乗して富む者はますます富む一方で、失業と賃金カットなどで貧しい者はますます貧しくなるといった「富益富・貧益貧」現象が深まり、中産層の没落を含め、社会的亀裂が生じるようになっていた。株価反騰について、ある運転手は「本当の景気回復ではなく、一時的な過熱、奇形現象にすぎない。一部の金持ちをもうけさせるだけで、我々には何の関係もない」と一蹴した。

労使政委の解体で労使関係が悪化し、春闘をスタートに労使紛争が多発・長期化すれば、回復局面に入った韓国経済を再び困難に陥れることは必至であった。すでに九九年に入って四月一八日まで労使紛争による損失日数は四一万一一九二時間。前年同期に比べて四倍にものぼった。ストに突入した大宇造船の場合、売上高損失は一日一二〇億ウォンにのぼった。労使紛争による国民経済への打撃は、想像しがたいほど大きいものであった。ゼネストなど過激な労働運動に対する外国投資家の敬遠と対外信用の低下は、外資流出による「第二の通貨危機」を招く危険性も十分あった。

労使双方からのはさみ打ちに直面した金大中政権は、果たして所期の目標通り、労使双方を共に尊重し、共に生きていく同志として同等に対応することで経済再跳躍を達成できるかどうか、いよいよその手腕が試されることとなった。

第4章　金大中政権の経済改革と財閥解体

一　金大中とは何者か

強制拉致、死刑宣告、投獄・軟禁生活など幾多の政治的弾圧に耐え、ついに政権の座を手にした韓国の新大統領金大中氏。その不屈の精神を称賛する声は大きいが、新政権の前途には、未曾有の経済危機に加え、権力内部の混戦とあつれきが生じ、前途は多難を極めることが予想された。

「ついに開花した忍冬草」

九八年二月、韓国の第一五代大統領に就任した金大中氏（七二歳）の長きにわたる波乱万丈の政治人生は、そのまま解放（植民地からの独立）後における激動半世紀の現代韓国政治史の縮図といってもよかった。一九四八年の韓国政府樹立以来、五〇年ぶりに初めて与野党の政権交代を実現させた金大中氏の名は日本ばかりでなく、世界に知れわたってきたが、九二年の大統領選挙で三度目の挑戦に失敗し、政界引退を表明した時には、よもや再び「大権」に挑み、最高権力者の地位に就くとは、だれも予想すらできなかったことだ。

その間、五回の死線を乗り越えただけでなく、六年間にわたる四回の獄中生活、一〇年間の亡命と軟禁の強要など、独裁権力者からのすさまじい政治的迫害をはねのけて大統領に当選したことに対し、国内マスコミが「韓国政治の奇跡」「ついに開花した忍冬草(厳しい冬の寒さに耐え、春に白い花を咲かせる山野に自生するスイカズラ)」(『新東亜』九八年一月号)と賛辞を贈ったのも、あながち大げさな表現ではなかった。朝鮮戦争の混乱時における李承晩政権下の政治腐敗に憤りを感じ、政治家として立つことを決意した金大中氏は、青年実業家から転身し、五四年に初めて国会議員選挙に木浦から無所属で立候補するが、官憲の妨害に遭い落選、この時から権力による弾圧の洗礼を受けるようになる。

六〇年の「四月学生革命」で李承晩政権が倒れ、民主主義と社会正義の要求が澎湃として起きる。この革命が、その後の彼の政治活動に及ぼした影響は大きい。「いかなる時にも国民が団結して事にあたれば道は開ける。過激な主張と暴力を用いず国民の支持を得るように努めれば、やがて勝つことができる」との教訓を与えたのである。同年七月、野党・民主党の公認候補として、再び国会議員選挙に立候補するが、惜しくも落選。しかし選挙圧勝で与党となった民主党の代弁人(スポークスマン)に抜擢され、持ち前の「雄弁」を発揮、政治的頭角を現すようになった。六一年五月に国会議員に初当選するが、朴正熙陸軍少将(当時)らによる軍事クーデターで国会が解散され、当選二日目で議員資格を剥奪されるという悲運に見舞われる。

軍政から民政移管後の六三年一一月の国会議員選挙に当選した後は朴正煕政権の反共・独裁政治に立ち向かい、七一年にはライバルの金泳三氏をはねのけ野党・新民党の大統領候補の座を勝ち取った。米中接近、冷戦緩和の「新しい時代」の創造に向けて先頭に立つ若き政治リーダー・金大中氏への国民的人気は急上昇、民主化の精神的シンボルとなり「韓国のケネディ」の名をほしいままにした。大統領選挙では朴正煕候補の六三四万票に対し、五四〇万票と、不正投票・開票の中で九四万票の「僅差」で負けはしたが、韓国政界のトップレベルの指導者としての地位は不動のものとなった。

その後も朴正煕に次いで全斗煥、盧泰愚大統領と続く歴代軍部政権の下で、過酷な弾圧を受けながらも屈することなく、反独裁民主化運動を粘り強く展開する。七三年八月の日本からの強制拉致・殺害未遂事件、八〇年の光州事件での死刑宣告など、政治生命のみならず肉体的生命の抹殺危機を含め、苦難の連続であった。それはまるで韓国民主主義誕生の長い生みの苦しみでもあった。

先見性と説得力

このように、幾多の試練と挫折を克服し、「七転八起」の偉業を成し遂げた強靱な精神力とパワーの源泉は何だろうか。

金大中大統領は『私の自叙伝』（NHK出版）の中で「権力者が世を騙し、力をもって抑えつけても、それは長続きしません。最後には歴史が正当な審判を下します。正しく生きた人は、必ず歴史によって評価されます。歴史を信じて正しく生きていく価値があります。歴史の裏には神の正義があります」とし、「行動する良心」として正しく生きるよう努めてきたと言い、「何になるかより、日々どう生きるかが重要だ」という、みずからの人生哲学を披れきしている。歴史と宗教への信仰心のあつさがうかがい知れよう。

解放後の現代韓国政治史をひもとけば、呂運亨、金九、金奎植ら祖国の統一、民族の独立、社会、経済の発展のため身を賭して闘った、傑出した政治指導者は多数いたが、その中でも金大中氏はより高邁な理想主義と行動力を兼ね備えた人物ではなかろうか。

拉致事件当時に金大中氏が所持していた手帳には、将来の目標として「私は執権して大衆民主体制を実現し、南北平和共存、平和交流、平和統一を実現し、統一祖国を世界大国の列に引き上げ、世界の新しい明日の方向のために未来象を提示し、弱小国と不幸な人類の権利のための先導者となる」と記してあった。

金大中氏の良さは、理想主義者にありがちな観念論的態度を免れている点だ。日本で彼の思想と行動についての良き理解者であった故・安江良介氏（元『世界』編集長・岩波書店社長）は、金大中氏が、理想主義政治家の反面、「現実的に政治手腕にたけた政治家である」と語ったことがある。

どこの国でも野党政治家は、政府・与党に対して「批判のための批判」という悪弊に染まりがちであるが、彼は違っていた。七一年の大統領選挙時に郷土予備軍の廃止、ＫＣＩＡ（韓国中央情報部）の改編、南北統一など当時としては相当ラジカルな主張をし、「進歩主義者」といわれ、その後の政治苦難の中で「闘争型政治家」としてのイメージが強く固まったが、もともと有能な政策通でもあったことは、日本ではあまり知られていない。

一つの問題に対して徹底的な調査・研究を積み重ね、よく精通することで物事の核心を探りあて、論理明快な解決方法をあみ出すところから、「完璧主義者」ともいわれた。

六〇年代半ばの全国民的な韓日会談反対闘争の際に請求権問題、漁業問題など具体的な案件で政府を追及しつつも、国交正常化自体には反対しなかったことや、六七年の総選挙後の不正選挙糾弾闘争（野党の国会登院ボイコット）の中で、朴政権が画策する三選改憲の阻止と、地方自治実施をにらんで与党との妥協を主張したことに見られるように、現実政治には極めて柔軟な対応をするリアリストであった。

一時は野党時代に政治活動を共にし、彼のブレーンの一人であった洪思徳議員（現在は無所属）は「金大中氏が政治指導者としてすばらしいのは先見性を持っていることだ。もう一つは、複雑多難な状況を単純な論理で解明し、相手を説得するという能力を持っていることだ」と評したことがある（『月刊朝鮮』九五年一〇月号）。この先見性と説得力という資質こそ四度目の挑戦を勝利に導いた大きな原動力であり、困難な時期の大統領としての職務遂行のうえで必須不可欠な条件といえた。

難問山積の「第二の建国」

金大中氏は、アキレス腱であった「地域党」（全羅道）、「容共」攻撃に対しては、金鍾泌、朴泰俊氏ら保守政党の自民連との連合を組み、「中道右派」路線を標榜することで乗り切り、大統領当選をものにしたが、その他の要因としてＩＭＦ管理体制下に置かれた韓国経済の危機状況が追い風となったことを見逃すことができない。というのも、国民のあいだで、こうした未曾有の経済難局をもたらした支配層を代えなければならない危機心理が働く中で、以前から外債問題の深刻さを訴えてきた金大中氏の説得力ある状況説明と解決方途に多くの国民が共鳴し、期待をかけたわけである。

大統領に就任早々、IMF体制克服に向けた積極的な経済改革へのイニシアチブ発揮に、全羅道以外の地域の人々からも「金大中氏が大統領になってよかった」という声が多く聞かれた。九八年四月初めのアジア・ヨーロッパ首脳会議（ロンドン）では「準備された大統領」の名にふさわしく、各国首脳をして韓国経済に強い関心を向けさせ、また投資調査団派遣の約束を取り付けるなど「セールス外交」に徹した。卓抜した政治力量でめざましい成果を上げ、朱鎔基・中国首相と並んで華々しい国際デビューを果たしたことに、国内世論は大きな好感を示した。

しかし他方で、青瓦台、政府の高位職などの人事においては総合的で有機的な体系が構築されていないことから、「改革の指令塔」が打ち立てられず、権力内部の混戦とあつれきが増しているという指摘が出された。それは、「家臣政治」といわれたように、政治・外交・経済などすべての分野でみずから判断し、執行するという長い野党時代の政治のスタイルに起因していだ。それでは、いつか「一人の間違った判断で国家運営を失敗させることになる」（週刊『ハンギョレ21』九八年四月一六日号）と、「第二の文民独裁」の過ちを憂慮する向きもあった。

「与小野大」による国会運営の困難と政界再編の動き、官治金融、政経癒着の是正など経済改革の断行と財閥の抵抗、大量失業、不当解雇に対する労働者の反発、南北関係改善から統一への展望提示など、金大中新政権の前には膨大な課題が山積していた。また、旧軍部に連らなる「守旧勢力」が「総体的改革」へのブレーキ要素として立ちはだかるなど、手ごわい障害もあった。「第二の建国」は権力奪取までの苦闘よりも、ある意味ではもっと難しい作業でもあった。

しかし、大統領当選の祝福にひたる間もなく東奔西走する金大中大統領は「死の瞬間まで挑戦するのが人間の宿命」という極めて旺盛なチャレンジ、フロンティア精神の持ち主である。「疎外された人たちの涙を拭いてあげ、ため息をつく人たちを勇気づける『国民の大統領』になりたい」（大統領就任辞）という感動的な言葉に基づいた社会を築くことができるかどうか、現実政治家としての力量が問われた。

二　金大中大統領の執念と経済思想

韓国では、すでに金大中新政権出帆（九八年二月二五日）の前に行政・労使・財閥の三大改革を通じて、「ＩＭＦ管理体制」を早期に克服しようとのムードが官民一体の下で盛り上がった。新政府の権力機構は大幅に縮小され、予算も超緊縮予算に編成し直された。懸案の整理解雇制も労・使・政委員会で妥協が図られた。あとは財閥改革だ。経済・金融危機の根源的要因といわれる財閥の改革こそ、金大中新政権の真骨頂なだけに、内外が注視した。

有能な経済政策通の経歴

金大中氏はかつて『大衆経済論』（大衆と大中は韓国語読みで、どちらもテジュンと発音する）という著を出し、財閥・大企業中心の特権経済から中小企業・労働者・農民の立場にたつ庶民経済の実現を主張した。というのも、「開発独裁」を推進した朴正熙政権の時代において、高度成長を通じて「漢江の奇跡」を成し遂げたが、貧富の格差拡大や産業・企業の不均衡発展で、そのゆがみが極めて大きかったからだ。

八〇年代以降、全斗煥、盧泰愚、金泳三と続く歴代政権は財閥改革を訴え、財閥への「富の集中」を是正しようとした。しかし、結果はかけ声倒れに終わってしまった。共通する理由として、彼ら執権者は、経済政策についての識見がなく、大衆的視点が弱かったという点が挙げられる。全斗煥・盧泰愚両氏は軍人出身なので言わずもがなだが、金泳三氏もソウル大哲学科出身のエリート政治志望者で、最年少の国会議員、長い野党政治家としての経歴はあっても、決して政策通ではなかった。

それに比べ、金大中氏はもともと経済問題に強く、国会での対与党質問では、具体的なデータや数字をもとに経済失策を批判、追及、それにとどまらず必ず代替案を出すなど、有能な政策マンとして野党の中では飛び抜けた存在であった。

戦々恐々の財閥オーナーたち

その金大中氏が、半世紀にわたる韓国政治史の中で初めて与野党政権交代を実現させ、執権することになったわけであるから、歴代政権と結びつき、「政経癒着」で肥え太ってきた財閥が戦々恐々とするのは当然であった。

ＩＭＦの融資に対する見返り条件という「外圧」を利用できるという面があるにせよ、早々と金大中氏が今日の韓国経済の金融・外貨危機をもたらした責任の多くが財閥にあるとし、「苦痛の分担」を真っさきに受けるべきは企業との手厳しい指摘をしたのは、財閥改革に対する金大中新政権の並々ならぬ決意の披れきであった。金大中氏は、「今度だけは中途半端な財閥改革ではダメだ」と述べており、その姿勢は極めて強固だ。

九八年に入って、金大中氏の意を汲んだ非常経済対策委員会は三〇大財閥に対し、経営透明性、財務構造改善、競争力強化などに関する構造調整を強く求めた。三星、現代、LG、大宇など各財閥は一斉に実践に乗り出し、相互支払い保証の廃止、オーナー私有財産の企業への還元などで前向きな姿勢を示した。しかし、金大中氏は内容が不満足とし、みずから財閥首脳と会談し、さらなる財閥改革を迫った。同年二月六日、三〇大グループ会長らと昼食を共にした席上、「透明な財務構造で堂々と事業をする時代がきた」と指摘、財閥グループの統轄機構であるグループ会長室や企画調整室を廃止することを求め、グループ会長らの心胆を寒からしめた。

グループ会長室や企画調整室など法的根拠がない組織の運営について、企業のカネが不明朗に転用される場合、刑事・民事上の責任を問うというものだ。実際、ほとんどのグループが系列社のカネでグループ会長室や企画調整室が不法に運営されており、大部分の会長は法律的に責任を負う代表理事に就いていていない。にもかかわらず、系列会社の経営・人事を指示・統轄する特権的な地位にあった。戦前の日本の財閥の親会社、今日の持ち株会社と異なる独特な存在だ。この機構の廃止は「財閥の解体」につながるとして、グループ会長らは困惑度を強めた。

「大衆資本主義」の実現へ

金大中氏は、韓国経済の再生のためには、経済の根幹である企業の体質改善が急務とし、①経営陣は、経営破綻に陥った場合、退陣するなど、責任を取る②経営透明性向上のため、社外理事、社外監査役を選任する③小規模株主の権限を強化し、経営参画の機会を拡大する――など市場原理に徹底的に依拠した「大衆資本主義」の実現を要請、これに対して会長らは同意した。しかし、グループ会長秘書室、企画調整室の廃止については「持ち株会社が認められていない現段階で、会長秘書室をなくすのは無理」と反発し、政府とのあつれきが生じた。

しかし、財閥改革に対する金大中氏の攻撃の手はゆるめられなかった。大統領就任式を控えた九八年二月一七日、新政治国民会議のセミナーで「財閥の系列社は三～四社、多くて五～六社の主力企業に絞り、残りは整理しなければならない」という「爆弾宣言」を行った。主要財閥が同一四日に非常経済対策委員会に提出した経営改善計画が、具体性に欠ける不十分なものだとの判断に立っての「苛烈な返答」であった。

財閥批判の大きな対策とされているもう一つのものが、何にもでも手を出す「たこ足式」経営だ。相互支払い保証を活用し、銀行から無制限に借り入れし、系列会社の拡大に奔走した結果、採算性のない会社や負債比率の高い多くの「不実企業」を抱え込み、結局は、金融危機のあおりで銀行の貸し渋りのため、連鎖倒産が起きた。これら各グループ傘下の系列会社は三六財閥で平均二七社。多いところは三星グループのように五〇～六〇社に及んでいる。もし、これを五～六社に絞り込めば、財閥は平均して系列社数を八割以上カットしなければならない。これほどまでの系列会社整理の要求は歴代政権では例がなく、本格的な「財閥解体」に向かう青信号として、財界を震撼させた。

進歩学者の秘書官起用の波紋

こうした中で、金大中氏は新政権大統領府の経済首席秘書官に財閥批判で知られていた進歩派の金泰東・成均館大学教授を任命、改革の固い意志を示した。金泰東氏は、在野の進歩的な市民団体「経済正義実践市民連合」に参加しており、韓国経済を牛耳る財閥に対して「財盗」などと激しい批判をしてきたラジカルな人物。このため同氏の起用には「学者の中でも理論重視で現実を知らないタイプ。経済危機の中で現実的で有効な政策を打ち出せるかどうか不安」といった声が財界などから出た。財閥改革はすでに「サイが投げられた」格好だ。果たして、改革の強行が「財閥解体」まで進むのかどうか。改革を宣言した金大中新政権の経済政策の行方に関心がもたれた。

三　IMF管理体制下の総体的経済改革

ＩＭＦの管理体制下で経済改革が進められる中、企業の倒産、大量失業など不況色が一段と強まった。しかし、金大中大統領は不良企業・金融機関の整理・統合などの構造改革を急ピッチで進め、「経済再生」に全力をあげた。

IMF寒波と為替不安

一九七〇年代以来、この三〇年間、高度成長にひたってきた韓国の多くの国民にとって「IMF寒波」は予想以上の苦しみを与えた。景気の冷え込みは並ではなかった。九八年の第一・四半期は、GDPを左右する民間消費と設備投資がそれぞれ過去最悪のマイナス一〇・三%、マイナス四〇・七%に達するなど内需の落ち込みが激しかった。ソウルの繁華街、明洞では「IMFバーゲンセール」と銘打って、洋服、カバン、靴などが四〇~五〇%、いや七〇~八〇%のディスカウントで販売された。にもかかわらず、お客が飛びつく姿はほとんど見られず、店内は人もまばらだった。

企業の倒産、あるいは投資の手控え、労働者の給料減額、解雇・失業者増大で消費が減退し、それが企業の製品在庫増や設備投資減少をもたらすといった超不況の悪循環に陥った。あれほどサラリーマンが愛好した自動車の需要も激減。自動車の適正在庫水準は三万五〇〇〇台といわれるが、九八年四月中は一三万台にも達した。国内建設受注も同年四月は前年同月比でマイナス五八・六%と例年になく低調で、現代建設と並ぶ大手の東亜建設は倒産した。

ただ輸出だけが順調に伸びていたのは明るい材料であったが、ウォンの為替レートが四〇%も切り下げられていることを考えれば大したことはなかった。輸出数量は増加したものの、価格面が追い付かず交易条件は悪化していることが問題であった。安心できる状態ではなかった。

また輸入が減って貿易黒字が出たが、減少の理由は割高になった機械や原材料を輸入する代金を銀行などから借りられないためで、これが続けば輸出に悪影響が出るのは必至。さらにこの時点の円安は、韓国製品の対外競争力の弱体化につながり、為替不安をいっそうつのらせた。

ＩＭＦ管理下の「縮み経済」の強要は、救済融資の見返り条件だけに甘受せざるを得ない。ＩＭＦとは九八年のＧＤＰ成長率をマイナス一％程度とすることで合意していたが、国内のエコノミストの見方では、大方マイナス三～五％になるだろうとの厳しい予測がなされていた。

政府系シンクタンクであるＫＤＩ（韓国開発研究院）は企業・金融機関の構造改革が遅れれば、九九年もマイナス成長になると警告した。そこで、金大中大統領も九八年五月一〇日の「国民との対話」（テレビ中継）で「不良企業は思い切ってつぶす」とまで言明した。

不良企業整理と「ビッグディール」

金大中大統領は九八年六月に訪米から帰国するやいなや、財閥改革に全力をあげ始めた。同一六日の国務会議では、「ビッグディール」（大企業間の事業交換）をはじめ、不良企業・銀行の早期整理を促した。金大統領は席上、遅れている財閥改革を厳しく批判。「構造改革には五大財閥（現代、三星、大宇、ＬＧ、ＳＫ）が先頭に立たなければならない」としたうえで、「政府が傍観するのが市場経済ではない」と強いトーンで指摘、財閥改革に対する政府の「強力な介入」を明らかにした。

ビッグディールは、各財閥の系列大企業の中で不採算企業を手離し、主力事業に専門特化し、国際競争力を強めるのが狙い。財閥改革の一環として、三星が自動車事業を現代に、現代が石油事業をＬＧに、ＬＧが半導体事業を三星に引き渡すことでいったん合意したが、三星が拒否してこの構造は挫折した。これに対し、金大統領は「ハンコまで押して、後でやらないというような、世論をごまかすことをしてはいけない」と、財閥への不快感を露骨に表した。

これまでの高度成長には財閥の成長が大きく寄与したが、ＩＭＦ経済危機では財閥の責任は大きい、と金大統領の財閥を見る目は厳しいものがあった。外国投資を誘致するためにも財閥改革は必須との考えから、不良企業は早期に整理するとの方針を改めて確認、この間、各金融機関による不良企業の判定作業を続けてきた。「不良企業リスト」に載れば、金融機関からの与信はストップされ、清算を余儀なくされるため、財界は震えた。そのリストが同年六月一八日に発表された。五大財閥の系列企業二〇社を含む五五社のうち、現代は現代アルミニウム、現代重機など四社、三星は三星時計、韓一電線など四社、大宇は韓国産業電子、オリオン電気部品など五社が整理対象となった。また六月二五日には九七年の大型企業倒産の連鎖と通貨・金融危機の糸口を作った韓宝鉄鋼と起亜自動車（ともに政府管理下）は、国際入札を通じて早期に売却することにした。

韓国版ビッグバンの始まり

さらに同年六月二九日、金融監督委員会（李憲宰委員長）は、経営再建が難しく整理すべき銀行五行を決定し、それぞれ優良な銀行五行に吸収合併させた。整理対象に指定されたのは大東、東南、同和の都銀三行と京畿、忠清の地銀二行の計五行。自己資本比率が国際決済銀行（ＢＩＳ）基準の八％を大きく下回り、自力での増資も困難と判断された。大東は国民銀行、東南は住宅銀行、同和は新韓銀行、京畿は韓米銀行、忠清は八十銀行と、いずれも経営が比較的良好な都銀に吸収合併された。

こうした銀行構造調整の本格的開始について、国内マスコミは「金融ビッグバンのスタート」「銀行はつぶれないという神話の崩壊」と、その衝撃の大きさを報じた。さらに他の不良銀行の整理にとどまらず、総合金融社などのノンバンク、保険・リース、証券会社なども含め全般的な金融構造調整に火の手が上がった。

こうした政府の思いきった「強制力行使」の前に、財界もこれまでの時間稼ぎの消極姿勢を改めざるを得なくなった。同年六月一九日、全経連（全国経済人連合会）は会長団会議を急きょ開催、二日前の金大統領との会談を受けて「財界としては企業構造調整に関する政府の要求を積極的に受け入れる」ことを表明した。

しかし、財閥側では政府が「財閥解体」を企図しているのではないかという不安を払しょくできないでいた。「官治金融」を是正すると言いながら、現政府は行き過ぎた「官治」改革を推し進めているとの批判的見方もあった。金大中政権の「総体的経済改革」は韓国経済再生に向け避けて通れない課題ではあるが、それが実行されることで、一時的な経済システムの混乱を招くのは必至であった。

※政治と経済の癒着を正すことが急務

金大中政権の財閥改革においては、経済ブレーンの役割を無視できない。かつて在野で活躍し、金大中大統領就任とともに、唯ひとり大統領経済顧問となったリベラルな経済学者、柳鍾根・全羅北道知事に政府の経済改革の真意を聞いてみた。（九八年四月）

――外資誘致が外資による国民経済の支配と従属につながるという憂慮の声があるようだが。

薮　たしかに経済植民地とか、国内企業が外国企業の餌食になるのではという不安感もある。韓国の外資導入は、これまで借款中心だった。しかし、それは外国人直接投資が経済主権の侵害を招くという誤った考えに基づいている。国内企業を外国人が所有したとしても、その土地や建物を外国に移すことはできないし、必要になれば、また買いもどせばよいと思う。

――民族的自負心の強い韓国民がそうした考えを受け入れるか。

薮　多少難しいと思うが、重要なことは時代が変わったという事実であり、国際化時代に適応して、発想の転換と新しい思考の枠組みが必要なときだ。ハーバード大学のライシュ教授が「外国企業といえども自国への投資で職場を提供し、自国民の生活を向上させるなら〝われわれ〟とみなせる」と主張したことは一考に値する。

――金融・企業の構造調整の核心は何か。

薮　過去三五年間、韓国経済は政府の市場介入と補助金などで急成長を成し遂げたが、その過程で政経癒着と官治金融などの弊害が累積してきた。成長を主導した財閥の過大な借金経営と過剰投資、「たこ足式」事業拡張など収益性よりも外形拡大経営によって企業はもちろん金融機関が不良化し、総体的な経済危機を招くようになった。だから、ＩＭＦの要求がなくても、韓国経済を再生させるためには官治金融の清算、財閥の構造改革をこれ以上遅らせることができないのだ。

――財閥改革の中身は。

薮　連結財務諸表の早期導入、相互支払い保証の解消、経営者の責任強化など、すべての企業が透明性の原則に従い、自由で公正な競争をすることのできる、市場経済秩序を確立することだ。政府は、財閥改革と同時に政経癒着と官治金融を果敢に打破し、労働市場の柔軟性を確保するなど大胆な経済改革を推進していく。

——日本との経済協力関係については。

薮 日本も金融システム不安で経済が揺らいでいるが、依然として世界的な経済大国だ。その間、歴史的な問題で、とても近いのに遠い国であった日本とは、新政府の出帆で新しい関係が築かれるだろう。韓国経済の危機打開に日本の資本、技術力が大きく寄与するものと期待したい。世界が単一の市場に統合されつつある中で、われわれは日本からの投資環境作りをおろそかにしていた。これからは過去にとらわれないで、市場経済を積極推進することでパートナーシップを発揮し、ともに経済実利を得ることができるよう努力しなければならない。

四 「生殺与奪権」で不良企業整理

金大中大統領の強力な財閥改革に対して、財界は抵抗をみせたが、構造改革が進まない場合、経済危機打開にとって必要条件となっている外資誘致が思うようにいかず、整理解雇制に反対する労組のいっそうの反発も必至であった。そこで、政府が構造調整に消極的な財閥に対して打ち出したのが、半強制的ともいえる「劇薬処方」であった。

「劇薬処方」に批判集中

財閥改革をめぐり金大中政権と財閥のあいだで、抜き差しならぬあつれきが生じている中、金大中大統領は九八年五月一〇日、「国民との対話」と題されたKBSなど三社のテレビ放送の中で、IMF管理体制下で経済危機克服を進めるため、「見込みのある企業は生かすが、見込みのない企業はさっさと整理する」と、思い切った企業構造調整の方針を明らかにした。

大統領発言を受けて翌一一日、政府（金融監督委員会）は、主要取引銀行に設置された「不実企業判定委員会」を通じて、同年五月末までに大企業のうち協調融資を受けている企業や不良徴候企業の業績評価を行い、正常、再生可能、再生不能の三つに区分したあと、再生不能と判定された企業に対しては貸出回収などの方法で、早期整理を断行することにした。

こうした政府の強硬姿勢は、企業構造調整が遅れているとの国内世論、とくに整理解雇制の発動で大量失業の苦痛にあえぐ労働者たち、それと韓国の通貨危機に際し緊急融資を行ったIMFなどからの批判や反発が背景にあるのはもちろん、不良企業を協調融資や金融機関の支援で延命させれば、優良企業すら資金繰りの悪化で倒産に追いこまれるなど、実物経済と金融システム自体が再生不能になるという判断からであった。いわば、不良企業の「人口呼吸器」を止め、優良企業の資金難を解消し、外資導入をスムーズに図ろうというものだ。

企業に対する「生殺与奪権」を行使しての不良企業整理に対して、野党ハンナラ党の趙淳総裁（当時）は「市場経済に政府が干渉を行いながら、市場経済を発展させることは矛盾」とし、「今のような場当たり的な経済政策では、絶対に経済を再生させることができない」と非難した。当然、金融界や財界でも、政府の「劇薬処方」に対して反発や戸惑いの声が強かった。銀行や総合金融会社（ノンバンク）などの金融機関が、不良企業だけでなく再生可能な企業まで無差別的に資金回収に走れば、優良企業ですら「不渡りドミノ現象」に巻き込まれる。また、企業の不渡りが銀行の不良債権にそのまま転化され、銀行も不良化し、政府の要求するＢＩＳ（国際決済銀行）基準の自己資本比率八％を維持できない、との指摘が多く出された。

財閥大手の三星グループ関係者は、「不渡りの危機に瀕したグループだけでなく、上位五大グループ（三星、現代、大宇、ＬＧ、ＳＫ）に属していても、経営状態が良くない系列会社も今後は銀行の支援を受けることが難しくなり、構造調整作業が早められることになる」と予測した。大手グループ関係者は「企業改革を主導する金融機関の不良整理が行われていないにもかかわらず、不良銀行より不良企業を先に整理するのは順序が間違っている」と反発した。

政府は深刻な財源不足

一方、経済専門家たちのあいだでは、「不良企業整理の鍵である銀行構造調整に充てる財源のメドが立っていない」ことに対して、大きな疑念をもった。銀行の構造調整に必要な財源は、少なくとも六七兆ウォン（一ウォン＝約〇・一円）から一〇〇兆ウォンと見込まれていた。政府は財政資金や債券発行で四〇兆ウォンを投入する考えだが、それでも不足。そのため、政府は世界銀行から導入しようとしている五〇億ドル（約七兆ウォン）を構造調整の財源に当てることも考えたほどだ。

こうした財源不足問題を抱えながらも、財閥改革に対する金大中政権の意志は強固であった。九八年五月初め、韓国の公正取引委員会は、企業間の不当内部取引調査を実施した。調査によれば、三〇大財閥が主として金融系列会社を通じて、同系列会社に資金を支援した規模は一日平均四兆七三二五億ウォンに達した。すでに倒産、和議に入っていた真露は一兆四三二億ウォンと一位を占め、二位は現代の六八三四億ウォン、三位はＳＫの六五二六億ウォン、四位は三星の四九九七億兆ウォンと続いた。また、三〇大財閥が九七年一年間に内部取引した資産の額は三三兆四三一〇億ウォンに上った。このうち相当な額が、不当内部取引を通じて不良系列会社に資金援助されたものとみなされた。

この公取委の調査で注目されたのは、財閥系列会社の資金、資産取引に焦点があてられた点だ。従来の内部取引調査は商品、用役を主な対象にしており、資金、資産調査は行われていなかった。傘下に何十社もの系列会社を抱える財閥の「たこ足方式」経営体制では、財務構造の悪化した不良企業も内部の資金支援を受けて存続が可能となり、結果的にはグループ全体の負債比率を高め、企業経営基盤の弱体化の原因となってきた。公取委の調査は、まさに財閥傘下の不良系列会社に対する資金援助を断ち切ることで、財閥改革を一段と推し進めようとする政府の意志の表れであった。

公取委の金湧事務局長は「不当内部取引によって、財閥傘下の系列会社は、競争会社を倒産に追い込み生き延びてきた」とし、「これからは市場経済メカニズムに従い、財閥の系列会社でも不良化すれば整理してしまう方針だ」と、今回の調査の目的を明確に述べた。政府は不当内部取引に関しては「法的制裁」も辞さないとの構えを見せた。内部取引の規模が大きい三星、現代などは、「強制的構造調整」として警戒感を強め抵抗の姿勢を示した。それでも、政府の強硬方針に対する有効な反転攻勢策は打ち出せなかった。株式市場の低迷による増資の困難、相互支払い保証解消、財務構造改善努力などで資金調達が難しくなっていることに加えて、内部取引を通じた資金支援まで途絶えることになれば、財閥としては、みずから進んで統廃合、M&A（企業の買収・合弁）などの方法で不良企業を整理せざるを得ない状況に追いこまれる。

財閥と政府間の火花散るせめぎ合い

したがって、不良企業の早期整理の方針が打ち出される中で、政府の作成する「生殺与奪リスト」は財界にとってまさに脅威であった。このリストに基づいて整理が行われれば、構造調整に非協力的な各財閥は系列内の不良企業だけでなく、優良企業も政府の圧力で金融機関からの融資が受けられずに「共倒れ」となり、財閥自体の存在が危うくなる可能性があった。リストの波紋は大きく、韓国企業は対外信用度を落とし、各財閥が進めていた外国企業とのM&A交渉にもブレーキがかかった。

このような緊迫した経済状況に対し、全国経済人連合会（全経連）は、五月一四日、崔鍾賢会長の主宰の下に会長団会議を開催、金大中大統領と財界が合意した財務構造改善、企業構造調整を目に見える形で最善を尽くして推進すると決議したものの、返す刀で政府は「企業殺し」ではなく、「企業再生」に政策の重点を置くよう要請した。

「第二の経済危機」に対する世論の心配や外国企業家の信用低下など、財閥としても無視できない難局の前で、一時は政府の不良企業の早期整理方針に「白旗」をあげた格好だが、対外的環境整備のための「苦肉の策」との声もあり、政府と財閥間の火花散るせめぎ合いは、より激しさを増した。

五　財閥改革で世界的企業誕生へ

一九九八年にはＩＭＦ管理という事態を招いた韓国経済だが、実物経済が冷え込む中、対外経済は好調な数字を示した。さらなる課題は財閥改革を中心とした経済構造改革だが、強硬姿勢を崩さない金大中政権に対し、ビッグディール（事業交換）をめぐって財閥間の覇権争いが激化した。

二〇〇〇年にはＩＭＦ卒業

韓国は九七年末、国家債務不履行（デフォルト）の危機に際して、ＩＭＦからの緊急融資で何とか急場をしのいだ。しかし、その見返り条件として、超緊縮財政と高金利政策を押しつけられた。

そのため九八年のＧＤＰ成長率はマイナス六・七％と史上最低を記録、生産・投資・消費が大きく落ち込み、実物経済はかつてなく冷え込んだ。空前の不景気で相次ぐ企業倒産やリストラ旋風のため失業者が激増し、それまで二～三％台であった失業率は七～八％水準に急上昇するなど「大失業時代」を迎えた。九八年の一人当たりＧＮＰは六三〇〇ドルと、七年前の水準に逆戻りし、ＯＥＣＤ加盟国家としては最低水準となってしまった。

他方、九八年の貿易黒字は三九九億ドル、外国人直接投資は八九億ドルと、それぞれ史上最高を記録、それにともない、底をついた外貨準備高（可用額）は四八五億ドルに達した。これはＩＭＦと合意した目標額である四一〇億ドルを大きく上回る数字であった。

アジア通貨・金融危機の余波で世界的に経済環境が悪化する中で、韓国の貿易黒字額は、日本（九〇〇億ドル）、ドイツ（五〇〇億ドル）、中国（四〇〇億ドル）に次ぐ世界第四位を占めた。もちろん、ウォン・レートの引き下げや、四〇年ぶりの輸出減少（二・二％減）と、それを上回る輸入の急減（三五・四％減）など、内容面で問題があるにせよ、当初の貿易黒字目標額四〇〇億ドルをほぼ達成し、外貨危機は遠のいた。また、九八年の外資導入額の八九億ドルは、六二～九七年の三五年間にわたる導入額二四六億ドルの三六％に相当するほどの急増ぶりだ。為替レートも年間を通じて一ドル＝一二〇〇～一三〇〇ウォン水準と安定を保ち、株価も外国人投資家の積極的買いなどで、九八年六月につけた二八〇ポイントの底値からぐんぐん上昇し、九九年一月六日には六一二ポイントと、六〇〇の大台に乗せ、ＩＭＦ管理直前の九七年一〇月以来、一年三カ月ぶりの高値をつけた。

国内の冷え切った実物経済とは対照的な対外経済関係の好パフォーマンスは、ＩＭＦとの履行約束を至上命令とした金大中政権の輸出増大、外資誘致作戦が奏功したものだ。

これを受けて、韓国経済に最も厳しい評価を下していた国際的信用格付け機関のムーディーズ社は、信用等級を投資不適格Ｂａ1から、投資適格Ｂａａ3へとランクを引き上げた。明らかに韓国経済に対する国際的信用度が高まり、「ＩＭＦ優等生」とまで言われるようになった。

九八年一一月末に渡韓したＩＭＦのカムドゥシュ専務理事は「韓国は二〇〇〇年にＩＭＦ管理体制から卒業するだろう」とし、その後は「低物価のなかで過去と同じように高度成長を遂げるだろう」という楽観的な見通しを述べた。

図４　韓国財閥を取り巻く経営パラダイムの変化

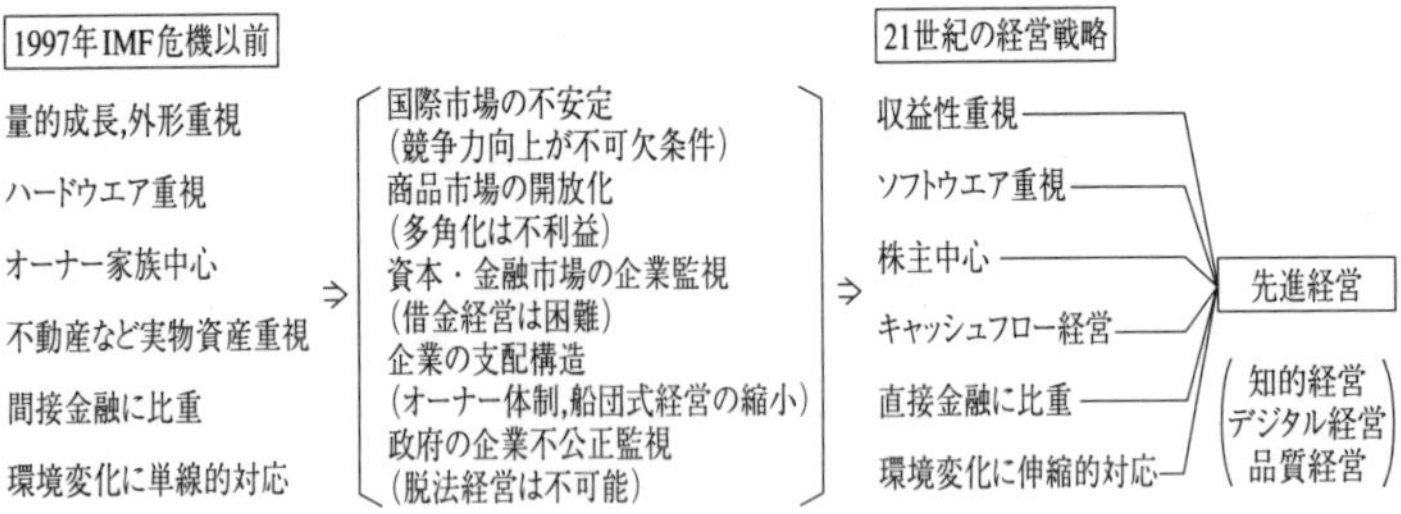

（出所）筆者作成

金大中政権の猛攻

ただ、カムドゥシュ専務理事の楽観論には、ＩＭＦと合意した構造調整を着実に進めることが前提条件となっていた。同総裁は「何よりも財閥の過度の借金経営と、極めて脆弱な金融構造を改善しなければならない。とくに利潤を生まない不良企業は果敢に整理しなければならない」と強調した。国内の有力シンクタンク韓国開発研究院（ＫＤＩ）も、金融・企業構造調整の大きな枠組みができたとし、九九年からは経済政策の重点を景気浮揚に置くという政府の方針に強く反対。企業、とくに財閥の過度の負債は減っておらず、それにともなう金融機関の不良債権増大など、金融不安は依然として根強いことから、あくまで「構造調整が先決」と主張した。

金大中政権は発足当初から財閥改革に積極的であった。大統領当選直後の九八年一月には、大手財閥オーナーたちとの会談で、①企業経営の透明性向上②相互支払い保証の解消③財務構造の改善④業種専門化⑤経営破綻の責任明確化——などの五項目で合意。その推進過程で、経営透明性の向上のための社外理事制度の導入、少額株主権の強化などは立法化・施行されており、連結財務諸表の導入、相互支払い保証の解消、負債比率の縮小などは一〜二年内に施行するよう、法改正が完了した。「再建見込みのない不良企業は思い切って清算する」との方針で、九八年六月には五五の退出企業を発表、これを契機に企業改善（ワークアウト）と大企業間の事業交換（ビッグディール）を軸にすえた企業構造調整を推し進めた。

これに対し財界では「過去の慣行を一度になくすのは現実的に無理がある」（全国経済人連合会・孫炳斗常勤副会長）とし、財閥改革に対する政府の「強制力行使」に反発したが、政府は改革の手綱をゆるめなかった。

九八年九月には改革の重点として、五大財閥（三星、現代、大宇、LG、SK）を中心に、石油化学、航空機、鉄道、精油、半導体、自動車、船舶、エンジン、発電設備など七業種にわたる過剰重複投資の整理・統合を図る構造調整計画を発表した。

企業構造調整は権力による「政治的圧力」よりも市場の競争原理による「経済的圧力」にまかせるべきであるという論理で、なおも抵抗をみせる財界に対し、政府は九八年一〇月に五大財閥を対象に会社債発行の規制を行ったのを皮切りに、同年一一月には、①相互支払い保証の実態点検②グループ内の不当内部取引の調査と課徴金賦課③公正取引委員会への金融機関口座の追跡権付与④企業構造調整に消極的な銀行への資金支援の中断——など「最後通牒」をつきつけた。「韓国経済の改革の障害は（五大）財閥」という内外の批判をバックにした金大中政権の猛攻の前に、財閥はこれ以上、企業構造調整を引き延ばす術がなかった。政府と財閥間の熾烈な攻防が続く中、一二月一七日、金大中大統領の主宰の下、政府・財界・金融機関の三者合同会議がもたれ、「財閥改革の完結」について最終合意をみた。

表8　5大財閥の構造調整の合意内容

区　　分	主　要　内　容
中核分野中心へ事業構造の再編	・各財閥は3～5社の主力業種を中心に再編 ・現存5大系列264社→130社前後 ・財界の自主的事業構造を通じて過剰・重複投資を解消
相互支払い保証の解消	・系列社間の支払い保証12兆7000億ウォンを年内に解消
財務構造の改善	・非主力事業部門の売却など自己救済努力 ・5大財閥の約20兆ウォンの金融機関借入金の償還 ・経営権維持の前提の下，金融機関と貸出金の出資転換の実施
経営透明性の確立	・99会計年度から連結財務諸表の作成 ・理事会中心の経営体制に転換

（出所）　韓国政府

五大財閥に構造調整案

この合意文では「過去のような『船団式』経営と系列社間の内部支援（相互支払い保証）で外形成長を追求するのではなく、各系列企業が独立した経営体制を整え、競争力の相乗効果を図って、透明性のある協力構造に転換しなければならない」とし、これまでの政権と癒着し、特恵融資で事業を無謀に拡大、あらゆる業種に手を出す「たこ足式」経営を根本的に改め、少数の業種に経営資源を集中し、国際競争力を高めることが確認された。

具体的には、①九九年末を期限とする系列会社の整理（五大財閥合計で二六四社から約一三〇社へと半減させる）②主要業種の事業交換実施③九九年度からの連結財務諸表の作成④二〇〇〇年三月までの系列企業間での相互支払い保証の解消など、二〇項目の実践項目が提示された。

五大財閥の業種専門化と系列会社縮小などの構造調整案として、①現代グループは自動車、建設、電子、重化学、金融・サービスを主力にし、九九年末を目標に系列会社を現在の六三社から三〇社前後に減らす②三星は電子、金融、

図５　韓国の経済改革と経済再生の展望

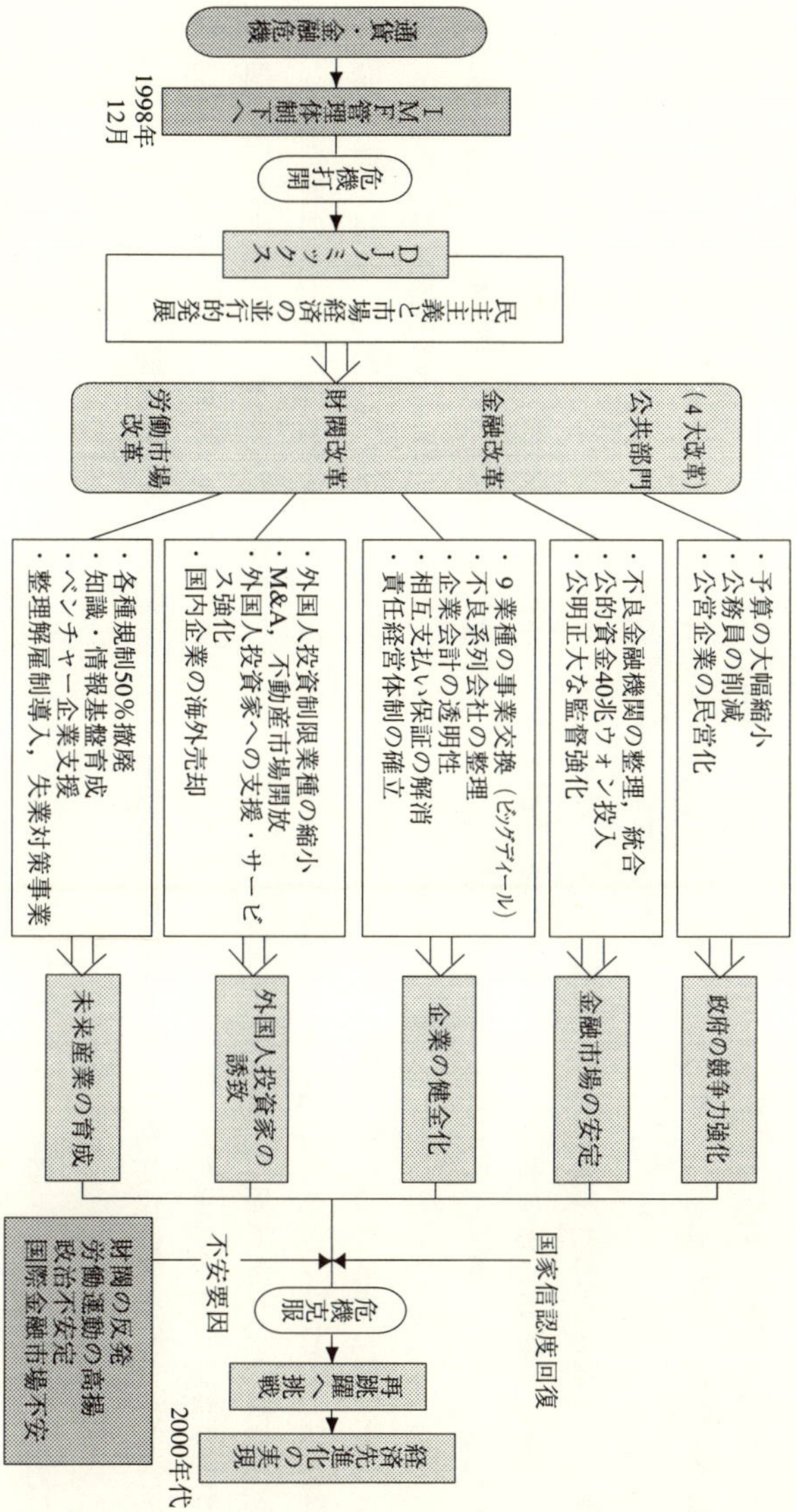
通貨・金融危機
IMF管理体制下へ
1998年12月
危機打開
DJノミックス
民主主義と市場経済の並行的発展
（４大改革）
公共部門
金融改革
財閥改革
労働市場改革
・予算の大幅縮小
・公務員の削減
・公営企業の民営化
・不良金融機関の整理，統合
・公的資金40兆ウォン投入
・公明正大な監督強化
・９業種の事業交換（ビッグディール）
・不良系列会社の整理
・企業会計の透明性
・相互支払い保証の解消
・責任経営体制の確立
・外国人投資制限業種の縮小
・M&A，不動産市場開放
・外国人投資家への支援・サービス強化
・国内企業の海外売却
・各種規制50％撤廃
・知識・情報基盤育成
・ベンチャー企業支援
・整理解雇制導入，失業対策事業
政府の競争力強化
金融市場の安定
企業の健全化
外国人投資家の誘致
未来産業の育成
国家信認度回復
不安要因
財閥の反発
労働運動の高揚
政治不安定
国際金融市場不安
危機克服
再跳躍へ挑戦
経済先進化の実現
2000年代

（出所）　筆者作成

貿易・サービスを主力に六五社から四〇社前後に③大宇は自動車、重工業（造船）、貿易・建設、金融・サービスを主力に、四一社から一〇社前後に④ＬＧは化学・エネルギー、電子・通信、サービス、金融を主力に、五三社から三〇社前後に⑤ＳＫはエネルギー、情報通信、建設・物流、金融を主力に、四二社から二〇社前後に減らすことにした。

この三〇年間、五大財閥は、成長と輸出、雇用創出、さらに産業構造の高度化に大きく寄与したのは事実であるが、今日、地球を舞台にした「大競争の時代」においては、これまでのような無分別な（非関連の）業種拡大、脆弱な財務構造、オーナー中心の経営方式はもはや限界であり、それでは今後の経済発展の牽引車の役割を果たせない。そうした深刻な認識の下で、政財界が一致して大胆な財閥改革に取り組み、「独立的企業連合体」へと転身を図り、主力業種中心の収益性重視の経営をめざす、としたのは画期的なことだといえた。

合意文では「理事会中心の経営体制に転換し、社外理事や監査制度を実質的に運営し、株主の利益が最優先される先進化した経営支配構造を定着させる」としている。これは明らかに米国や日本型の経営形態をめざすもので、今回の合意内容には明示されていないが、将来に向けて所有と経営の分離まで念頭においた経営近代化を目標としている点で注目された。

政府としては依然、財閥オーナーの私財の社会還元、オーナー所有の株式持ち分の配当金放棄を通じた再投資なども追求しており、財界では「財閥解体までいくのでは……」という不安におののいた。過去、長く続いてきた財閥中心から、「新しい経済体制」に向かう出発が確実に始まったのである。

表９　４大財閥グループの構造調整の実績

（単位：兆ウォン，外資誘致は億ドル）

	資産売却		資本拡充		外資誘致		系列会社整理	
	計画	実績	計画	実績	計画	実績	計画数	実績数
現代	3.93	2.28	12.30	7.45	17.61	7.31	44	26
三星	2.38	1.94	2.86	3.92	13.96	13.36	22	17
ＬＧ	5.95	5.19	2.73	2.14	26.91	20.74	13	11
ＳＫ	1.41	1.16	2.03	2.16	13.45	8.95	5	7

（注）　計画は99年中のもの。実績は１～９月までの履行実績

（出所）　韓国金融監督委員会

ビッグディールの覇権争い

政府と財界の構造調整合意によって、韓国産業地図は大きく塗り変えられることになり、生き残りを賭けた財閥間の覇権争いが激化した。これまで各業種ごとに三～五社の企業が参入し「過当競争」を繰り広げてきたのが、今後は一社または二社に統合・再編されるという点で、各財閥に「メガトン級のショック」を与えた。韓国の主力産業である自動車、半導体、家電などは、すべて二社体制への再編がめざされた。

具体的にみると、まず従来、五社体制であった自動車の場合、現代が起亜を、大宇が双龍を買収したのに次いで、大宇と三星が、大宇電子を三星に、三星自動車を大宇に譲る事業交換を行うことで二元化されることになった。これによって現代は、年産三五四万台、大宇は二四三万台の生産体制をもち、「規模の経済」を生かした競争力向上で、世界一〇位圏の確固たる自動車メーカーになる。三星、現代、ＬＧの三元体制であった半導体も、現代電子産業とＬＧ半導体の合弁で二元体制に変わる。現代とＬＧの単一法人設立によって、世界のＤＲＡＭ半導体市場占有率は一五・七％となり、一位の三星電子を猛追するＮＥＣを抜いて二位に浮

表10　15大財閥グループ別系列会社および業容現況

順位	1997年			1998年			1999年		
	グループ名	系列会社数	業種数	グループ名	系列会社数	業種数	グループ名	系列会社数	業種数
1	現代	57	39	現代	62	37	現代	62	33
2	三星	80	31	三星	61	30	大宇	34	31
3	ＬＧ	49	28	大宇	37	31	三星	49	28
4	大宇	30	26	ＬＧ	52	29	ＬＧ	42	31
5	ＳＫ	46	26	ＳＫ	45	28	ＳＫ	41	28
6	双龍	25	32	韓進	25	25	韓進	21	25
7	韓進	24	26	双龍	22	24	双龍	23	25
8	起亜	28	17	ハンファ	31	26	ハンファ	21	24
9	ハンファ	31	26	錦湖	32	21	錦湖	29	24
10	ロッテ	30	22	東亜	22	17	ロッテ	28	21
11	錦湖	26	19	ロッテ	28	24	東亜	15	16
12	漢拏	18	17	漢拏	18	14	ハンソル	19	15
13	東亜	19	15	大林	21	15	斗山	14	24
14	斗山	25	27	斗山	23	27	大林	17	13
15	大林	21	19	ハンソル	19	15	東国製鋼	16	12

（注）　順位は資産規模基準（毎月４月基準）
（出所）　韓国公正取引委員会

上する。日本に次いで世界第二位を誇る家電も、三星、ＬＧ、大宇の三社体制から三星、ＬＧの二社体制となる。三星は自動車を手放す代わりに大宇電子を引き受けることになり、三星電子はカラーテレビ、ＶＴＲなど主要家電製品で世界最大の生産力をもつ有数のメーカーになる。

だが、こうしたビッグディールを中心とする企業構造調整は、各財閥の利害がからみ、労働組合の反発もあって、必ずしも順調にはいかなかった。

現代電子産業とＬＧ半導体は、すでに九八年九月に合併発表があったが、経営主権をめぐる争いが起き、米国の調査会社ＡＤＬ（アーサー・Ｄ・リトル）に経営能力の判断がゆだねられた。ＡＤＬは「経営主権は現代側が持つべきだ」との結論を出したが、これにＬＧが反発し、再調査と損害賠償を求める訴訟を起こした。

政府は財閥改革を象徴する半導体分野の再編が進まないと、大宇電子と三星自動車など、他の事業交換に悪影響を及ぼすことから、ＬＧに対して新規の融資中断の圧力をかけた。このままでは経営破綻しかねないと判断したＬＧは、九九年一月七日、グループ総帥の具本茂会長が青瓦台で直接、金大中大統領と会談し、現代に経営権を譲ることを決め、一件落着した。

だが、もう一つの注目された三星自動車と大宇電子の事業交換は、交渉が難航した。三星はみずからのブランド車である「ＳＭ５」をしばらく生産を続けるよう要求したが、大宇は拒否、対立を続けた。三星としては、ＳＭ５の生産中断が多くの下請け部品会社、整備会社を倒産に追いやり、工場労働者の大量解雇反発などで、かえって窮地に追いやられる可能性がある。三星自動車の釜山工場の労働者は、大宇への移譲が決まるや、操業を中断、デモをした。政府の強力な仲介もあって、大宇は雇用引き継ぎに譲歩の姿勢を示したが、最終的には交渉が決裂した。

独占体制強化のおそれも

系列会社の大幅縮小、業種専門化に向けたビッグディール、負債比率の縮小と相互支払い保証の解消など、これまでの財閥による船団式の多角的経営の条件が根底から崩され始めた。日本の戦後経済改革のなかで「財閥解体」が実行され、民主主義的な経済発展が成し遂げられた経験に照らせば、韓国の財閥改革も金大中政権が国政の中心課題として打ち出している「民主主義と市場経済の並行発展」の実践として、その成功の暁には、単なるIMF管理体制からの卒業にとどまらず、グローバルスタンダードに則った先進国型経済構造をもつことによって、国民経済を安定かつ健全な成長軌道に乗せることができるはずであった。

だが、前途は決して順風満帆というわけにはいかなかった。とくに政府が公的権力を駆使して進めたビッグディールは、必ずしも所期の目標である競争力強化と効率性向上には結びつかないばかりか、むしろ独占体制の強化につながり、市場競争原理に反する逆効果を生む可能性もはらんでいた。また、再編過程での大量失業者の発生は労使紛争の激化をもたらし、社会不安を増幅させた。

八〇年代の初めに全斗煥政権の下で、重化学工業の競争力強化のため、過剰重複投資を整理し、自動車、発電設備、ディーゼルエンジンなどの分野で一～二社体制への統合再編が試みられたが、結局、失敗に終わった。その後、盧泰愚政権、金泳三政権の下でも財閥改革が試みられたが、大した成果は収められなかった。金大中政権の財閥改革においてもビッグディールだけは、現代とLGとの間で電子と石油化学の交換以外に、所期の目的をほとんど達成できなかった。

六　激烈な金融再編・統合で経済再生へ

九七年末以降のIMF危機で、月平均二〇〇〇社以上が倒産するという未曾有の経済破綻に陥った韓国。しかし、金大中政権の構造改革で韓国の金融産業は革命的変化をみせ、景気回復の兆しも見えはじめた――。

空前の信用収縮

九八年の韓国経済は「ＩＭＦショック」によって金融市場が大きく揺れ動いた。九七年末のＩＭＦ救済金融以前には三年満期の社債利回りは年一一％台、一日物のコール金利は年一五％台であったものが、九八年に入って社債は二九％に接近、コール金利は三〇％を超え、銀行の貸出し金利は二〇％水準まで上昇した。

外資流入のためＩＭＦが要求する高金利政策をとらざるを得なかったし、金融機関はＢＩＳ（国際決済銀行）基準の自己資本比率を維持するため信用リスクの大きい企業への貸出しを抑制するなど、空前の信用収縮が引き起こされ、金融仲介機能は完全に麻痺状態に陥った。そのため、大手財閥の漢拏グループをはじめ中堅・中小企業が異常な高金利と資金不足で不渡りを出し、倒産が続出した。九七年一二月から九八年一〇月までの一一カ月のあいだ、不渡りを出し倒産した会社は二万四二六〇社。一カ月平均二二〇六社が倒産したことになる。とくに九八年一二月のＩＭＦ体制下では不渡り率が一・四九％と急上昇、その後二カ月のあいだ毎月約三〇〇〇社が不渡りを出した。

これほどの不渡りの急増は、負債比率が高い韓国企業の脆弱な財務構造が基本原因であるが、銀行をはじめ金融機関が貸し渋りだけでなく、貸出資金の回収まで進めたことによる。九八年の一年間で約一二兆ウォン（一ウォン＝約〇・一円）の貸出資金が回収された。新規貸出しはもちろん、既存の貸出しまで強制的に回収を図るため、企業としては倒産するほかない。市場では敢えて手形や小切手を受け取らない、といった極度の「信用破綻現象」が生じた。

信用収縮は実物経済にも大きな影響を与えた。九七年一二月に三・〇％増であった産業生産（前年同期対比）は九八年四月にはマイナス一〇・九％、同六月にはマイナス一三・二％と落ち込み、同期間中に製造業の稼動率は七六・一％から六六・四％へと低下した。企業倒産や稼動率低下は労働者の大量失業、賃金カットをもたらし、消費は九八年六月マイナス一六・〇％（前年同期対比）と大幅に低下。「景気崩落」に対し、日本同様に「デフレ・スパイラル」突入への深刻な憂慮を呼び起こした。

しかし、九八年下半期に入り、外貨準備高（可用額）が九七年末の八九億ドルから六月末には三七〇億ドルへと増大し、それにつれて為替レートも安定、一ドル一二〇〇～一三〇〇台へと落ち着いた。そうした中、政府は同年四月から景気崩落を防ぐためＩＭＦと協議の上、高金利政策の是正措置をとるとともに、ＩＭＦの強い要求事項であった「金融構造調整」に全力を投球した。その結果、金融市場はコール金利や社債利回りが一〇％未満の一ケタ台に低下するなど、急速な安定をとりもどした。

革命的な変化

ＩＭＦ体制下の金融構造調整によって、韓国金融産業では「革命的な変化」が起きた。不良債権を抱え、経営危機に陥った数多くの金融機関が倒産、退出を余儀なくされた。生き残った金融機関も骨身を削るリストラや他金融機関との合併・統合などで激しい「サバイバルゲーム」を演じた。

企業倒産が金融機関の不良債権を増大させ、ＢＩＳ比率向上のため貸し渋りが続く中で、「黒字倒

表11　金融機関の構造調整現況

	97年末（社数）	構造調整の内容	98年末（社数）
銀行	33	・5行整理：東南，同和，大東，京畿，忠清 ・合併：商業と韓一，ハナとポラム，国民と長期信用，朝興と江原と現代総合金融会社 ・海外売却：第一（99年1月），ソウル（推進中） ・経営改善対象：釜山，慶南，済州，忠北，平和，外換	24
総合金融会社	30	・16社認可取り消し：ハンソル，新韓，ハンファ，第一，慶南，新世界，高麗，双龍大邱，三養，セハンなど	14
証券会社	35	・2社許可取り消し：東西，高麗 ・3社営業停止：産業，東邦ペレグリン，長銀 ・2社条件つき承認：SK，双龍	30
保険会社	50	・4社営業停止：太陽，BYC，国際，高麗 ・合併：大韓と韓国保証保険	45
リース会社	25	・10社整理：大邱，中央，ソウン，京仁，中部大同，東南，釜山など	15
投資信託会社	8	・認可取り消し：新世界，ハンナム	6
投資運営会社	23	・2社許可取り消し：東邦ペレグリン，ポラム ・4社整理：東西，高麗，ウトゥム，ハンナム	17

（出所）　韓国金融監督委員会

産」企業の続出という悪循環を断ち切るため、政府は総合的な金融・企業構造改革プログラムを樹立、実行に移した。韓国経済危機の根本的な原因が、高度成長の過程で量的成長だけに偏った過剰投資、そのための過度の借金経営を許してきた「官治金融」にあるとし、財閥改革を軸とする企業構造調整とワンセットの形で、「民主主義と市場経済の併行発展」をめざした。具体的には、金融機関の抱え込む膨大な不良債権の処理にとどまらず、再生が不可能と判断された金融機関を早期に退出させ、再生可能と判断された金融機関に対しては、徹底した自己救済努力と厳しい損失分担原則の下に公的資金の迅速な注入・支援によって正常化させようとした。それによって効率性と健全性をもった新しい金融システムを構築し、ひいては国際競争力をもった「二一世紀戦略産業」として金融産業を育成・強化することを狙ったものだ。

九八年五月に政府直属の金融監督委員会が明らかにしたところによれば、同年三月末現在、金融機関の不良債権は三八兆九三五一億ウォン、不良有価証券は九兆二九六七億ウォンで、合わせて四八兆二三一八億ウォンと集計された。国際的基準に従って延滞三カ月以上の与信を含めれば、一〇〇兆ウォンに達するものと推計された。

こうした不良債権の処理のため、当初は約八〇兆ウォンの財政資金の投入が必要とされたが、それだけの財政余力がなく、実際には既支援金一四兆ウォン以外に五〇兆ウォンを追加、合計六四兆ウォンが投じられ、「成業公社」(不良債権買取り機構)による不良債権の買い入れや増資支援など構造調整資金が最大限に活用された。

政府の前例のない果敢な金融政策によって、韓国金融産業は大きな地殻変動に見舞われた。IMF体制以降、この一年間に退出した金融機関は九九社にのぼった。全体の金融機関二〇七七社の四・四%に相当する。短期借りの長期貸しといった高リスクの信用供給を続け韓国通貨金融危機を触発した「総合金融会社」(ノンバンク)などは三〇社のうち一六社が認可取り消しで潰された。「不倒神話」の銀行も、ついに改革の大波にのまれ、五行が早々と退出した。同和、東南、大同、忠清、京畿など中堅地方銀行はBIS比率があまりにも低く、再生不可能と判断され倒産の憂き目にあった。経営陣や幹部社員らは経営責任をとらされ告発された。有力な市中銀行のあいだでは、合併が相次いだ。商業銀行と韓一銀行が合併、九九年からハンビット銀行として再スタート。不良銀行同士の合併であるが、資産規模一〇〇兆ウォン、職員数が一万人と国内最大のスーパー銀行となり、国内金融産業を引っ張るリーディングバンクとして期待された。ハナとポラム、国民と長期信用も合併。朝興は江原と現代総合金融会社と合併することで共倒れを防いだ。

注目すべきなのは、外資系金融機関の参入だ。外換銀行は韓国銀行（中央銀行）とドイツのコメルツ銀行の出資によって再生を図った。市中銀行の中でも韓宝、起亜など中堅財閥の相次ぐ倒産を受けて最も多くの不良債権を抱え、早くから経営が破綻していた第一、ソウル銀行は外国金融機関への売却方針を貫徹。第一銀行は九八年一二月三一日、米国の投資会社ニューブリッジ・キャピタルを中心とするコンソーシアムに売却することを決めた。外国資本が韓国の銀行を傘下に収めるのは、初めてのこと。ソウル銀行も香港上海銀行（ＨＳＢＣ）へ売却されることになった。

米国式で成果

韓国政府とくに金大中大統領の政治的リーダーシップの発揮によって、金融構造調整の成果が着実に現れた。

まず、政府の思い切った公的資金の投入で、金融機関の不良債権の処理が大幅に進み、信用収縮に歯止めがかけられ、企業への貸出しが緩和され始めた。九八年末まで四〇～五〇兆ウォンの不良債権が処理された。政府は金融機関の不良債権比重を先進国銀行の水準である総与信対比一％の水準まで縮小させる方針であった。とくに銀行のＢＩＳ比率を一〇％以上まで改善させ、それによって対外信用度と競争力をもった国際的な銀行をめざした。また企業構造調整の中枢的役割を果たすべき銀行など金融機関の正常化によって、財閥を中心とする企業改善（ワークアウト）も同時に進行し、それによって萎縮していた産業基盤を復元させ、成長潜在力を生かす本格的な景気浮揚策でプラス成長への転化が可能になった。

九九年に入り一月六日、韓国の株式市場は大いに沸いた。九八年後半から上昇し始めた株価は、この日六一〇の指数を突破、六〇〇の大台に。これはＩＭＦ体制直前の九七年一〇月二三日に六〇四をつけて以来、一年二カ月ぶりの「快挙」とされた。

その間、ＩＭＦ体制の下で為替レートの低下とともに株価も急降下し、九八年前半には二八〇の底値をつけた。こうした株式市場の再活況は、七％台の史上最低金利にともなう市中流動性資金の流入、ムーディーズ・インベスターズ・サービス社やＳ＆Ｂ（スタンダード・アンド・プアーズ）社など国際的格付け機関の韓国に対する信用等級の上方修正発表、九八年九月以降の産業生産と製造業稼動率の上昇などにみられる景気回復の兆しなど、好材が重なったことに起因しているが、より重要なポイントは金融・企業構造調整の進展の反映であったということだ。

『ニューヨーク・タイムズ』（九九年一月一〇日付）が、「韓国はタイ、ヨーロッパとともに国際ファンドマネージャーが選択した今年の三大有望市場だ」と報じたのも偶然ではなかった。ファンドマネージャーのマーク・ヒィドリー氏は「多くの機関投資家は六カ月前には韓国の構造調整が失敗するものと考えていたが、今や成功するとの判断をもち始めた」と語ったほどである。

韓国ではすでに金泳三政権下の九七年に入って、財閥傘下の企業連鎖倒産の中で、金融機関の不良債権増大に対し、「金融改革」が進められたが、焦点はあくまで不良債権の処理であって不良金融機関の整理ではなかった。これは日本も同様で結局は失敗、不良債権を生み出した既存の金融システムの不良構造は温存されたままで、かえって金融不安は増大した。

米国の場合、不良債権を保有している金融機関そのものを整理することに主眼が置かれ、それによって金融構造不良化の根源を断ち切ろうとし、成功した。金大中政権の金融構造調整は米国式を踏襲したIMFのコンディショナリティを忠実に履行することで、やはり大きな成果を収めた。日本が「デフレ・スパイラル」化を防ぎ、信用収縮を解消し、金融システムの安定化を図るうえで韓国型金融構造改革は他山の石とすべき点があるはずだ。

七　財閥と金大中大統領の最終対決

韓国の財閥改革が、いよいよ待ったなしの状態を迎えることになった。しかし、金大中政権発足後一年余りたっても、当の財閥側は「時間稼ぎ」に余念がない。改革の遅延に業を煮やした金大統領は、公権力を発動してでも九九年中に「企業構造調整」を完了させるとの超強硬な態度に出た。

五大財閥も「改善」の対象

金大中大統領は九九年四月一四日、青瓦台での定例記者懇談会で「経済危機に対する根本的な治療なくしては危機再発を防ぐ手だてがない」と言い切った。そのうえで「五大財閥が九八年一二月に合意した事項について、目に見える形で改革が行われない場合、銀行を通じて金融制裁を加える」とし、「五大財閥もワークアウト（企業改善事業）の対象にする」と〝警告〟を発した。改革に対する大統領の、いわば最後通牒であった。

九八年一二月の合意とは、次のような内容だ。まず、「たこ足式」経営で膨れ上がった五大財閥の系列二六四社を九九年までに一三〇社ほどに半減させる。一方、負債比率を同じく九九年末までに二〇〇％に引き下げ、二〇〇〇年三月までに系列会社間の相互支払い保証を完全に解消する。そして、各財閥は三～五の中核業種を中心に業種専門化体系を築き、国際競争力を強化することで韓国経済の再跳躍を実現する、というものであった。

財閥グループを構成する系列企業の大規模な整理、統合、縮小再編は、これまで長く続いてきた「船団式財閥経営の終焉」を意味する画期的な措置といえるものであった。だが、九九年に入って景気が回復局面に移ったとはいえ、肝心の財閥改革、とりわけ政府が強力に後押しするビッグディール（大規模事業交換）が難航。財閥側には、構造調整は企業の自主性にまかせるべきで政府が介入すべきではない、という声が根強く、政府の不満はつのるばかりだった。

五大財閥の構造調整が遅れていることについては、米国のムーディーズ社やスタンダード・アンド・プアーズ社などの国際的な格付け機関も指摘した。対外信用の低下による外資誘致に支障が出ることも、政府にとっては頭痛の種であった。ここに至って金大統領は、これ以上は待てないと判断し、経済制裁までほのめかして財閥改革の徹底推進を表明したわけである。この決意のほどは非常に固いものであった。

なにしろ金大統領としては、九八年はＩＭＦによる管理体制から早く「卒業」するための経済改革の大きな枠組みを作り上げたので、九九年は改革を完遂する年と決めた。しかも、内閣責任制改憲問題をめぐり連立与党内部の対立がくすぶり、二〇〇〇年四月には総選挙という政治日程がつまっている中で、財閥改革が思うように進まない場合、政権の足元を揺さぶられる恐れもあったからだ。大統領直属の金融指導機関である金融監督委員会（李憲宰委員長）が構造調整作業を二〇〇〇年までとしていたものを一年早め、九九年中に完了させるよう大統領みずから指示したが、その背景には、そうした政治的思惑が絡んでいた。

これまで政府は、六大以下の一五の財閥グループに属する三八社を含む八一社をワークアウトの対象として、企業の整理、再生を図ってきたが、今後は五大財閥グループの系列会社でも不良企業はワークアウトの対象にし、再生不可能と判断した企業には債権金融機関による新規融資を中断するなどで強制的に退出させる方針を打ち出した。いわば財閥グループの系列会社がすべて、政府の刃の下、「まな板の鯉」とさせられた。

金大統領の財閥攻撃の手は緩められるどころか、一段と激しいものになった。そのきっかけは九九年四月一七日、大韓航空の貨物機が中国・上海で墜落事故を引き起こした事件だ。大統領は同二〇日国務会議で、「大韓航空のたび重なる事故はオーナー経営の悪い見本である」と、同社の硬直した権威主義的な経営を批判。「根本的に、専門経営者にまかせ、人命重視の経営体制に変えなければならない」と強調して、建設交通部に対して徹底した原因究明と責任追及・制裁措置を指示した。

所有と経営の分離を主張

大韓航空は、実際のところ趙重勳会長と息子である趙亮鎬社長の親族による独断経営体制で、会社内でも上意下達の官僚主義的組織と、相対的に低い給与水準、過重な業務などに対し、従業員の不満と士気低下がもたらされた。その結果、九八年以降、上海事故を含めて一二件もの事故を引き起こすなど、著しく評判を落とした。そんな中にあって、大統領が要求した専門経営者体制は、国民の幅広い共感を得るものだったのだ。

これに対し、財閥側は非常に苦しい立場に追いやられた。大統領のオーナー経営批判発言は、単に大韓航空という一企業だけに投げかけられたものではなく、財閥全体に向けられたものと解釈できたからだ。大統領は九八年二月の就任早々、財閥改革に積極的な姿勢をみせたが、「能力があれば、オーナーであれ専門経営者であれ、政府は企業経営には干渉しない」と言明。経営の透明性、財務構造の改善、業種専門化、経営責任の明確化などは要求しても、財閥解体につながる所有と経営の分離までには突っ込まなかった。

しかし、大韓航空機事件を機に、これまでとは違って「能力のないオーナー経営者は退陣せよ」、つまり会社の所有権は認めても経営支配権は専門経営者にまかせるべきという明快なメッセージを送った。

そうすることで、財閥改革に拍車をかけようとした。五大財閥に対して、金融制裁というムチを使ってワークアウトの対象にするというのが「最後通牒」の意味をもつとすれば、それに続くオーナー経営批判は、財閥改革に対して不退転の覚悟で挑むという「背水の陣」と受けとめられた。

それだけに、財閥側の反応も鋭敏だった。財界では、大韓航空の放漫経営に問題があることは認めるが、だからといって「政府が私企業の経営権に干渉するのは行きすぎだ」という反発が強く起こり、中には「現政府は軍事政権式の発想でやっている」と非難する者まで現れた。オーナー体制では経営がうまくいかず専門経営者体制ならうまくいくといった、政府のいわば二分法式な考え方に対して、「起亜自動車は専門経営者体制なのに失敗したではないか」という反論も出た。

これに対して、青瓦台の朴智元スポークスマンは、「大韓航空は確かに私企業だが、航空業は公営企業と同様の重要性をもっており、民主主義と市場経済の下では、国民と世界に対して責任を果たさなければならない」と、政府の「不当な干渉」論を一蹴した。結局、大韓航空の趙親子は会長・社長職をそろって辞任、経営の一線から退き、沈利澤副社長が社長に就任することで専門経営者体制が図られることになった。政府と財界の争いは、いったん、政府側に軍配が上げられた。

「大宇」の追加リストラ策

金大統領の財閥改革に対する確固とした姿勢に対し、財閥側はもはやなす術を失ったかのようにみえた。韓国の伝統的な政治風土の中では大統領の発言は、法律、条文よりも強い力をもっており、へたをすれば一つの財閥グループそのものの存亡に直結するだけに、財閥側も今や決死の覚悟を迫られた。それこそ、この国の大統領の強さでもあった。

その具体的な表れが九九年四月一九日、大宇グループ（金宇中会長）が発表した追加リストラ策であった。それは、主力の系列会社である大宇重工業の造船部門を三井造船をはじめとする日本の造船会社に約五兆ウォン（一ウォン＝約〇・一円）で売却するなど、計九兆ウォンにのぼる資産売却を柱とした内容であった。同グループは、最大手の現代グループとともに、政府から名指しで構造調整が遅れているとされた。金融市場で資金繰りに対する不安がくすぶっていた中で、債権銀行団から融資中断の「最終警告」を受けていたこともあり、このリストラ策はグループの起死回生を狙った大胆な措置であった。

すでに大宇電子は自動車とビッグディールで三星グループに売却することで合意しており、追加リストラ策が順調に進めば、大宇の主力業種は自動車のほか商社と金融部門だけが残り、系列会社は三一四社から八社に減るはずであった。これによって、資産規模で第二位（九八年）にのし上がった大宇グループだが、将来は自動車専門グループに変身することになった。大幅な資産売却により、五〇〇％を超える負債比率も九九年中に二〇〇％以下にまで下げ、財務構造の健全化を図ることにした。

大宇グループは、六〇年代に貿易業から始まり、金会長の野心的なM＆A戦略で一代にして今日の巨大財閥グループを築き上げた。が、国内外の経済環境の変化の前に、逆M＆Aの対象となった。それは、韓国財閥に共通する「膨張主義的経営」の限界をまざまざと見せつけるものであった。金会長は、リストラ策発表の席で「二一世紀には所有と経営が分離される本格的な専門経営者の時代が来るだろう」と言った。「今後は専門経営者に経営をまかせ、透明な企業経営ができるようにしたい」「三二年間の企業経営の経験をもとに構造調整を推進し、他の企業にとって模範となる企業にしていきたい」と再出発の決意を披れきした。

「現代」も事実上解体へ

こうして財閥再編の新たな気流が渦巻く中、財閥最大手の現代グループからも思い切った計画が出された。大宇の発表から四日後のことだ。現代は、財閥四位のLGグループと協議を進めてきた半導体ビッグディールについて、二兆五〇〇〇億ウォンで買収することで電撃的に合意したのに次いで、追加構造調整計画を発表。内容は、資産規模一兆ウォンを超える現代精油、仁川製鉄、現代鋼管など系列会社の主力優良企業を海外に売却することなどによって、系列会社を七九社から二六社へと一挙に五三社も減らすという大胆なものであった。

これによってグループ全体で抱える七九兆二七一〇億ウォンという負債を、九九年末までに四五兆三六八〇億ウォンまで減らし、負債比率を四四九%から一九九%に下げるとした。とくに注目されたのは、二〇〇五年までに自動車、重工業、建設、電子、金融・サービスの五つの小グループに分割する計画を二〇〇三年までに前倒し実施するとともに、自動車部門は他に先がけて二〇〇〇年までに独立させるという内容だ。

この再編は、現代グループの創始者・鄭周永名誉会長の時代が終わることを念頭に置いたうえでの「分家」を通じた小グループ化であり、事実上グループの解体を意味するものであった。現代も政府の圧力により新規融資中断、既存貸出し回収など金融制裁直前の危機に迫られていたことから、小グループ化は「ポスト鄭周永」である二世世代の生き残りを賭けた、やむにやまれぬ最終的な選択であった。すでに自動車は次男の鄭夢九、電子は五男の鄭夢憲、重工業は六男の鄭夢準と、それぞれ主力業種を率いて新しいグループをつくることになった。彼らは他の系列会社における持ち株を譲渡し、その分をみずからのグループ主力業種に出資する意向をみせた。そうなれば、他系列会社の所有と経営の分離が促され、独立した個別企業単位で専門経営者が多く輩出するようになる。

こうした一連の動きは、金大統領と財閥間の「最終戦争」が本格化し、財閥改革が着実に「財閥解体」(所有と経営の分離、オーナーによるグループ経営体制から独立した専門経営者への移行)へと進んでいることを示すものであった。韓国経済を成長させるシステムが、根本的に転換されようとしているのだ。

八　大宇グループ解体の意味するもの

金大中政権の財閥改革は、過去の政権とはその強さと深さの面で異なった。それゆえ、ほとんどの財閥は生き残りのため果敢なリストラを進めたが、大宇グループだけは、逆に拡張路線に走った。その結果は、自滅であった。

崩れた「圧縮成長の神話」

表12　大宇グループの財務構造改善実績

（単位：兆ウォン，％）

	97末実績	計画			98末実績	
		98末	99末	減（増）額目標		減（増）額目標
負債額	42.8	60.2	30.4	−12.4	59.9	17.1
自己資本額	9.0	19.6	15.2	6.2	11.4	2.4
負債比率	473.6	—	199.5	−270.8	527	53.4

（出所）　韓国金融監督委員会

韓国政府の強力な財閥改革の意志に押され、九九年四月に思い切った構造調整策を出した大宇グループは、その後、負債比率を二〇〇％以下に落とせという政府の圧力と、既存の膨大な利子支払いによる資金難で深刻な流動性危機に陥った。

五九兆一〇〇〇億ウォン（一ウォン＝約〇・一円、九八年末現在）にのぼる負債と、国内第二の資産規模六〇兆二〇〇〇億ウォン（同）をもつ大宇グループの不渡り寸前の状態に市場不安が加速し、株価は急落、第二のＩＭＦ危機を招くということから、政府・銀行債権団も静観できなくなった。九九年七月一九日、自救策を追求してきた大宇もついに手を挙げることになった。

結局、一兆二〇〇〇億ウォンにのぼる金宇中会長の資産と一〇兆ウォンを超える系列会社の資産を担保に、債権団は大宇の短期債務の返済を九九年末まで延長し、四兆ウォンの新規貸し出しを行った。そして、金会長は「自動車部門を正常化させた後、代表理事・会長など経営の一線から退く」と、経営責任をとって事実上の退陣を表明した。それは、三〇年にわたる韓国経済の「圧縮成長の神話」を作り上げた大宇グループの解体の始まりを告げるものであった。

九九年八月一六日、大宇債権団は二五の系列会社のうち、貿易業の株式会社大宇と自動車関連を除いた全ての系列会社を売却することで、財務構造を改善するとの「特別約定」を大宇側と締結した。この構造調整策は、もし大宇側がこれを守らなければ、個別企業ごとにワークアウトか、会社清算にするという強力な制裁手段をともなったもので、大宇解体は避けられないものとなった。

業績良好の金融機関である大宇証券は売却、株式会社大宇の建設部門は即時に系列分離するなど二五系列会社を大宇自動車、大宇自動車販売、大宇キャピタル、大宇通信の自動車部品部門、株式会社大宇の貿易部門、大宇重工業の機械部門など六つの系列会社に縮小・再編、「自動車専門グループ」に変身することになった。それだけでも、総資産七六兆ウォンのうち四〇兆ウォンと、なお財閥五位を維持する可能性はあった。が、経営危機に瀕する大宇自動車のGMとの売却交渉が成立したとしても、株式会社大宇が残るだけであり、決裂すれば、大宇自動車の存続は難しい。いずれにしても、大宇グループの「完全解体」は時間の問題となった。

その後、GMさらにはフォード社への売却交渉がまとまらず、ついに二〇〇〇年一一月、大宇自動車は二度の不渡りを出し、倒産した。

野心満々の世界経営

大宇が誕生したのは一九六七年。漢城実業という繊維会社に勤務した金宇中会長は、間もなく独立して大宇実業を興す。一〇坪の狭い事務所で京畿高出身の同窓生ら五人と創業したこの会社は、いち早く、M&A戦略を駆使し、成長街道を突っ走ることになる。

創業以来、輸出専門企業として出発した大宇は七二年、輸出実績二位を記録、貿易で稼いだ資金を、七〇年代の政府の重化学工業育成策に乗り、建設、造船、機械、自動車などの分野に投資、事業を拡大した。そして、大宇は八〇年代に名実ともに繊維輸出会社から総合商社株式会社大宇を軸とする重工業中心の有力財閥グループに変貌を遂げた。九三年には「世界経営」を標榜し、グローバリゼーションと現地化戦略を積極的に展開、その結果、九三年に一五〇にすぎなかった事務所、支社、支店など海外拠点は、九八年末には三九六の海外法人を含む五八九に膨れ上がった。その中には、GMとの入札競争の末、ポーランド最大の自動車会社FSOを買収、正常化させた戦果も含まれている。

世界経営を通じ海外基地一〇〇〇以上、総売上高一七八〇億ドル（海外売上高八九〇億ドル）、総雇用人数三五万人（海外現地雇用二五万人）以上という野心満々の目標も掲げられた。当時、大宇の売上高はGDPの一二％にあたる五六兆ウォンにのぼり、「金宇中神話」は確固不動のものとなったかに見えた。

七九年には、鄭周永現代グループ会長が会長を務める財界総本山の全国経済人連合会（全経連）の副会長になったが、二〇年間も他の財閥グループ総帥らとともに会長団にいながらも、他の総帥たちとは異なり、高等教育や実務に秀でた専門経営者として斬新なアイデアを提示することで、彼ら元老たちとは相生が合わなかった。それでも、IMF危機管理体制の下、九八年九月、全経連の二四代会長に選出され、「財界総理」の名誉に浴した。金大中大統領の進める財閥改革への対応策において、彼の手腕に国内のみならず、全世界が注視した。

「経営判断を誤まった」

それから一年もたたずして、大宇は解体の憂き目にあい、「金宇中神話」は地に墜ちてしまった。政府の要求する構造調整に対する「時間稼ぎ作戦」も通用せず、ＩＭＦ寒波の前に沈没する運命に見舞われた。

強烈な挑戦精神と並はずれた経営能力、幾たびかの危機をそのつど乗り越え、輝かしい成功ストーリーを築き上げてきた金会長ではあるが、今度だけは再起不能の大失敗を招いた。その原因は果たして何であろうか。それは何よりも、彼自身が認めているように「経営判断を誤った」からである。

まず第一に、金大中大統領の財閥改革の意志を過小評価したことである。過去の政権のように、金大中政権も「にわか雨」が過ぎれば大丈夫と誤算した。しかし、たとえＩＭＦの要求がなくても、金大中大統領はそれが難しいことを十分知りながらも、財閥改革を推進したはずである。

第二に、野党時代の金大中大統領に、金会長が政治資金を提供し、支援・協力した実績があることから、大宇グループの構造調整には、手加減してくれるだろうという甘い期待があった。これも、ＩＭＦ管理体制の厳しさと、金大中政権の性格を読み違えたものであった。

第三に、「大馬は死なない」との神話を過信したことである。企業規模が大きければ、倒産しないというのである。実際、過去に韓国財閥の不渡り危機に際しては、「国民経済への影響が大きい」として、政府は救済金融で支援してきた。今度も、大宇グループが国民経済に占める比重の大きさからして、政府が最悪の事態を避けるため、不渡り危機を放置することはないだろうという錯覚を起こしてしまった。

第四に、IMF危機管理下における経営環境の変化を認識できず、それに対応しないどころか、逆行の道を歩んだからである。金会長は、「現在直面している危機は、総体的危機ではなく、一時的な為替・金融危機にすぎない。これをあたかも財閥大企業の放漫経営によってもたらされたというのは間違っている」とし、三星をはじめ他財閥グループが構造調整を行っているのとは対照的に、双龍自動車の買収など国内外の系列会社をむしろ増やし、また減量経営が必至の自動車部門のリストラを行わないと宣言するなど、従来の拡張路線を強行、結局自滅した。

第五に、金会長の独善的経営体制が裏目に出たことである。これまでの韓国経済の高成長時代にはオーナー中心の経営体制は、迅速な経営判断とグループ内の結束において有効要因として働いたが、危機局面の中で必要とされる合理的な意志決定のメカニズムの欠如は、大宇解体を促進させる要因となった。金会長の自信過剰と確信に基づく独断に抵抗する役員は皆無であり、ただ金会長の指示に従うのみであった。大宇の負債は、九八年末に五九兆九〇〇〇億ウォンと前年に比べ一七兆一〇〇〇億も膨らんだが、それとともに一〇〇億ドルともいわれた海外負債の正確な内容を知る役員はほとんどいなかった。

ポストIMF経営に失敗

皮肉な話ではあるが、大宇の「ヒット作」とされる世界経営こそが、大宇解体の引き金をひいたともいえる。金会長の夢は、世界一の作品（自動車）を作り出すことであった。そのために、M&A戦略を武器に大宇グループの業容拡張に突っ走り、湯水のように内外の金融機関からカネを借りまくり、借金経営に奔走した。負債比率は五〇〇%を超えた。少々の不景気にも政府の支援をテコに、経営危機を克服できた。

だが、ＩＭＦ危機は違った。一時的な景気循環対応策でしのげる性質のものではなかった。韓国経済の高度成長のメカニズムに内在する構造的問題点が、ＩＭＦ危機によって余すところなく露呈した。にもかかわらず、金会長は過去の成長方式にしがみつき、最後まで金大中大統領の財閥改革に抵抗、結局は個人の全財産を失うばかりでなく、「失敗した経営者」という不名誉の烙印を押されることになってしまった。

とはいえ、オーナー経営体制という点では、他の財閥と大差はないが、世襲制を排除し、専門経営者のスタイルを実行し、賦存資源のない韓国経済にとって世界市場の重要性を身をもって示したという功績は、決して消し去られるものではない。

大宇グループの解体は、韓国経済が財閥中心の過度な借金依存の外形拡大と船団式経営の時代から、収益性を重んじる健全な財務構造と競争力をもつ専門経営者による独立企業群の経営へと大転換する過渡期の中で、大宇グループが「ポストＩＭＦ経営」に完膚なきまでに失敗したことを意味する。金会長の波乱万丈に富んだ成功と失敗の経営ドラマを他山の石とし、生き残った財閥グループがそこから大きな教訓を汲み取ることができれば、大宇解体の歴史的意義は小さくないだろう。

金大中大統領は、九九年八月一五日の祖国光復節の祝辞を通じて、「私は韓国の歴史上、初めて財閥を改革し、中産階級を中心として経済を立て直した大統領になる」と、改めて財閥改革の継続意志を明らかにした。大宇解体は、先進国型経済システムを新しく生み出すうえで、避けることのできない激しい陣痛であったのだ。先進国化の入り口までできた韓国経済はアジア通貨金融危機の余波を受け、構造的脆弱性をさらけ出し、いったん挫折はしたが、二一世紀における新たな跳躍のため再挑戦することで、「第二の漢江の奇跡」を呼び起こすことは、決して不可能ではなかろう。

第5章　転換期を迎えた日韓経済協力

一　恒常化する日韓経済摩擦

一九六五年の日韓基本条約の締結以降、両国の経済関係は拡大の一途をたどった。しかし、その後の三〇年間、年中行事のように貿易逆調問題と技術移転問題をめぐって不協和音が鳴り響いた。いつまでも「近くて遠い国」にしている原因は何か。日韓両国が良好な経済協力関係を築き、共存共栄するのは不可能なことであろうか。

期待はずれに終わった宮沢訪韓

八〇年代後半から九〇年代初めにかけて、先進国に仲間入りする手前で多くの経済困難に出くわした韓国だが、九一年から強力に推進した総需要管理政策と建設景気の沈滞で物価上昇は一段落したものの、貿易収支の赤字だけは続いた。それによる国際収支の悪化が外債増加をもたらし、韓国経済にとって貿易収支赤字への対策が最重要課題となった。

九一年一年間の貿易（通関基準）は、輸出が七一八億七〇〇〇万ドル、輸入は八一五億二五〇〇万ドルで、貿易収支は九六億五五〇〇万ドルの赤字であった。前年の四八億二八〇〇万ドルの二倍増である。それまで黒字であったアメリカやＥＣに対しても赤字を出すようになった。日本に対しては八八億三五〇〇万ドルの赤字で、前年の五九億三六〇〇万ドルの五〇％増であった。九二年は一〇〇億ドルに達するものと予想された。

このように巨額に達した対日貿易赤字を解消するため、九二年初めの宮沢首相の訪韓、韓日両国首脳の会談に大きな期待がかけられたが、長年の懸案として一〇年一日のごとく論じられてきた対日逆調・技術移転問題については目ぼしい成果がなかった。

両国首脳会談で、盧泰愚大統領は「両国間の最大課題は貿易不均衡の是正である。韓国の貿易赤字増大の責任の大部分は日本にある」と主張した。これに対し、宮沢首相は「赤字は韓国経済の成長過程における一時的なもの。最近の赤字急増は労使紛争、内需拡大などが招いたもので、短期的なもの」だと反論した。両者の見解は完全にすれちがった。

韓国政府は、日本側に対し、①日韓産業科学技術振興財団の設置②韓国製品一六品目に対する日本の関税引き下げ③日本の建設市場への韓国企業参与の許可――などを求めたが、日本側はいずれも難色を示した。だが、冷戦後の新国際秩序の形成の中で、アジアにおける政治大国化を狙う日本にとって、韓国との「戦略的友好関係」は必須条件であり、従軍慰安婦問題など「過去の問題」でいつでも足元に火がつく状態の上に、日韓経済摩擦まで深刻化すれば、所期の目的を達することができないばかりでなく、アジアでの孤立化を招く恐れもあった。

そこで、日本側は韓国側が提案した貿易不均衡是正のための実践計画（アクション・プラン）を九二年六月までに作成することに合意、一応前向きな姿勢を示した。しかし、同年四月に開かれた両国貿易産業技術協力委員会で、韓国側が最も強く要望している、日本からの技術協力・移転を促すための先の「財団」設立に対して相変わらず日本側が消極的な姿勢をとり、韓国側は大きな失望を味わわされた。

韓国側の要望事項に対して単に消極的姿勢をとるだけでなく、日本側は①日本の総合商社の韓国内での貿易業許可②知的財産権の保護③輸入先多角化制度の撤廃など、「逆攻勢」をかけるといった具合に、日韓経済摩擦は沈静化するどころか、むしろ激化の様相を示した。

隔たりが大きい両国の視覚差

こうした両国経済関係の硬直化に対して、韓国側はもはや経済論理だけでは事態の打開は不可能と判断、政治的次元で解決しようという戦略を持ち出した。つまり、貿易不均衡は、これまで韓国が日本から輸出用の原資材（素材・部品）と資本財に多く依存してきたことによって形成された対日輸入誘発的産業構造と両国間の技術水準の著しい格差に起因すると認め、したがってその是正は短期的には難しく、韓国の技術水準を引き上げるためには日本の協力が必要で、「未来志向型のパートナーシップ」のため「政治的判断」を期待するというものだ。そのための目玉商品として「財団」設立を要望したのだが、日本政府のガードは予想以上に固く、新戦略をもってしても通用しなかった。

「日韓双方の利益のために、強い立場の日本が譲歩し、協力して欲しい」（盧大統領）との切々たる要望にもかかわらず、「日本政府が関税・非関税障壁を高くし、独特な流通構造を口実に貿易逆調改善に誠意をみせず、あれこれの理由で技術移転に消極的なのは、経済大国として取るべき道理ある姿勢ではない」(『毎日経済新聞』九二年一月一六日付)といった道義的非難に対して、日本の経済界の反応は極めて冷徹であった。

貿易不均衡是正の核心的問題とされている技術移転について、杉浦敏介・日本長期信用銀行最高顧問(当時)は、こう述べている。

「技術協力は基本的に民間企業同士がお互いの利益を尊重しながら、商業ベースで行っていかなければならないものだ。このような基本姿勢をもって外国技術導入の環境与件を整えなければ、日本からの技術移転は難しい。また、技術というのは機械・設備だけを買っていったからといって移転されるものではない。その機械を使用して高品質の水準の製品を作るには、相当な努力と時間がかかる。それがまさにノウハウである」(同九二年一月一五日付)。

この指摘には「日本企業は技術移転を行う場合、韓国側の追撃を加速させるかもしれないという警戒感が強い」(『朝日新聞』九二年一月一六日付)という、いわゆる「ブーメラン効果」を恐れる日本企業の「利己主義」がひそんでいた。が、自前の技術開発努力を怠り、外国企業が長年の時間とカネをかけて作り出した先端技術まで善意にすがって移転を要望する韓国側の姿勢にも自省を促す点があったのは確かである。さらに、安易な技術移転は「技術従属」をもたらし、かえって対日逆調を拡大させる要因でもあったからである。

成長の過程で深まった対日依存

まだまだ発展途上にある韓国経済が、国際競争力を高め、より良い品質の製品を作り出し輸出を伸ばすために外国技術を導入することは大いに必要である。その消化・改良を積み重ねることで自国の技術の水準を引き上げることもできる。この間の韓国経済の高成長で外国技術導入の果たした役割は、非常に大きかったと言ってよい。

九〇年末までに韓国が外国から導入した技術は、合計で六九四四件にのぼり、そのロイヤリティ（導入代金）は四九億二五五〇万ドルに達した。業種別では、機械、電気・電子、化学分野が圧倒的に多い。国別では日本が約五〇％、アメリカが約三〇％で、日米偏重が目立った。

日本企業は七〇年代に入って自国の高賃金と人手不足に直面し、アジアへの直接投資を拡大した。政府の積極的な産業構造調整政策の推進の下で、斜陽産業・公害産業の生産基地が韓国に移された。繊維・雑貨などの労働集約型産業だけでなく、多エネルギー消費かつ広大な用地を必要とする造船、鉄鋼、石油化学など大型装置工業分野で資本進出が活発に行われた。それによって、韓国の重化学工業化、輸出の高度化が進んだ。だが、その過程で日本から輸入する資本財、原資材に一体化した技術供与（移転）が行われることによって、対日技術依存が深まった。

だが、それらはあくまで一般化された技術であって、韓国が産業構造高度化のために必要としているコンピュータ、半導体、宇宙航空工学などの最先端技術の供与は、極力抑えられた。外国技術導入件数では日本がアメリカをはるかに上回っていたが、ロイヤリティは日本よりアメリカの方が大きな金額であるという事実は、日本企業が韓国企業に対して、一定水準以上の先端技術の供与を行っていないことを物語っていた。

韓国産業技術振興協会の調査によれば、九〇年代の初め、日本から導入した技術のうち、開発されてから二〇年以上たつ落後技術が全体の一七・一％にのぼっており、五〜一〇年以上たつ中古技術が二九・七％にのぼっていた。先端技術の開発競争が進み、技術サイクルが二〜三年と極めて短くなっていることを考えると、日本からの導入技術が効率性の面で相対的に劣っていたことが分かる。

八〇年代に入り、韓国の新たな戦略産業として電子、自動車産業のめざましい発展がみられたが、その両部門において韓国の大企業メーカーはほとんど日本のメーカーと技術提携し、部品の供給を受けてきた。それらの対日依存は五〇％の水準であった。

また、韓国産業の中でも最も弱いとされている工作機械の場合、対日依存率は六〇％水準であり、その中でもＮＣ（数値制御型工作機械）分野では七〇％以上を日本に依存していた。当時、韓国でも賃金高騰、人手不足のため製造業部門での省力化、自動化のための設備投資が盛んとなったが、それらの大部分は日本からの輸入に頼っていた。従来からの中間財製品に加えて、省力化、自動化のための機械・設備の輸入こそ、九〇、九一年の対日貿易赤字拡大の主な要因であった。

自前の技術開発努力と制約

対日技術導入が韓国の経済成長、輸出増大に寄与したことは事実である。しかし、韓国の技術水準が向上してくるや、日本企業はそれを抑えるために技術供与そのもの（とくに先端技術）を控え始めた。日本からの技術導入件数は、八〇年代後半の韓国経済の著しい成長を背景に、八八年の三五四件をピークに、八九年三四三件、九〇年三三三件、九一年二七六件と減少した。ただし、ロイヤリティは増大した。それは、半導体、コンピュータ、通信機器などマイクロエレクトロニクス産業の技術導入が急増し、一件当たり単価が高かったからだ。日本だけでなく、先進国はそうした先端技術部門に対して保護主義傾向を強めたため、ロイヤリティ上昇は韓国にとって大きな負担となった。

日本からの技術導入件数が減った原因は、韓国自身の技術開発努力が実ってきたことも挙げられる。八九年以降の国際競争力の低下による輸出パワーのダウンに対して、韓国政府・企業ともに深刻な反省を迫られ、従来の低賃金・低付加価値・少品種大量生産体制は限界に達したとの認識が一般化するようになった。そして、内外の消費者ニーズに合わせ、高付加価値・高品質製品を作り、非価格競争力を高めるため自前の技術開発に取りくむようになった。

『九一年版産業技術白書』（韓国産業技術振興協会）から、その間の技術開発努力と成果をみてみると、まず企業付属研究所設立が急増したことが挙げられる。八一年にはたった六五カ所にすぎなかったものが、九〇年末には九六六カ所、九一年四月には一〇〇〇カ所を突破した。過去一〇年のあいだ、一五倍に拡大された。また、科学技術投資額は八一年の四一二九億ウォンから八九年には二兆九八五五億ウォンと七・二倍に増えた。だが、研究開発費（八九年）の対GNP比率は一・九三%で、西ドイツ（当時）の七〇年、日本の八〇年、フランスの八一年の水準であった。韓国政府は、「二〇〇〇年代に向けた科学技術長期発展計画」で同比率を九六年まで三～四%、二〇〇一年まで五・〇%の水準に高めるという意欲を示した。

日韓共同のすみ分け戦略が有効

それにもかかわらず、先端産業の半導体部門では、八九年に三星電子が四メガＤＲＡＭの開発に成功、ついで九〇年には三星電子、九一年には現代電子と金星エレクトロンがそれぞれ一六メガＤＲＡＭの開発を発表した。

電子・通信機器産業における韓国企業の追い上げに対し、日本業界は脅威をいだき、ＴＤＸ中核部品、大容量ＨＤＤ、小型精密モーター、センサー、液晶素材など、韓国企業が当面最も必要としている二〇〇種の技術の対韓移転を九五年まで禁止するということで内部合意したともいわれた。

それでなくても、すでに日本業界は韓国企業の先端技術部品の独自開発を阻止するため、特許権攻勢、韓国内における国産化製品に対するダンピング攻勢など、先進国共通の「技術暴力」を行使してきた。そればかりでなく、供与技術で作った製品の販売地域・数量・価格の制限、契約満了後の使用禁止、特定部品の購入先を自国に限定するなど、いわゆる「不平等契約」を多く押しつけた。

こうした状況がさらに続けば、両国間の技術摩擦が表面化し、日韓経済摩擦を限りなく拡大、深刻させていく可能性があった。

しかし、現下の国際経済における覇者の条件は技術競争力にあり、資本主義自由競争における「弱肉強食」の論理がいつにも増して貫徹されている現実を無視するわけにはいかない。また、日韓の経済力の格差からみて、全面的に競争する立場にもない。さりとて、対日逆調拡大と対日技術依存を放置することはできない。

とするならば、韓国に残された道は何か。結局、時間とカネをかけて、みずから技術立国をめざすほかない。二一世紀に経済先進国になると決意しても、技術貿易において技術輸出額が輸入額（ロイヤリティ）の二％にしかならないのでは話にならない。先端技術の場合、ハードウェアよりもソフトウェアの部分が重要であり、その開発領域ははるかに広い。この分野での韓国企業の先端技術開発の余地は十分あると言って良い。その場合、独自の開発とともに日韓共同のすみ分け戦略が有効である。それは長い眼で見れば、韓国企業の技術自主開発能力を高め、日韓経済摩擦の解決にも役立つに違いない。日本政府・企業の「善意」にすがっていては、永遠に両国経済関係は良好なものにならない。

他方、いくら「利潤追求」が資本の本性であるとは言っても、もはや世界経済は日本の一人勝ちを許すような環境にはない。日本政府・企業は、日韓経済摩擦の拡大がもたらす政治・経済的マイナス効果を深く考えるときがきている。経済的強者の論理だけをいつまでも振り回していては、韓国民だけでなく、アジア全体の人々からも見放され、孤立化を余儀なくされる危険性があることを察知すべきであろう。

日本経済のさらなる発展のためにも隣国・韓国の自主技術開発努力への支援を惜しんではならないだろう。韓国の経済先進化は、日本にとって一段階高い次元での優良な経済パートナーと手を結ぶことになる。そのことが日韓共存共栄、ひいてはアジア経済全体の発展につながるという歴史的意義と貢献についての認識が強く求められている。

二　ＷＴＯ体制下の日韓両国の対応戦略

ガット・ウルグアイ・ラウンド（ＵＲ）の妥結によって、九五年一月一日からＷＴＯ（世界貿易機構）体制がスタートした。これまでの日韓経済摩擦を放置したままでは、両国経済関係の発展は望めない。ＷＴＯ体制では、世界的自由貿易の発展のため、日韓両国がともに協力して、重要な役割を果たすことが求められている。

ＷＴＯ体制の問題点と課題

ＷＴＯ体制の発足によって、世界的保護主義、閉ざされた地域主義など国際貿易環境が悪化する動きの中で、他者間の共通した、しかも法的拘束力をもつ貿易・投資ルールをつくりあげたことは、自由貿易体制を維持し、世界貿易・世界経済のさらなる発展に寄与することは間違いない。

だが、それは決して「万病の治療薬」ではない。九〇年代半ばの日米経済協議に見られるように主要国間の通商摩擦の火種は依然として残っており、ＷＴＯ体制下で、どうしてそれらの問題を円満に解決していくのか大きな問題である。米国がＷＴＯ体制に拘束されず、引き続きスーパー三〇一条を発動することを可能とする新たな法律作成の動きをみせたことなどは、ＷＴＯ体制の不安定さを示唆するものであった。

ＷＴＯ体制では今後、ＵＲのような大規模なラウンド交渉ではないが、貿易紛争の余地が大きい環境、労働、競争政策、技術政策、投資政策、租税政策など、多くの多者間交渉の課題が残されている。これが焦眉の課題となっているのは、各国間の経済的相互依存関係が深まり、ボーダーレスエコノミー化の中で、それ以前には問題とならなかった国内的な制度と政策が通商障壁となっているとし、それが除去され、各国の相異なる制度が調和してこそ、機会均等が保障されるという認識に基づいている。

しかし、そうした論理は極めて先進国本位の考え方であり、途上国にとっては容易に受け入れられず、先進国と途上国のあつれきが予想された。APEC(アジア太平洋経済協力会議)において貿易自由化目標・時期設定をめぐって、米国とアジア、あるいはアジア各国内で意見対立が現れているのは、貿易自由化の総論には賛成できても、各国の経済発展段階の違いによって、利害が大きく異なっているからである。

無制限競争の時代に

自由競争を原理とする国際経済において、ガット時代が各国による国際市場争奪戦のための「制限戦争」であったとするならば、WTO時代は全面的な経済戦争=無制限競争時代という性格をもっている。WTOはまさに新しい競争秩序を厳とした律をもって守り、仲裁する必要のため、新設された。WTO時代には、過去よりも国家間、企業間の競争が熾烈となり、各国が自国市場を開放する条件の下で、国内の生産性を向上させていかなければならない。そのためには、各国ともに技術開発を進め、国際競争力を強化していくことが重要である。

そうした新しい国際経済環境の中で、東アジア諸国が自由貿易体制の下で貿易および投資の活発化の利益を誰よりも享受し、「世界の成長センター」になったことを考慮すると、アジア諸国、とくに韓国と日本はWTO協定の多国間ルールとの整合性を率先して図り、東アジア地域の自由貿易体制を積極的に擁護していく必要がある。

そうすることによってEU（ヨーロッパ連合）やNAFTA（北米自由貿易協定）などの保護主義的要素をもった閉ざされた地域主義を押さえることができる。そのために、APECを「開かれた地域主義」に発展させるのに先導的な役割を果たすことが求められている。

重層的な直接投資と技術移転

WTO体制の発足とともに、東アジア経済の発展をさらに確かなものとするため日韓両国に賦課された役割は大きい。

何よりも、重要なのは重層的な直接投資と技術移転によって国際分業体制をさらに深化させていくことである。

無制限競争時代においては、アジア各国の生産性向上（技術開発）が望まれるが、そのためには先進国からの直接投資・技術移転が効果的である。日本はブーメラン効果を恐れず、「井戸効果」（水をくみ上げればあげるほど新しい水が湧いて出てくるように、技術を供与された国の経済が発展し、技術進歩を遂げれば、それに負けじと供与国の企業がさらに高度の技術開発に向かう刺激を受け、技術のハイテク化を促す）を取り入れ、果敢に国内の産業構造の調整を図るべきである。

アジア各国への技術移転をスムーズに行うためには、まず日本が韓国との技術協力で模範を示すべきである。八〇年代後半からは日本の対韓直接投資と技術移転が不振であるが、両国間の経済摩擦について相互に反省するムードが高まり、九四年から再び拡大の動きを示した。経済論理にのっとった日本の対韓技術移転は、韓国経済の発展に確実にプラス作用となって働く。

そうした効果的な日本の対韓技術移転は、次に韓国の対ASEAN、中国への技術移転を多様に、かつスムーズに行わせることになる。これによってアジア全体の技術力が向上すれば、域内の経済協力をさらに活発化させ、域内市場の拡大につながる。各国間の経済力格差が縮小し、経済水準が同レベルに接近すればするほど水平分業が進む。その場合、日本は技術移転によって生産力を増大させたアジア諸国の製品を積極的に輸入することで、米国に代わるアブソーバーの役割をもっと高める必要がある。

「アジア共同体」的発想を

日本は戦後、欧米から技術移転を受け、開放された世界市場を活用して経済発展を遂げた。いまボーダレスエコノミーの時代を迎え、「一国繁栄主義」を捨てて、「共存共栄」の哲学を確立すべきである。そのために、「日本は意思決定のプロセスの近代化と経営哲学の国際化が必要」(E・ロイター・ベンツ社長)との声もある。さらに、これまでの「脱亜入欧」の発想を見直し、「アジア共同体」(森嶋通夫教授)的な発想への転換も重要な意味をもっている。これは必ずしもEUとNAFTAなどへの対抗の意味ではなく、あくまで「地域的共同性の効果的・効率的協力が可能」(同上)という点に注目した発想である。

マレーシアのマハティール首相が提唱したEAEC（東アジア経済協議体）に対して、日本が米国に気がねする態度をいつまでも取り続けているとアジアから独立しかねないということも、あながち過言ではない。EAECはAPECの枠組みの下で、その下部機構として位置づければ何も問題がない。マハティール首相の「日本を除外しても進める」との発言を単に政治的発言と受けとめないで、その真意を十分に汲み取る必要があろう。

インフラ建設で共同作業

次に、産業基盤整備での日韓の役割分担が重要な意義をもっていると言いたい。

東アジア諸国がさらなる経済発展を遂げるためには、経済・社会インフラ、人的資本、各種法制度など、産業発展の基盤整備が必須の条件となっている。中国やASEANの急成長にともなうインフラのボトルネックは深刻であり、この問題が早急に、しかも適切に解決されなければ、持続した成長は望めないであろう。しかし、経済・社会インフラ建設のためには膨大な資金と技術が必要であり、自国ですべてをまかないきれない。アジア開発銀行の九四年春の年次報告では「アジア太平洋地域では、発電、通信など社会的生産基盤の整備のため二〇〇〇年まで最大一兆ドルの資金が必要」との試算を出したことがある。東アジア地域では九三年に前年を約一五％上回る五九三億ドルの長期資金が流入した。それから七年後に一兆ドルといえば、年間でこれまでの三倍近い資金が必要となる計算である。そうした困難な状況を打開するために、日本が東アジア地域の経済・社会インフラに必要とする資金を拠出し、韓国がこれまで蓄積したインフラ建設技術を提供することで、両者の有機的共同作業が大きな効果を発揮するであろう。

南北統一経済圏に協力を

韓国経済の発展を考える上で、南北朝鮮の単一経済圏の必要性と、日本の協力の意義を強調したい。冷戦時代が終わり、北東アジアでは各国・地域間の多角的交流が始まり、新しい地域経済圏、巨大な開発フロンティア地域としてクローズアップされている。

その中で、韓国は「環黄海経済圏」と「環東海（日本海）経済圏」の中間・交差地点にあり、日本の技術、極東ロシアの資源、中国の市場、北朝鮮の労働力を最大根に活用することで、さらなる経済発展のポテンシャリティは限りなく大きい。しかし、国民経済の規模からして、将来へたをすれば「中華経済圏」に呑みこまれるか、日本経済の下請化の危険性をはらんでいる。

中国経済の成長と技術発展はめざましい。「中国経済の規模はすでに米国、日本に次いで世界三位になっている」（ＩＭＦ）、「香港、台湾を加えた中華経済圏は、一〇年以内に米国経済を上回る」（世界銀行）との報告は、統計数字の信憑性に問題があるが、二一世紀前半に米国、日本と並ぶ巨大な経済大国として登場することは間違いなかろう。

そうした状況をふまえて、東アジア地域において、「アジア共同体」を形成するために、東北アジア地域における垂直・水平分業をさらに発展させる必要がある。とりわけ韓・中・日の水平分業が望まれるが、この際、三国間の経済バランスを保つために韓国と北朝鮮の経済統合による単一経済圏の形成が条件となる。

将来、日本と北朝鮮が国交回復し、南北経済協力が前進しないまま、日本と北朝鮮の経済交流が進めば、北朝鮮は日本経済圏にくみこまれる可能性がある。そうなれば、北東アジアにおける経済バランスが崩れることになる。それは、ひいては南北対立構造をいつまでも残しておくことになり、朝鮮半島の不安定ももたらし、北東アジアの経済交流の妨げにもなる。

したがって、日本は南北朝鮮の統一経済圏の形成に寄与する方向で、北朝鮮との経済交流を進めるべきである。日本の協力で北朝鮮の経済が底上げされれば、南北経済統合にとって有利である。そうしてこそ、日本と朝鮮民族が「過去」の問題を乗り越え、二一世紀には共存共栄の道が開けるだろう。

三　成熟期を迎えた日韓経済協力

六〇年・七〇年代と八〇年代のように、時期はずれるが、ともに高度成長を経験した日韓の経済は九〇年代に入って共にどん底の状態に置かれて久しい。しかし、苦境にあえぐ中で、新たなパートナーシップを築くための絶好の機会が生じている。

天佑のサッカーワールドカップ共催

日本と韓国の経済関係に、三〇数年めにして初めての、〝異変現象〟が起きている。

日韓の貿易収支は、常に日本が黒字で韓国が赤字、しかもその差は広がるばかりという構造が長く続いてきた。この構造に異変が起きたのである。韓国の一九九六年の対日交易規模は四七二億ドルだが、九七年は四二六億ドルに縮小、赤字も一五六億ドルから一三〇億ドルに減った。こうした貿易収支の赤字縮小の傾向は九八年に入ってさらに拍車がかかり、同年六月末現在の対日貿易赤字は二三億ドル、前年同期の七一億ドルと比べ大幅に改善された。

韓国は、九七年末以降、IMFの管理体制下にあって「超縮み経済」を強いられ、内需低迷、設備投資の激減で生産は縮小し、実物経済は冷え込んだ。したがって、今日の対日貿易収支の赤字縮小は必ずしも韓国の努力の賜物ではない。にもかかわらず、この「縮小均衡」を今後も続けさせ、望ましい日韓経済関係を形成する条件はあるだろうか。それを探ることは、二一世紀に向けた日韓経済協力のあり方とパートナーシップのあり方を俯瞰することにもなる。

二〇〇二年サッカーワールドカップ日韓共催は、韓国では「天佑」(天の助け)といわれる。日韓間の過去のしがらみをすべて断ち切り、未来志向の日韓友好、協力関係を築く絶好の機会になるだろうからだ。W杯開催には競技場建設も含め、その準備のために数千億円規模の巨額な資金と高度情報、通信、コンピュータ技術を要するから、日韓間の緊密な連携と協力は成功の必須条件となっている。

日本の郵政省は、九九年度から超高精細映像や三次元立体映像を衛星回線を使って中継する実験を韓国と共同で取り組む方針を立てた。日本同様、韓国も競技場の多くを新設しなければならず、その資金調達は大変である。財政緊縮が至上命令の韓国では、一部で大会返上の声まであがったほどである。しかし、史上初の共催であり、日韓の「永遠の友好」を築く世紀の大イベントだけに、ハイテク技術面を含めた日韓の真摯で熱い経済協力は欠かせない。

　これまでの日韓経済協力の足跡をたどりながら、日韓双方の経済協力はどこまで広げられるのか、その可能性について考えてみよう。

解消されない日韓貿易収支のインバランス

　一九六五年の日韓基本条約締結によって、日本から有償三億ドル、無償五億ドル、合計八億ドルの経済協力資金が韓国に供与された。韓国は、アジアでは日本に次いで二番目のOECD加盟国である。この経済協力資金が、韓国の今日の経済発展に大きく貢献したことは、だれも否定しえない。

　韓国の高度成長の牽引役は、輸出主導型の工業であったことはよく知られている。韓国の貿易は、日本から輸入した機械、部品、素材を国内の低廉かつ良質な労働力を利用して組み立て加工し、最終完成品を欧米やアジアに輸出してきた。

　その過程で、韓国経済の対日依存が深まり、その構造が韓国経済にビルトインされてしまった。その結果、三〇数年にわたって対日貿易収支の赤字は年々拡大し、貿易不均衡問題は常に両国間の懸案となってきた。

　八〇年代後半、プラザ合意を契機とする円高の波に乗り、韓国は三低（ドル安、原油安、金利安）を謳歌した。好調な輸出を背景に、念願の国際収支の黒字転換を果たし、対日貿易赤字の縮小もみられた。しかし、八七年の「民主化宣言」以降、韓国内では労使紛争が激増し、労賃も急上昇し、欧米諸国の輸入規制、ＡＳＥＡＮ、中国の追い上げなどで、韓国の国際競争力は著しく低下した。こうして九〇年代に入ると、再び国際収支は赤字に転化、対日貿易赤字も膨らむようになった。

九〇年、対日貿易赤字はそれまでの三〇億ドル台から六〇億ドル台に倍増、九四年には一〇〇億ドルを突破、九五年には一五五億ドルと、史上最高を記録した。この年の全体の貿易収支赤字が四七億ドルであることを考えると、韓国の国際収支をひっ迫させた主因は、対日赤字であることが歴然としている。

九四～九五年にかけて超円高が進み、一ドル八〇円まで跳ね上がった。この機に乗じ、韓国は九四年に一九・五％、九五年に三一・二％（対前年比）増の輸出ブームをつくり出した。しかし、こと対日関係では輸出より輸入がはるかに上回り、九五年の韓国の対日輸出額は一七〇億ドル、輸入は三二六億ドルだった。韓国にとって日本は米国に次ぐ貿易相手国で、日本にとっても韓国は、米国、中国などに次いで四番目の相手国だが、日韓の巨額の貿易インバランスは永遠の摩擦の種になるものと思われた。

「拡大不均衡」の源は日韓の技術格差

それまでの両国の交易規模は拡大する一方だったが、韓国の貿易赤字も比例して増大し、日韓間の貿易収支は「拡大不均衡」であった。

この状況について日本側は「両国の産業構造とレベルの違い」と主張し、韓国側は猛反発した。韓国は日本の関税、非関税障壁や流通構造の複雑さなどの問題点を指摘し、その改善を迫るとともに、対日輸入を減らすための対抗措置として「輸入多角化政策」をとった。しかし、効果はほとんどなかった。韓国側の主張には「過去の歴史」に根ざす感情論が入り交じり、非経済的論理も含まれていたから説得力に欠け、政策として無力だったのである。

八〇年代に入っても、韓国は日本から輸入した機械設備、部品、素材をもとに旧態依然とした手法で生産し、輸出し続けた。その過程で、資本財、中間財、技術まで全面的に日本に依存する産業、貿易体質がつくられてしまった。これが韓国の産業、経済の最大の問題であり、韓国経済界にもこうした構造の是正が何より重要だという認識が育っていった。

やがて韓国は、日本から先端技術を移入し、日韓間の技術ギャップを埋める戦略をとり始めた。しかし、日本側も「将来のライバル」を育てるため、巨費を投じ、労力を費やして開発した先端技術をやすやすと譲り渡すわけがない。思うようにいかない韓国側は「日本はケチである」「ブーメラン効果（先進国の経済援助の結果、現地の製品が先進国に逆輸入され、先進国と現地が競合すること）を恐れている」と非難し、貿易収支の問題に代わって、先端技術移転問題が新たにクローズアップされるようになった。

八八年のソウル・オリンピック前後、韓国などＮＩＥＳ（新興工業経済地域）製品を扱う専門ショップが日本でブームを巻き起こし、「韓国脅威論」が日本のマスコミをにぎわせた。しかし、ＮＩＥＳショップの多くは一年余りで閉店に追い込まれ、「ＮＩＥＳ神話」はあえなく崩壊した。「韓国脅威論」も間もなく消えた。韓国が日本にとってただちに強力な競争相手になるには、あまりにも技術ギャップが大きすぎるという現実認識が一般化したからである。

通算して三〇年近く韓国に駐在した韓国トーメンの百瀬格社長（当時）が著した『韓国が死んでも

日本に追いつけない18の理由』（日本語訳、文藝春秋）が九七年、韓国で大ベストセラーとなり、多くの韓国人の共感を呼んだ。そのなかで百瀬社長は、次のように手厳しく指摘している。

「日韓両国の経済力の差は両国の技術力の差からきている。韓国経済の最大の弱点は大統領、経済担当責任者などリーダーたちの指導力不足と、経営者のマインドに問題がある」。

日韓の新局面を示唆した金泳三統領と平岩経団連会長

九三年にスタートした金泳三政権は、韓国の慢性的な対日貿易赤字の原因は韓国経済の構造的な問題にあると指摘し、機械、部品、素材の国産化を図るため、対日輸入抑制政策から輸出促進政策へと方針転換した。

金泳三政権を歓迎した日本側でも、民間企業が日韓の中小企業の交流促進や韓国製部品の輸入促進、生産技術、環境保護やエネルギー関連の技術移転などで前向きな姿勢をみせ、日韓経済関係は新局面を迎えることになった。

金泳三大統領は九四年に来日し、経団連など日本財界人との会合で、貿易不均衡については「深刻」との懸念を示しながらも、「両国の経済関係は合理性と効率性を重視する経済論理に基づいて発展させるべきだ」と述べた。これに対し、当時の経団連の平岩外四会長は、韓国側の姿勢の変化を評価しながら、「日本の経済人には韓国との貿易、投資、技術交流に新たな視点から再度、取り組もうという機運が生まれている」と答えた。

二人のやりとりには含蓄がある。金泳三大統領が指摘した「経済合理性」とは、貿易不均衡を単純に輸入抑制、輸出促進という短期的政策で解消するのではなく、長期的な「産業協力」を通じて解決しようとする政策である。他方、平岩会長の「新しい視点」とは、EU発足、北米自由貿易協定など、世界的規模で経済統合が進む中、アジア経済の発展のために、日本は韓国を「新しいパートナー」として見直すというものであった。

七〇年代から八〇年代にかけ、韓国では日本企業（とくに製造業）の進出ラッシュが続いた。しかし、韓国内では八〇年代後半から労働争議が頻発し、人件費、物流費、地価高騰に加え、厳しい外国人投資規制も敷かれた。このため日本からの投資は激減し、八八年には、約七億ドルあった投資が、九二年には一億五〇〇〇万ドルまで減少した。

新規投資どころか、松下電器をはじめ電子、電機部門の既存工場は相次いで撤退、安い労賃など、よりよい投資環境を求め、タイ、マレーシア、シンガポールなどＡＳＥＡＮ諸国と中国に投資先を大きくシフトし、そこをアジア戦略上の新たな生産拠点とした。

ライバルからビジネスパートナーへ

だが、ボーダーレス・エコノミー化が進む現代のハイテク時代にあっては、単に人件費が安いというメリットだけでは国際競争に打ち勝てない。そこで日本企業は、造船、鉄鋼、自動車、半導体などの分野で中級レベルの技術力と資金力を蓄えた韓国企業を、将来の手ごわいライバルとして見るだけでなく、欧米の多国籍企業に対抗するための有力なビジネスパートナーになりうる存在として再認識し始めた。他方、韓国政府も日本のこうした姿勢を歓迎する政策をとった。

双方の思惑は合致し、九二年に設立された日韓・韓日産業技術協力財団による技術者研修など幅広い活動ともあいまって、日本企業の対韓投資は九三〜九五年にかけて、年間三億〜四億ドルの投資実績を示し、再び増大した。

こうした日韓経済関係の新展開のなかで注目すべきは、韓国財閥グループによる対日投資、M&A（企業合併・買収）が活発化し、グローバル化時代に対応した「戦略的提携」の動きがみられるようになったことである。それらは電子、電機、機械、自動車などハイテク分野に集中しており、これは日韓協力の成熟を示すものといえた。

九四年、日韓最大の半導体メーカーであるNECと三星電子は、次世代の半導体である二五六メガDRAMを共同開発すると発表し、国際的関心を引いた。半導体メーカーとして世界第二位のNECは、浮き沈みが激しい半導体市場で生き残るために、メモリー分野で急速に台頭してきた三星電子との提携が得策と判断したのだ。一方、三星電子は九三年からDRAMでは東芝を抜いて世界トップの座を占めたが、二五六メガの開発費は一〇〇〇億円にものぼるため、一社で手がけるにはあまりにもリスクが大きい。そのため三星電子は「戦略的提携」の道を選んだのである。

日立製作所も四メガ、一六メガDRAM技術を金星エレクトロン（現・LGセミコン）に供与し、製品調達を行い、富士通も現代電子産業と四メガ、一六メガの相互供給などを柱とするDRAM事業での提携を行うようになった。こうした提携は、激烈な世界半導体市場で、韓国メーカーが日本メーカーを追いかける競争図式から、日韓協調体制の図式へと変わったことを物語っている。

電子、電機以外の分野でも、日立製作所と東芝が韓国の大手機械メーカー、大宇重工業に対し、鉄道車両の製造技術をそれぞれ供与することになった。三菱重工業は韓国の現代エレベーターに対し、立体駐車場装置に関する技術供与を行った。この大規模駐車場は一基で二〇〇～五〇〇台を収容できるうえ、一台あたりの駐車スペースが従来の機械式駐車場に比べて、三分の一ですむハイテク技術である。

これとは対照的に、造船分野では激しい競争が繰り広げられている。九三年に日本の造船メーカーが受注した総量は約六〇〇万トン。一方、韓国の受注量は九五〇万トンであった。韓国はついに日本から世界一の座を奪い、「造船ニッポン」の落日は現実となった。

毎年開かれる日韓造船会談でも日本側の危機意識は強く「世界の造船能力はすでに過大であり、これ以上の設備増強は受注の過当競争を招く」と訴え、韓国側に設備増強の自粛を強く求めた。しかし、韓国側は「自由化の流れに逆行できない」と突っぱね、現代重工業や三星重工業は大型タンカー造船設備の新増設を進めた。

長く続いた円高と韓国メーカーの技術力向上で、日韓の造船競争力は縮まっており、過度の設備増強は船価の下落をもたらすだけに日本メーカーは非常に苦しくなった。日本メーカーは大幅な雇用調整と海外からの安い資材の調達、国内鉄鋼メーカーへの鋼材価格引き下げ要請など、懸命にコスト削減に努めた。しかし、それで韓国との船価格差を縮めても採算的には厳しいのが実情だ。

韓国の日本進出戦略と挫折

フランス系経営諮問会社、ジェミニ・コンサルティング・ジャパン・インク（本社・パリ）の調査によれば、九五年、日本が投資している外国企業の上位一〇〇社のなかには現代、大宇、LG、SKなど韓国財閥系企業が九社含まれており、アジア系企業のなかでは群を抜いていた。

そのなかの一つ、三星電子は九四年、日本の音響メーカーのラックスを買収した。三星電子は知名度の低さから、長いこと日本メーカーの後塵を拝してきた。オーディオ機器で世界最高の「逸品」を作りだし、世界市場を席巻するという国際戦略をもっていた三星グループは、九三年から売り上げ中心の量的成長方式に限界を感じ、「質中心の経営」に転換した。ラックス買収は、その経営戦略の一環であった。

他方、日本経済は九〇年代に入ってから長引く平成不況にあえいでいた。どの企業もリストラを進め、不採算部門を売りに出したが、日本企業の買収先はほとんどが欧米資本で、華僑資本を除くと、アジア資本による買収で目立つものはなかった。日本企業がアジア資本を低く評価している最大の原因は「日本の経営者のアレルギー」（『日本経済新聞』九四年五月二九日付）であった。

その意味で、三星電子のラックス買収は日本市場の「構造的閉鎖性」を打ち破っただけでなく、これまで日本からの一方通行だった資本の流れを日本に逆流させ、資本の相互交流を促したものとして高く評価されてよい。

だが、以後の韓国企業の日本進出は予想以上に困難を極めた。韓国の双龍自動車は九六年四月から日本国内で同社の主力商品であった四輪駆動車「ムッソー」の販売を開始した。五〇〇台を目標に三重、愛知、岐阜など東海地区で限定的に売り出したが、極度の販売不振で一年ちょっとで販売を中止してしまった。「同車搭載のベンツ社製のエンジンはいいが、直進性が悪い。価格も割高だ」と、日本の業界関係者の評判もよくなかった。当時の日本市場は輸入車とRV車のブームで、双龍はそれに便乗するつもりだったが、厳しい日本のユーザーの前に敗退した。

同年九月、幕張メッセで開催されたアジア最大のパソコン総合展示会で、三星電子ジャパンのブースが人目を引いた。同社製ノートパソコンシリーズの大々的な宣伝キャンペーンが繰り広げられたからだが、年末になってそのキャンペーンは突然消えてしまい、結局、商品が市場に出回ることはなかった。品質と価格面で日本製に太刀打ちできなかったからである。

双龍、三星ともに日本のような成熟した市場での販売戦略、とくにマーケティング調査の面で弱点をさらけ出した。韓国企業にとって、日本市場の壁の高さは想像を超えていたといえる。

同じ九六年に、為替レートは円安に反転し、九七年末には韓国で通貨・金融危機に火がついた。日本に進出した企業は、韓国の親会社の経営危機のあおりを受け、縮小と撤退が相次いだ。日本に進出している韓国系企業で構成する駐日韓国企業連合会の定例理事会（九八年五月）の報告によれば、三一三社のうち四六社、約一五％が日本から撤退した。事務所も二八％が閉鎖し、本国からの駐在員約一六〇〇人のうち三分の一以上がカットされた。

だがこれらの撤退はＩＭＦの監視下に置かれる以前からで、日本の金融機関による債権回収や、輸出入信用状の開設ができないため、正常な経営活動がストップしていた。本国の経済危機で海外のマーケティング活動がさらに縮小され、年末にかけて撤退の〝第二波〟がくると予想する向きもあった。一度撤退したら、取引先との信用問題がからんで再進出は非常に難しいことから、関係者の挫折感と苦悩は大きかった。

外資導入に対する新しい価値観

ＩＭＦ管理下に置かれ、「建国以来、最大の国難」と表現された韓国経済の再建にあたって、九八年二月、大統領に就任した金大中氏は外国人の直接投資の誘致と輸出増大を経済至上課題と位置づけた。外貨危機の再燃を防ぐのが狙いである。

九八年上半期の韓国の輸出は六七六億ドル（前年同期比三・六％増）とわずかに増加したが、輸入が四七六億ドル（前年同期比三六・一％減）と大幅に減少し、貿易収支の黒字は過去最大規模の二〇〇億ドルに達した。それに加え、「外貨平衡債券」という国債発行の成功などで、外貨準備高は六月末現在四〇九億ドルとなり、外貨危機はいったん遠のいた。だが、国内景気の沈滞と企業の設備投資激減、ウォン安による輸入価格上昇で生産と消費の低迷を招いた。

アジアの通貨危機と日本の景気低迷、韓国国内の金融不安があいまって、韓国の輸出産業基盤が弱体化した。こうしたことを背景に、対日貿易赤字が急減し、全体の貿易収支が黒字に転化する中で、日韓の貿易収支不均衡の問題は相対的にかすんで見えた。だが「縮小均衡」化は通貨・金融危機に基づく一時的現象であり、韓国経済がＩＭＦ危機を克服し、再び成長軌道に乗れば、資本財、部品国産化の画期的前進がない限り、赤字幅は再び拡大せざるをえない。

韓国経済の再活性化と輸出促進のためには、技術開発と外国人の直接投資が改めて重要性を帯びてきている。過去、韓国は経済成長の原資として借款を選択し、外国人の直接投資の導入には消極的だった。五〇年前の植民地の体験から、外国からの直接投資は国民経済の破綻につながるという懸念が、たぶんに反映したものだ。

これに対し、金大中政権の経済改革のブレーンの一人である柳鍾根・大統領経済顧問は次のように言う。「韓国の外資導入はこれまで借款中心だった。しかし、それは外国人直接投資が経済主権の侵害を招くといった誤った考えに基づいている。時代は変わった。国際化時代に適応して、発想の転換と新しい思想の枠組みが必要だ」。つまり、柳氏は外国からの韓国への投資で国民に職場を提供し、国民の生活水準を向上させるという肯定的役割を強調したのである。

こうした新しい外資導入観に基づき、金大中政権は、外国人投資家が最も嫌う労働争議の鎮静化と、柔軟な労働市場をつくり出すため、経営上の都合で大量解雇ができる「整理解雇制」の法制化などを制定し、外国人直接投資の誘致に並々ならぬ努力を払った。

日韓共同のリーダーシップ

九八年五月に一〇七人からなる大型対韓投資ミッションが韓国を訪問した。一行の団長を務めた藤村正哉・日韓経済協会会長は、韓国の投資環境改善を高く評価し、次のように述べた。「韓国が税制など制度面で投資呼び込みのための環境を大きく改善したことを肌身で感じた。以前はどちらかと言えば、外資を敬遠していた。韓国は一八〇度変わった」。

しかし、韓国政府の外国人投資誘致に対しては、欧米企業が株価急落とウォンレート低下による格安な企業物件に対しM&Aの攻勢をかけたが、日本企業の出足はいま一つ鈍かった。日本にはM&Aという企業ビヘイビアの観念が伝統的に弱いこと、経済の先行きが不透明な中、中長期にわたる投資の回避、労使紛争への懸念などがあるためで、投資にはなお慎重であった。

ただ九八年に入って、韓国側と合弁会社をつくっている住友化学、日本精工、ファナックなどが韓国側親会社の持ち株をすべて買い取り、子会社化する形態で追加出費するケースが目立った。リストラを進める韓国財閥には、「高値で売れるうちに株を売却し、財務内容を改善しよう」という計算があるが、日本側には韓国経済の再好転を期待し、いまから生産・輸出拠点を強化しておくという狙いが込められていた。

そうした中で、これまで競合関係にあった韓国の浦項総合製鉄と新日本製鉄とのあいだで資本提携の動きがあったことは注目に値する。浦項製鉄の完全民営化に合わせ、新日鉄はその放出株の一部を保有し、浦項製鉄も新日鉄株の一部を購入し、相互の株式持ち合いを図った。国家の基幹産業である製鉄業を担う浦項製鉄の民営化に際して、欧米資本による敵対的M&Aなどで経営権を奪われる可能性があることから、日韓連合戦線で対抗するのが目的であった。日韓再協調、新しい企業間パートナーシップの形成の始まりを意味した。

連鎖的なアジア通貨危機は、これまでの日韓のパートナーシップを見直す契機となった。競争と協力の適度なハーモニーによって、日韓が共同発展するため、アジアのなかの共同リーダーシップの必要性が両国政財界人の間で強く再認識されたのである。

グローバル化時代の日韓の新たな指針

九八年四月に宮崎で開催された第三〇回日韓・韓日経済人会議は共同声明で、「現在の危機的な状況を乗り切り、アジア経済の再建を先導するために、これまでにも増して、両国は緊密な協力関係をもたなければならない」とうたい、アジア経済のリーダーとしての両国の責任を明確にした。

具体的には「世界で最も投資しやすい魅力的な国になることをめざす韓国」に対し、日本側が投資促進・金融支援、技術開発力の強化に向けた協力を約束した。こうした方向性は、対日貿易不均衡を改善するだけにとどまらず、「グローバル化時代にふさわしい日韓経済関係」のための的確な指針といえた。

世界同時不況の懸念が深まる中で、米国やアジア各国は、日本に対して金融システム改革や規制緩和、内需主導の景気回復策を迅速に実行するよう強く求めた。しかし、米国の未来学者アルビン・トフラーは、そうした短期的な金融システム改革だけでは日本経済の再生は困難であり、「未来の中核産業である情報技術産業へと重心を移すべきである」と提言した。高齢化・少子化の時代に向け、知識や情報を重んじる「高知価社会」を築くためには、自動車、鉄鋼、石油化学、造船など重厚長大の在来型重化学工業は、思い切って後発先進国の韓国などに譲って、情報技術を中核とする高度頭脳集約型産業に人的・物的資源を集中投資することによって、競争力強化と経済活性化、新規雇用創出を図るべきだということであった。

そうした「国際的産業構造調整」が日韓間で実行されれば、韓国の産業競争力は向上し、日韓貿易不均衡の是正にもつながるだろう。さらに、韓国で比較劣位化した工業部門をアジアの他の地域に移転すれば、新たなアジア的国際分業システムも構築され、日本、ＮＩＥＳ、ＡＳＥＡＮ、中国のあいだで貿易・投資の好循環が再開され、再び東アジアが世界の成長センターに浮上することは十分に可能であろう。

日韓経済協会の村上弘芳・専務理事は次のように言う。

「日本と韓国は隣接し、生産・技術面で補完関係にある。アジアのこの二つの先進国が水平分業パートナーを組めば世界的な競争力をもてる。そうした観点から、日本はもっと韓国の存在に関心を向けるべきだ。また韓国は世界一流レベルの技術・工業生産力をもつ日本経済について、もっと研究すべきだ」

日本の「一国繁栄主義」と韓国の「甘えの論理」をともに克服する至言である。私は金大中大統領が政界復帰する前の九四年、ソウルで日韓関係のあり方について尋ねたことがある。金大統領は簡潔に次の三点を挙げた。①日本は過去の歴史について、きちんと反省すべきである②韓国は日本の戦後の経済と民主主義の発展から虚心に学ぶべきである③文化・スポーツを含めた草の根交流をもっと進めるべきである。

二人のこうした視点に立ち、貿易・投資・技術協力を地道に続けていけば、必ずや二一世紀にアジアのなかの「日韓共存共栄」が実現されるだろう。

四　韓国財界の対日経済協力への姿勢

金大中政権の強力な経済改革に従い、いち早く構造調整に取り込み、安定した経営基盤を築きつつある中堅財閥、暁星グループの会長であり、日韓経済協力の有力な民間協議体で

ある韓日経済協会の副会長を務める趙錫来氏に、韓国経済の現状と日韓経済関係について聞いた。（九九年四月）

進む「所有」と「経営」の分離

——金大中政権が九八年二月に発足してから一年余りがたつ。その間の経済政策について。

趙　非常によくやっていると思う。金利や為替レートが安定し、貿易黒字で外貨準備高は五五〇億ドルと、史上最高の水準だ。国際機関も、今や韓国経済が危機から脱したとの見方をしている。対外信用を高め、金大統領自らセールス外交に乗り出し、外資誘致を図るなど、大いに評価できる。不良金融機関の統合・合併などの処置は、迅速果敢に進めたため、金融システムの安定の面で大きな成果を収めている。ただ企業構造調整については、企業の立場からはどうしてもペースが遅れがちだ。これに対し、政府は何度も督促するので、介入の印象を与えているようだ。

——ビッグディールについて、もっと企業の自律性にまかせるべきだという声も出ているが……。

趙　ビッグディールは、決して政府の強制ではなく、企業側が政府の政策に順応してのものだ。発電、船舶用エンジン、鉄道車両の分野では、自発的にうまくやっている。だが、三星自動車と大宇電子など、大財閥間のビッグディールはスローペースだ。政府としては、早く企業構造調整を済ませ、景気回復など成長政策に重点を移したいという焦りが出ているようだ。

もともと、財閥の構造調整は今に始まったことではない。これまでの「たこ足式」経営をやめ、一つか二つのコアビジネスを中心にして競争力を強め、利益を極大化する専門経営者体制を築こうとするもので、韓国経済のこれからの発展のためには避けて通れない課題だ。政府が言っているのは、強い企業は残し、競争力のない弱い企業は整理しようということで、基本的には正しい。

――暁星グループでの構造調整は。

趙　「大競争時代」に生き残るためには、限りある資源と能力を集中させ、中核事業に特化しなければならない。そういう考えから、暁星エンジニアリング、プラスチック、石油化学の一部など不採算事業を思い切って整理し、繊維と重電機の二大部門にしぼった。政府から「模範的」と評価され、金大中大統領から青瓦台に招かれ、励まされた。

――財閥改革では負債を縮小し、経営の透明性向上などが行われているが、所有と経営の分離までは政府も強要していないようだが……。

趙　オーナー経営による企業支配構造が問題とされているが、実際は所有と経営の分離が進んでいる。財閥二世、三世の息子たちは、わずらわしい経営にはタッチしないで専門経営者にまかせ、自らは株主としておさまる傾向が現れている。将来、米国型の企業経営方式に転換していくだろう。

アジア経済共同体の形成を

――これまで約三五年間の日韓経済協力が韓国に与えた影響は。

趙　韓国経済の成長過程では、日本型モデルを生かして輸出立国を築くことができた。日本との貿易拡大、直接投資、技術移転などで工業化の基礎ができ、「漢江の奇跡」に大きな役割を果たしたと思う。

――貿易不均衡、技術移転問題をめぐって、かなり摩擦があったと思うが。

趙　貿易不均衡の要因として、関税・非関税障壁問題は今もあるが、より根本的には、両国が同じ産業構造をもつ中で、国際競争力の違いがある。技術移転では、日本側の言う通り、技術はただではなく、あくまでも商売ベースでやらなければならない。

――九〇年代に入って、日本からの直接投資が停滞していますね。

趙　労使紛争や賃金上昇など、投資環境の悪化があると思うが、いまだ過去の問題を引きずっており、互いに不信感があり信頼関係ができていない点が大きい。

――良好な協力関係を築くためには、どうすればよいのか。

趙　韓国側は、もう過去のことは持ち出さず、日本側はそれに対し十分な反省をし、相手を見下げるような態度を改めるべきだ。日韓が過去のこだわりを排除して互いに信頼して、隣国同士が共同繁栄していかなければならない。韓国の経済がよくなれば、日本もよくなり、日本の経済がよくなれば、韓国もよくなるという好循環関係を築くべきだ。今や両者は競争相手というよりパートナーシップの意識をもたねば……。

――日韓自由貿易協定の論議が現れ、内外の注目を浴びているが。

趙　EUやNAFTAなど地域経済統合で、欧米のマーケットは大きくなっており、このままではアジアは取り残されてしまう。アジアでもより大きなマーケットを作らないといけない。そうしないと日韓両国ともに、これ以上の繁栄は難しい。幸い、日韓はアジアの中で経済格差が小さく、ここから出発して、将来はアジア経済共同体まで形成していく展望をもつ必要がある。

――日韓自由貿易協定を実現するための課題は。

趙 関税・非関税障壁の完全な撤廃だけでなく、投資、租税協定を結び、自由な資本交流を通じて、互いに投資して、安心してリターンの保証を受けられるシステムを作らなければならない。とくに、韓国は労使関係を安定させ、日本が安心して投資したくなるように環境を改善すべきだ。自由貿易協定が締結されれば、両国に膨大な市場創出効果をもたらし、それによって規模の経済による効率性が高まり、両者にプラスとなろう。

――アジア経済の発展で日韓が果たす役割について。

趙 アジアはこれから、自主的に成長できるメカニズムを構築しなければならない。そのためにはEUのような共同市場の形成が必要だ。アジアのマーケットをより大きくし、アジア経済を引き続き発展させるためには、経済発展が進んだ日韓が、ともに多少の犠牲を覚悟してでも、アジアの商品を吸収するアブソーバーの役割を果たさなければならない。そうすれば、アジア諸国は日韓両国から物を買うことができ、「アジア的経済好循環」が可能となる。ドイツとフランスが今日の欧州経済統合を主導したように、日本と韓国は相互信頼を基に、戦略的パートナーシップを発揮し、アジアの団結と統合の核心になるべきだろう。

五　日韓自由貿易圏の模索

政府レベル、そして民間レベルで日韓自由貿易協定が注目を浴びている。半導体、鉄鋼などの分野ではライバル関係にある両国だが、グローバル資本主義に対抗するためには、果敢な戦略的提携も視野に入れる必要性が出てきた。

急速に検討本格化

九八年一〇月の金大中大統領の訪日を契機に、日韓経済協力関係は大きな変化を遂げるようになった。小渕恵三首相との首脳会談で「二一世紀に向けた新たなパートナーシップ」が確認され、具体的な経済協力の行動計画が着実に実施されつつある。両国の投資拡大のため官民合同で話し合う「投資促進協議会」が創設され、日韓投資協定の締結で合意、さらに関税、非関税障壁をなくすための日韓自由貿易協定に関する共同研究が開始されている。投資協定と自由貿易協定の締結は、両国の経済面での新たな協調の枠組みを構築するものだけに、日韓経済協力関係は全く新しい段階に入ることになる。両協定の締結が急速に現実化し始めた背景、両国の狙い、課題を探ってみる。

まず、九八年九月に小倉和夫駐韓国大使が韓国の財界団体である全国経済人連合会で講演し、経済のグローバル化が進む中、「国際的なプレーヤー」となった日韓両国の協力が必要と説き、日韓自由貿易地域づくりの研究をすることを提案した。産業構造が日本と似ており、競争力の面ではなお劣る韓国の業界には自由貿易協定に反発する声もあったが、同年一一月にAPECで、与謝野馨通産相と韓国の韓悳洙・外交通商部交渉本部長が会談し、「二一世紀日韓経済関係研究会」設立を決めた。日韓自由貿易協定に関するこの共同研究会は、日本貿易振興会アジア経済研究所（座長・山澤逸平所長）と、韓国の政府系シンクタンクである対外経済政策研究院（座長・李景台院長）を中心に大学教授、専門家が参加し、九八年末に設立され、両国でそれぞれ協定が締結された場合のメリットやデメリットについて検討し始めた。

九九年三月には小渕首相が訪韓し、ソウルで金大中大統領と会談、日韓両国間における貿易、投資などの経済活動をよりいっそう活発化させ、経済関係の緊密化を図ることをめざした「日韓経済アジエンダ21」を確認、①投資促進②租税条約③基準・認証分野④知的所有権などについて両国間の経済活動の障害を取り除いていくことで合意した。会談で金大中大統領は「韓国経済の回復にともない、対日貿易赤字が拡大する」として、日本の関税・非関税障壁の改善を要請。他方、小渕首相は高麗大学での講演で「二一世紀の将来において日韓両国が核となって、EUに匹敵する自由貿易圏をアジア地域でも創り出そう」と語るなど、日韓自由貿易協定を結ぶ雰囲気が盛り上げられた。

こうした両政府間の動きに呼応し、毎年両国財界人のあいだで開催されている第三一回日韓経済人会議が九九年四月、ソウルで開かれ、日本の対韓投資拡大と並んで自由貿易協定問題が二大イシューとして論議され注目を浴びた。というのも日本側の牛尾治朗経済同友会代表幹事（当時）が基調講演で「両国間の共同市場的な地域構想」を指摘するにとどまったのに対し、韓国側の基調講演に立った暁星グループの趙錫来会長が「統合された市場では自由な競争を通じて生産性が高まり、技術の発展が促進される」とし、自由貿易協定の締結は「韓日協力関係における画期的な転換点」と高く評価、早期締結を提案したからだ。さらには貿易分科会でLG経済研究所の金道卿室長は「韓日自由貿易地帯創設と展望」と題する報告を通じ、その意義と問題点、推進方案などについて全面的に分析を提示。

韓国の政財界ともに自由貿易協定に対する強い意欲が如実に示された。

他の地域経済協定に対抗

自由貿易協定について、日本政府はそれが二国間であれ多国間であれ、保護主義やブロック経済につながるおそれがあるとして慎重な姿勢を取り続け、ＷＴＯに代表される「多国間交渉の枠組み」を重視、どの国とも結ばなかった。しかし、一九九〇年代に入り、ＷＴＯの前身、ガットの枠内で地域経済協定という形で複数国間で自由貿易協定が結ばれる例が増えた。米国やカナダ、メキシコでつくるＮＡＦＴＡやＡＳＥＡＮ加盟一〇カ国でつくるＡＳＥＡＮ自由貿易地域（ＡＦＴＡ）など、ＥＵとともに地域経済統合の動きが活発化した。

そうした中、九九年の通商白書で、ＥＵやＮＡＦＴＡなど加盟国では域内だけでなく域外からの貿易・投資も活発になり、結果として国際的な貿易・投資を促進する効果があると指摘。ＷＴＯを中心とする多角的貿易体制を補完する役割を認め、自由貿易協定に関して「より柔軟かつ建設的に対応していく必要がある」とし、九八年から「多国間交渉一辺倒」の方針を転換した。その具体化として、まず韓国とメキシコを自由貿易協定の対象にし、その場合のプラス・マイナスを検討し始め、九九年一二月八日には小渕首相が来日中のシンガポールのゴー・チョクトン首相と会談し、自由貿易協定の締結に向けて検討することに合意した。こうした日本の動きは、明らかに他の地域経済協定への対抗という側面をもっていた。

もう一つ、韓国と自由貿易協定を締結しようとする背景には、アジア通貨危機後の二一世紀において、日本が世界経済のグローバル化の中で、日本とアジアとの共生、つまりアジア各国が相互にパートナーとして共存関係をつくっていく場合、韓国の戦略的重要性についての認識がある。九九年夏に韓国、タイなど六カ国を訪問してきた「アジア経済再生ミッション」（団長・奥田碩日経連会長）の報告書は、アジア通貨危機の連鎖反応から、今やアジア地域が「運命共同体」であるとし、アジア再生のため日本の役割を高める必要がある。そのためには日本の規制を緩和・撤廃し、アジア、世界により開かれた国に脱皮、明治維新、終戦の際の「開国」に次ぐ「第三の開国」が求められると提言している。日韓両国がともに産業構造調整、金融改革に取り組む中、アジア経済の再生のため日本としては韓国と「経済的同盟関係」を強化することが、アジアで日本の有利な立場を確保でき、世界的レベルでの通商交渉、円の国際化などにプラスとの国家戦略的な判断が働いているようだ。

他方、韓国にとっては長年の対日貿易インバランスと産業の相互補完性の欠如から、両国自由貿易協定には否定的意見が強かった。日本同様、韓国も世界のどの国とも協定を結んでいない。しかし、世界的な地域主義の潮流に合わせて、南米チリとの自由貿易協定締結を推進中である。日米など先進国との協定締結の前に、韓国と相互補完的な経済関係をもっている国々と試験的に行おうという意図である。日本との自由貿易協定締結の動機の最たるものは、アジア通貨危機の衝撃である。それを契機に、韓国はアジア域内の金融・財政を含む総合的な経済協力の重要性を認識すると同時に、韓国経済危機の打開と再生のために、企業・金融改革とともに過剰設備の縮小・廃棄など産業構造の再編と、先進国からの外資誘致を国家戦略目標にすえた。

その成功のためには、同じく産業構造再編を進める日本との大胆な国際的分業体制を構築し、規模の経済効果拡大、新規市場創出効果を狙うことが得策である。その際には従来以上の日本企業の直接投資拡大が必至となってくる。日本との自由貿易協定は単なる通商レベルを超え、国民経済の体質強化、産業構造の先進化を図る必要条件となっており、それを通じて貿易・投資の飛躍的増大を期待しているのである。

日韓だけでなく中国の参加も必要

日韓自由貿易協定の締結にあたっては、解決すべき課題が少なくない。まず、自由貿易の前提として、将来の二国間の経済活動の潜在的阻害要因を除去する、つまり、投資協定、基準・認証合意、知的所有権などインフラ整備が行われなければならない。日韓投資協定については、九九年九月末に日本案の内容が明らかにされた。進出企業が相手国の企業に比べ、法律の適用などで不利に扱われない内国民待遇の保障や、進出企業への現地調達の義務づけの禁止などが中心。基準・認証合意や知的所有権保護などの規定を盛り込んだ包括的な案となっている。韓国側は基本的に同意しているが、労働問題も取り上げていることに難色を示している。九八年一二月の日韓官民合同による第一回投資促進協議会に次いで、九九年一二月一六日、東京で開催された第二回協議会で早期締結の見通しがつけられた。

自由貿易協定締結で最も懸念されるのは、韓国の対日貿易赤字拡大である。農・水産物を除いて、自動車、半導体、電子・電機、石油化学、鉄鋼、造船分野では日韓間が激しい競合を演じている中で、貿易障壁が解消すれば、日本の強い競争力によって対日貿易不均衡はさらに拡大するという韓国側の心配は根強い。

実際、緊縮経済と輸入抑制措置で九八年は韓国の対日貿易赤字は四六億ドルと、前年の一三一億ドルより激減したが、九九年七月より日本製品締め出しの輸入多角化措置が撤廃されるや、再び円高にもかかわらず対日輸入が急増し、赤字が拡大し始めている。しかし、日韓投資協定を基礎に、両国がライバル関係にある鉄鋼、造船、半導体などの分野で「戦略的な提携関係」を推し進め、互いに競争力をもつ分野でのすみ分けをすれば、相互利益となり、中長期的には両国貿易不均衡の是正は十分に可能となるだろう。もはや、一国レベルでの産業構造調整は時代遅れであり、それに固執すれば両国産業界は「グローバル資本主義」下の大競争で生き残れないかもしれないのである。

また、日韓自由貿易協定は、周辺国との利害衝突の要因ともなりうる点から、外交・通商の面で配慮が必要であろう。とくに自由化が遅れている中国を除外しては、将来に向けたアジア自由貿易圏の創設にとって大きな障害となるだろう。したがって日韓自由貿易協定は、近い将来、中国を加えた形での交渉が望ましく、そうすればＮＡＦＴＡ経済圏やＥＵ経済圏に匹敵するアジア経済圏も実現不可能ではなかろう。

あとがき

私が祖国・韓国を訪れたのは、一九六八年の大学一年のときであった。二世の在日韓国人学生たちのための本国研修に参加したのである。慶熙大学で韓国語や歴史を学び、慶州仏国寺など文化遺跡も見学し、それまで希薄であった民族意識を強くもたされる契機となった。

ところで、マルクス経済学を専攻していた私は、祖国の山河よりも、経済現状に強い関心をもっていた。蔚山の石油化学コンビナートを見学したときは、「後進国」から脱皮し、工業化・近代化をめざす官民一体の熱のこもった仕事ぶりには感激したが、ソウルでの物乞いや新聞・ガム売り少年、農村地帯でのはだしの少女たちの姿を目のあたりに見て落胆した。日本との単純比較から、その貧しさに資本主義の「矛盾」を感じずにはいられなかった。

日本に帰ってきて、勉学への意欲が猛烈に湧き、とくに『資本論』読破に熱中した。将来は、経済学者を志し、韓国に帰って「マルクス経済学」を講義したいと思った。周囲の学友たちは、反共が国是の韓国ではとても無理で、夢みたいな話だと笑っていたことを今でも思い出す。

その後、語学勉強不足で大学院進学を断念し、実社会に出てジャーナリズムの世界に入った私は、すぐに金大中拉致事件に遭遇し、その救援運動に加わることになった。それ以降、反政府運動を理由にパスポートが発給されず、二〇数年間も訪韓することができなくなった。運動には加わりはしたが、私の仕事はもっぱら機関紙作りで、韓国の政治経済の解説・評論記事を多く書き、韓国語の新聞・雑誌・政府刊行書・研究書など原文原典に直接あたることで韓国語もマスターできた。他方で、韓国経済については、『経済評論』（日本評論社）、『エコノミスト』（毎日新聞社）などの媒体に書く機会にめぐまれ、その分析・研究を継続することができた。

一九九一年に社会評論社から出版された私の初の単行本『東アジアの再編と韓国経済』は、七〇年代後半から八〇年代後半までに、私がその時ごとの情勢変化に応じて、分析・解説・研究したものを一冊の本にしたものである。

二〇年たった今、考えてみるに私の韓国経済論には、二つの大きな欠点があった。一つは、マルクス主義のドグマに陥り、「新植民地主義理論」「従属理論」を韓国経済にストレートに適用したため、静態的分析にとどまってしまった。第二に、韓国に行けなかったため、具体的現実の調査分析、研究ができなかった。机上の分析、研究で観念性をまぬがれることができなかった。それゆえ、国家や財閥が経済成長に果たした役割や、韓国経済の巨大な成長潜在力について過小評価せざるをえなかった。

しかし今日、韓国経済論について、かなりの書物が現れているが、批判的視角をもつ人たちは、なおも多くが「研究のための研究」「批判のための批判」にとどまっているのが現状である。研究者や活動家にとっては良いかも知れないが、一般の読者にとっては難解、偏見のそしりを受けてもしかたがないだろう。

そうした反省に立って、筆者はいっさいのイズムから解放され、先入観を捨てて、韓国に直接足を運び、政府高官、経済官僚および李健熙三星グループ会長、金宇中大宇グループ会長、孫炳斗・全国経済人連合会常勤副会長など多くの財界人、無名の中小企業家、それに韓国労総の盧進貴政策本部長など労働組合の幹部とのインタビュー、取材、そして安忠栄・中央大学教授、左承喜・韓国経済研究院院長ら大学教授、研究者たちとの意見交換、同時に現代重工業、大宇自動車などの工場、労働現場も直接視察することを通じて、韓国経済の浮き沈み、「IMF危機」の背景と原因、それに至った構造的問題点を一貫して追求し、韓国経済が先進国化を実現する課題に迫っていった。そうすることで、韓国経済を動態的に分析、研究し、いわば「生きた韓国経済論」にしようと努めた。

したがって、本書は研究者や専門家を対象とした専門書や学術書ではなく、あくまでも日本の一般のビジネスマン、市民、学生など幅広い人々に隣国韓国の経済実体をわかりやすく解説した概説書であり、これが活用されることによって二一世紀を迎えた今、日韓の国民的相互理解と友好の親善に役立てられることを願ってのものである。

本書の執筆に際しては、多くの方々に資料、文献収集の面でお世話になったが、とくにこの一〇年間、私の韓国経済研究において、積極的に支援協力してくれた韓国の友人、メリット証券の金康守弘報室長、崔錫布アナリスト、全国経済人連合会の呉東洙弘報部長、Eコマースコンサルティング会社「イービジュライン」の高東録マーケティング本部長、韓国経済研究院の曺東鎬弘報室長の五人に心より感謝したい。

最後に、前著『東アジアの再編と韓国経済』に次いで、今度も拙い私の文章を一冊にまとめあげることを奨め、大いに励ましてくれた社会評論社の松田健二社長に心よりお礼申し上げる。そして、筆者のたび重なる加筆・修正・補充のわずらわしい編集作業に黙々と取り組んでくれた同社の徳宮峻氏の労苦に厚く感謝したい。

二〇〇一年二月二八日
　研究所の窓の外に降る雪をみながら

姜　英之

著者略歴

姜英之（カン　ヨンジ）

1947年2月、大阪市生まれの在日韓国人2世。

1972年3月、大阪市立大学経済学部卒業後、新聞・雑誌編集のかたわら韓国経済を中心にアジア経済について研究、評論活動を行う。

1991年6月、東アジア総合研究所設立、所長に就任（～現在）。

1992年3月、「青丘文化賞」受賞。

4月、早稲田大学現代政治経済研究所客員研究員。その後、民団新聞論説委員、在日韓国商工会議所諮問委員、在日韓国人文化芸術協会副会長、韓国民主平和統一諮問会議諮問委員（議長・金大中大統領）、在日韓国新聞協会理事を歴任しながら、現在北陸大学・神奈川大学・東京経済大学非常勤講師を務める。

著書に『東アジアの再編と韓国経済』（社会評論社）、『アジアの新聞は何をどう伝えているか』（共著、ダイヤモンド社）、『「在日」から「在地球」へ』（共著、UGビジネスクラブ）などがある。

連絡先

東アジア総合研究所

〒113-0034 東京都文京区湯島1-11-8 岡ビル2F

TEL 03(3818)7284　FAX 03(3818)7285

韓国経済　挫折と再挑戦

2001年3月31日　初版第1刷発行

編　著――姜英之

装　幀――桑谷速人

発行人――松田健二

発行所――株式会社社会評論社

東京都文京区本郷2-3-10

☎ 03(3814)3861　FAX 03(3818)2808

http://www.netlaputa.ne.jp/~shahyo/

印　刷：株式会社ミツワ

製　本：東和製本

ISBN4-7845-0276-9　printed in Japan

現代朝・日関係史
解放朝鮮と日本
●高峻石
A5判★3200円

歪曲されつづけてきた日本人の現代朝鮮史像。とりわけ「戦後」の日本と朝鮮半島との関係についての研究は、ほとんど欠落していた。日本と朝鮮の狭間で両者の関係を凝視しつづけてきた著者の執念の一冊。(1987・6)

南朝鮮学生闘争史
●高峻石
★品切

朝鮮民族解放闘争の最前線において比類なき精神で不屈に展開される南朝鮮学生の抵抗。日本帝国主義の植民地統治下における抗日闘争から軍事独裁政権下における闘争まで、その歴史的意義と全軌跡を明かす。(1976・10)

韓国の労働運動
胎動する闘いとその思想
●李丞玉編訳
四六判★1600円

1949年の「解放」から現代にいたる韓国労働運動の概観と当面する課題、自国の資本と日本資本の韓国進出にともなうそのはざまにあって闘う労働者の姿を、韓国で出版された資料で集成。韓国現代史の貴重な文献。(1979・3)

第三世界と民衆文学
韓国文学の思想
●金学鉉編訳
四六判★1800円

白楽晴、高銀、梁性佑、李哲範、廉武雄など韓国を代表する文学者の論文をとおして、民衆解放への思想的表現としての現代韓国文学の課題を照らしだす。今日の韓国の思想・文化・社会状況を把握する上での必読の文献。(1981・10)

朝鮮農村の民族宗教
植民地期の天道教・金剛大道を中心に
●青野正明
A5判★3800円

民族宗教の基盤としての村落自治、総督府の認識と政策、天道教の朝鮮農民社による農民運動、金剛大道の信徒村の形成と終末思想……等の検討をとおして、植民地期朝鮮における民族宗教の形成過程とその実態を解明。(2001・1)

分断社会と女性・家族
韓国の社会学的考察
●李効再／金学鉉監訳
A5判★2800円

激動の時代を直接経験してきた現代韓国社会。今日まで続く民族分断状態のなかで民衆に刻まれた「恨」とは？　分断社会である現実を見通す新たな社会学的アプローチで韓国の女性・家族問題に迫る好著。(1988・2)

鴨緑江の冬
「北」に消えた韓国民族指導者
●李泰昊／青柳純一訳
四六判★3200円

朝鮮戦争の際、韓国の民族指導者たちの多くが北朝鮮に連行されていった。「第三勢力」として民族統一のために身を挺した彼らを待ちうけていた運命は。朝鮮現代史の死角に踏み込む貴重な記録。(1994・7)

ソウルの人民軍
朝鮮戦争下に生きた歴史学者の日記
●金聖七／李男徳・舘野晳訳
四六判★2800円

「私は一晩にして人民共和国の人間になってしまった」——。朝鮮戦争勃発とともに南下した北朝鮮軍に占領されたソウル。昨日までとは一変した生活に戸惑い、あるいは過剰に同調する市民たちの姿。克明に記された歴史学者の日記。(1996・7)

「韓国」の治安立法と裁判・検察制度
●金圭昇
A5判★4600円

アメリカの軍事占領から、全斗換体制にいたる韓国の治安立法と裁判・検察制度の変革過程とその実態。とりわけ、現時点での裁判・検察機関・警察組織・弁護士制度の実態を詳細に分析する。(1986・3)

朝鮮民主主義人民共和国の刑事法制

●金圭昇

A５判★4800円

北朝鮮における刑事法制と司法制度の発展過程とその現状、刑法学理論について歴史的・理論的に解明。在日朝鮮人法学者である著者による本格的研究の書。

(1988･9)

南･北朝鮮の法制定史

●金圭昇

美本なし★6000円

アメリカの軍事占領から盧泰愚体制にいたる韓国の裁判・検察・警察・弁護士制度の成立過程とその実態を解明。同時に、北朝鮮における刑事法制と司法制度の発展過程を分析する。

(1990･8)

戦時下朝鮮の農民生活誌

1939～1945

●樋口雄一

A５判★3800円

総動員体制が本格化した時代における植民地・朝鮮における農村状況と生活の実態を分析。当時の農民の衣食住の細部にわたる分析は、朝鮮人の強制連行・動員の背景を照らし出す。

(1998･12)

最新･朝鮮半島の軍事地図

日米韓の危険な関係を読む

●佐藤達也編

四六判★1600円

艦首を朝鮮半島に向けた「不沈空母・日本丸」が火を吹くのはいつか。ロン・ヤス・全のタカ派トリオの出現で緊張する東アジア。「危険水域」に達した日米韓軍事一体化＝三角安保体制の実態を明らかにする。

(1985･6)

データBOOKS　現代韓国

●現代韓国研究会編

美本なし★2000円

現代韓国に関する基礎データと、項目別解説。／金子文夫＝経済、仁科健一＝政治・民族民主運動・教育、佐藤達也＝外交、福好昌治＝軍事、斎藤諭＝労働運動、舘野晳＝文学。

(1990･2)

東アジアの再編と韓国経済

●姜英之

四六判★2330円

70年代「高度成長」を経て、80年代も好況を続け、いまや「先進国」の一歩手前にまでいたった韓国経済。金丸訪朝―ゴルバチョフ訪韓へといたる東北アジア状況の激変の中、韓国経済の現実を実証的に分析する。

(1991･5)

[最新ガイド]韓国社会論争

●月刊『社会評論』(韓国) 編
／梁官洙･文京洙･呉輝邦監訳

A５判★2500円

80年代韓国社会の劇的変化と経済発展・市民社会の成熟をふまえ、いま韓国社会を総体としていかにとらえるかをめぐって熱い論争が繰りひろげられている。社会構成、労働運動、思想・イデオロギーなどの論争の全ガイド。

(1992･10)

どこへゆく朝鮮半島

対立か統一か揺れる南北

●前田康博

四六判★2300円

金日成の死去で朝鮮半島はどこへ向かうのか。韓国文民政権の誕生、北朝鮮社会主義の実態、東北アジア経済圏の形成と国際関係の変化など、元毎日新聞社ソウル支局長によるレポート。

(1994･8)

銃声なき朝米戦争

核とミサイルと人工衛星

●全哲男

四六判★2000円

「テポドン」「地下核施設疑惑」をめぐって高まる第二次朝鮮戦争勃発の危機。強大な軍事力を背景に体制変更を迫るアメリカと、「戦争も辞さぬ」と対抗する朝鮮。熾烈な国際政治・軍事・外交ゲームの実態の最新分析。

(1999･3)

表示価格は税抜きです。